AF535159

B
V
72

Karsten Müller / Jerzy Konikowski

Taktische Endspiele

Joachim Beyer Verlag

ISBN 978-3-95920-217-6

1. Auflage 2024

Ein Imprint des Schachverlag Ullrich, Zur Wallfahrtskirche 5, 97483 Eltmann

Bildnachweis: S. 197 (Harald Fietz)

Herausgeber: Robert Ullrich

Inhaltsverzeichnis

Vorwort

Unser umfangreiches Werk über taktische Endspiele ist in drei Teile gegliedert. In Teil I werden 100 interessante und lehrreiche Beispiele aus der Meisterpraxis gründlich analysiert und ausführlich kommentiert. Diese sind fünf speziell im Endspiel wichtigen Themenbereichen zugeordnet – nämlich ‚Freibauer', ‚Zugzwang', ‚Königsaktivität' usw. Dabei stehen bewusst Beispiele im Mittelpunkt, in denen faszinierende Elemente neben lehrreichen und entsprechend praktisch nutzbaren vorkommen. Auch werden viele nützliche Faustregeln sowie deren nicht selten noch wichtigeren Ausnahmen erläutert und veranschaulicht.

In Teil II 'Übung macht den Meister' erhält der Leser die Möglichkeit, seine Vorkenntnisse sowie alles in Teil I Hinzugelernte sogleich anhand von 50 Übungsaufgaben zu überprüfen, wobei alle Beispiele auch kombinatorische Elemente aufweisen. Während Kenntnisse der weiter fortgeschrittenen Endspieltheorie nicht vorausgesetzt werden, sind grundlegende Kenntnisse allerdings schon allein deswegen nötig, um elementare Remis- bzw. Gewinnstellungen, die aus den Varianten hervorgehen, zu erkennen und richtig einzuschätzen.

In Teil III werden 100 durchweg faszinierende Studien geboten, denn da die meisten taktischen Endspielideen am deutlichsten und lehrreichsten in dieser schachlichen Kunstform hervortreten, schien es uns angebracht, auch davon eine größere Anzahl aufzunehmen. Dabei haben wir Wert darauf gelegt, dass es sich um praxisnahe Stellungen handelt, die durchaus auch einer gespielten Partie entnommen sein könnten und deren Lösungen klar nachvollziehbar sind. Und nur in einigen wenigen Fällen haben wir auch Beispiele anderer Art aufgenommen, wenn es nämlich darum ging, dem Leser ein nach unserer Ansicht besonders wichtiges und lehrreiches Motiv nahezubringen.

Bei allen Aufgaben ist es übrigens sehr wichtig, dass Sie sich möglichst unter turniernahen Bedingungen mit den jeweiligen Stellungen beschäftigen, denn auf diese Weise können Sie am besten von den Lehrinhalten profitieren. Allerdings können Sie das Buch auch als reines Lehrbuch ansehen und sich direkt mit den Lösungen beschäftigen, denn selbst bei diesem Herangehen können Sie Ihr bereits vorhandenes Wissen um viele typische Motive und Verfahrensweisen aus dem Endspiel bereichern.

Wir sind sicher, dass die Faszination im Reich der Endspiele auch Sie in ihren Bann ziehen wird und dass Sie die letzte Partiephase entsprechend genießen werden.

Wir bedanken uns bei Frederic Friedel und Rainer Woisin von ChessBase für die Idee, mit QR-Codes zu arbeiten, bei Robert Ullrich vom Joachim Beyer Verlag für die harmonische Zusammenarbeit und bei Thomas Beyer für das vorbildliche Layout.

Dr. Karsten Müller und Jerzy Konikowski
Hamburg / Dortmund im August 2024

Zeichenerklärung

!	ein sehr guter Zug
!!	ein ausgezeichneter Zug
?	ein schwacher Zug
??	ein grober Fehler
!?	ein beachtenswerter Zug
?!	ein Zug von zweifelhaftem Wert
+−	Weiß hat entscheidenden Vorteil
−+	Schwarz hat entscheidenden Vorteil
±	Weiß steht besser
∓	Schwarz steht besser
⩲	Weiß steht etwas besser
⩱	Schwarz steht etwas besser
=	ausgeglichen
∞	unklar, mit beiderseitigen Chancen
=∞	mit Kompensation für den materiellen Nachteil
Δ	mit der Idee
⌓	besser ist
x	schlägt
+	Schach
#	matt

Teil I

Taktische Hauptmotive im Endspiel

Kapitel 1

Die Rolle des Königs

In Eröffnung und Mittelspiel übernimmt der König nur selten eine aktive Rolle, zumal er bei vollem Brett noch schutzbedürftig ist. Allerdings ändert sich dies im Endspiel zumeist vollkommen, denn dann haben seine Aktivität und seine Beweglichkeit normalerweise großen Einfluss auf das Endergebnis. Dies wird in den meisten der für dieses Buch ausgewählten Beispielen bestätigt und veranschaulicht – speziell jedoch in den folgenden Beispielen 1 bis 20.

Beispiel 1

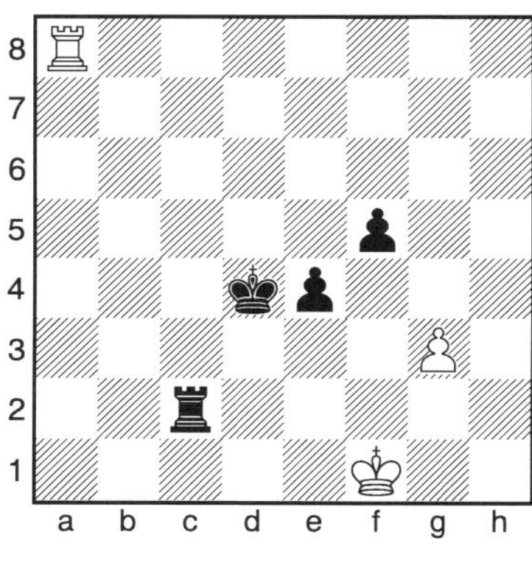

Weiß am Zug

73.♖f8? stellte sich als der falsche Turmzug heraus.

Zum Remis führt der seitliche Angriff 73.♖a5! mit der möglichen Folge 73...♔d3 74.♖d5+! ♔e3 75.♖xf5 ♖c1+ 76.♔g2 ♔e2 77.♖f2+ ♔d3 78.♖f8 (78.♖a2? ♖c2+ −+) 78...e3 79.♖d8+ ♔e2 80.♖a8 ♔e1 81.♔f3 e2 82.♖a2 ♖c3+ 83.♔f4 ♔f1 84.♖a1+ e1♕ 85.♖xe1+ ♔xe1 86.g4=.

73...♔d3!

Durch dieses pointierte Bauernopfer wird die Aktivierung des Königs sichergestellt.

74.♖xf5 ♖c1+!

Nur nicht voreilig 74...e3? 75.♖d5+ ♔e4 76.♖d8=.

75.♔g2 e3 76.♖d5+

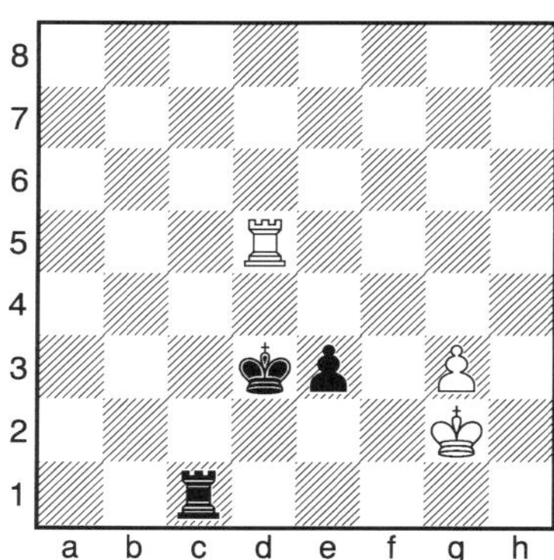

76...♔e4!

Nun entscheidet die Doppeldrohung ♔xd5 und e2.

76...♔e2? wäre ein fehlerhafter Tempoverlust, denn nach 77.g4! ♖d1 78.♖e5 ♔d3 79.♖d5+ ♔c2 80.♖e5 könnte Weiß das Endspiel retten.

77.♖d8 e2 78.♖e8+ ♔d3 79.♖d8+ ♔c3 80.♖c8+ ♔b2 81.♖b8+

81.♖xc1 ♔xc1 82.♔f2 ♔d2−+

81...♔a3 82.♖e8 e1♕ 83.♖xe1 ♖xe1 84.g4

Dieser Vorstoß gestattet die direkte Abschneidung des Königs.

Allerdings verliert auch 84.♔f3, denn nach 84...♔b4 85.g4 ♔c5 86.♔f4 ♔d6 –+ gelangt der schwarze König rechtzeitig zurück.

84...♖e3 und **0-1** wegen 84...♖e3 85.g5 ♖e5 86.g6 ♖g5+, Vetoshko – Fernandez Guillen, Sitges 2023.

Beispiel 2

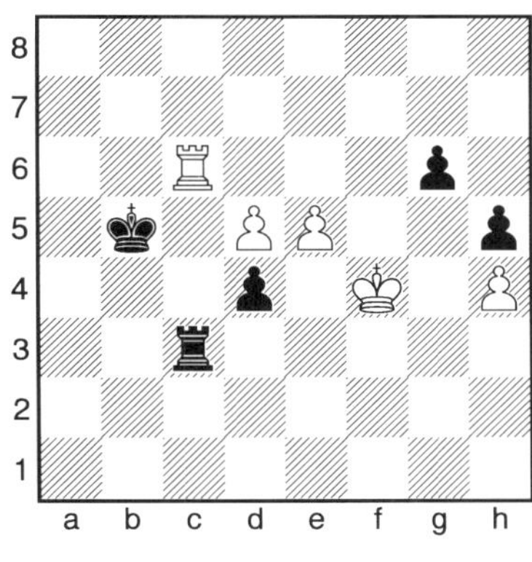

Weiß am Zug

52.♖xg6!

Nach diesem richtigen Herangehen werden die verbundenen Freibauern gewinnen.

– Hingegen führt 52.♖xc3? dxc3 53.♔e3 ♔c4 zu einem Damenendspiel, das theoretisch remis ist: 54.d6 ♔b3 55.d7 c2 56.d8♕ c1♕+ 57.♕d2 ♕g1+ 58.♕f2 ♕c1+ 59.♔e4 ♕c6+ 60.♔f4 ♕e6 61.♕e3+ ♔c4 62.♕e4+ und nun sichert das Dreiecksmanöver 62...♔b5 (62...♔c5? 63.♔g5+–) 63.♔g5 ♔c5= das Remis.

– Verfehlt ist auch 52.♔e4? – und zwar angesichts der Folge 52...♖xc6 53.dxc6 ♔xc6 54.♔xd4 ♔d7 55.♔d5 ♔e7 56.e6, denn nun stellt der Durchbruch 56...g5 nach 57.hxg5 h4 58.g6 h3 59.g7 h2 60.g8♕ h1♕+ = das Remis sicher.

52...d3 53.♔e3 ♖c5

Nach 53...♔c4 gewinnt 54.♖c6+ ♔b3 55.♔d2 ♖c2+ 56.♖xc2 dxc2 57.♔c1+–.

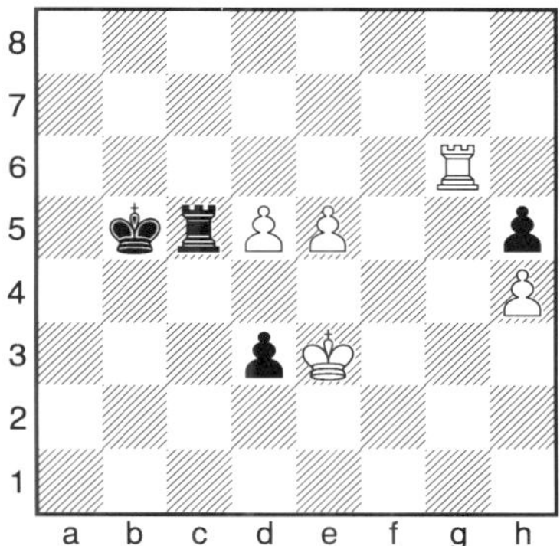

54.♔xd3!

Die richtige Entscheidung: Weiß trennt sich von einem seiner Freibauern, um anschließend den König dynamisch einsetzen zu können.

Die Alternative 54.♖d6 ♔c4 55.e6 ♔c3 56.♖c6 ♖xc6 57.dxc6 d2 58.c7 d1♕ 59.c8♕+ ♔b3 60.♕d7 führt auch zum Gewinn, ist aber viel zu umständlich und zeitaufwendig.

54...♖xd5+ 55.♔e4 ♔c5 56.♖g8 ♖d4+ 57.♔f5 ♖d5

Nach 57...♖xh4 gewinnt 58.♖c8+ ♔d5 59.♖d8+ ♔c6 60.e6+–.

58.♔f6 ♔c6 59.e6 ♖d6 60.♔f7 ♖d4 61.e7 ♖f4+ 62.♔e6 ♖e4+ 63.♔f6 und **1-0** wegen 63...♔d7 64.♖d8+ +– bzw. 63...♖f4+ 64.♔e5+–, Visakh – Tarhan, Sitges 2023.

Beispiel 3

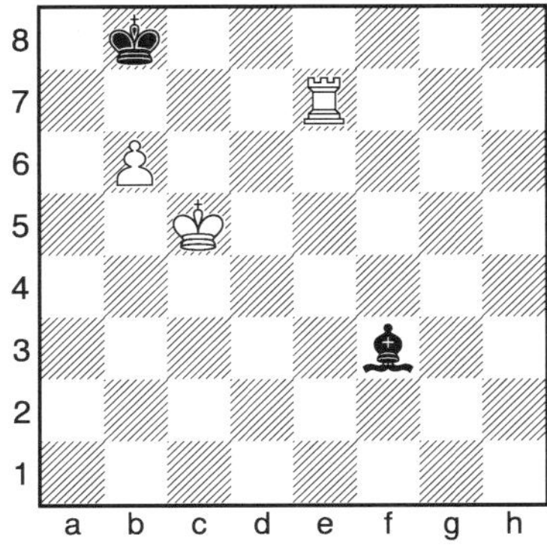

Weiß am Zug

110.b7!

Da der Bauer die Aktivierung des Königs stört, wird er richtigerweise geopfert.

110...♔a7

Nach 110...♗xb7? 111.♔b6+− wäre es sofort aus.

111.♔d6 ♔b8 112.♖e3

Zum Gewinn führte auch die Überführung des Königs nach b6; z.B. 112.♔c5!? mit der möglichen Folge 112...♔a7 113.♖c7

– 113...♔b8 114.♔b6 ♗g4 115.♖f7+−

– 113...♗xb7 114.♔b5! ♔b8 115.♔b6 ♗e4 116.♖e7 ♗g6 117.♖g7+−

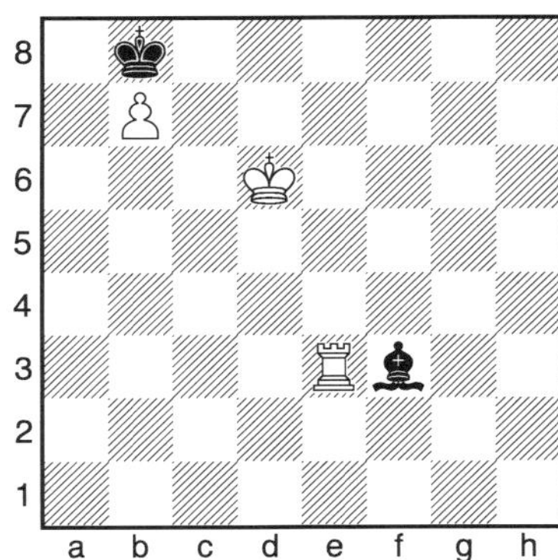

112...♗g2

Nach 112...♗xb7 gewinnt 113.♖e8+ ♔a7 114.♔c7 ♗d5 115.♖e5 ♗c4 116.♖a5+ ♗a6 117.♖a1+−.

113.♖b3 ♗e4 114.♖b2 ♗f3 115.♔c5 ♗xb7 116.♔b6

Nachdem der König das Mattnetz geschlossen hat, ist der Kampf vorbei. Im Normalfall ist das bauernlose Endspiel '♖ ↔ ♗' remis, aber hier handelt es sich um eine Ausnahme. **1-0** wegen 116...♔c8 117.♖c2+ ♔b8 118.♖h2+−, Fernandez Guillen – Alekseenko, Sitges 2023.

Beispiel 4

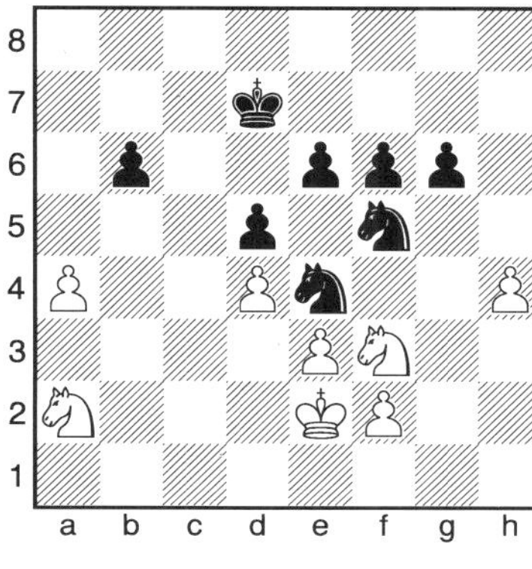

Weiß am Zug

Nach **53.♘d2?** verliert Weiß einfach einen Bauern, ohne das geringste Gegenspiel zu erlangen.

Die richtige Verteidigung bestand in 53.♘b4! mit der möglichen Folge 53...♘c3+ 54.♔d2 ♘xa4 55.♔c2 b5 56.♘d3 ♔e7 57.♘f4 ♔f7 58.♔b3 und Weiß steht ausreichend aktiv, um die Stellung zu halten; z.B. 58...♘b6 59.♔b4 ♘d6 60.♔c5 ♘bc8 61.♘d3=.

53...♘xd2 54.♔xd2 ♘xh4 55.♘b4 ♘f5 56.♘d3 g5 57.♔c3 ♔c6 58.♔d2 ♘d6 59.f3 ♔b7 60.♘f2 ♔a6

Nun wird der König in die gegnerische Stellung eindringen.

61.e4 dxe4 62.fxe4

62.♘xe4 ♘xe4+ 63.fxe4 ♔b7−+

62...♔a5 63.♔d3 ♔xa4 64.e5 fxe5 65.dxe5 ♘f7 66.♔d4 ♘d8 67.♘e4 g4 68.♔e3 b5 69.♔f4 b4 70.♔xg4 b3 71.♔g5

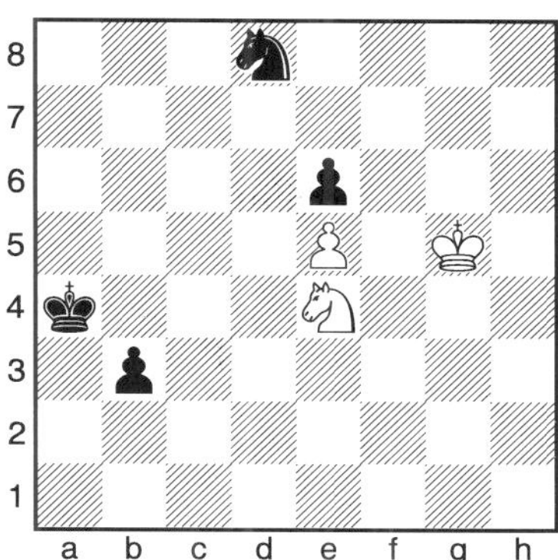

71...♘c6

Die Aktivierung des Springers zeugt von guter Endspieltechnik.

Allerdings gewinnt auch der direkte Ansatz 71...b2 mit der möglichen Folge 72.♔f6 ♔b4 73.♘d2 ♔c3 74.♘b1+ ♔d4 75.♔e7 ♘c6+ 76.♔xe6 ♘xe5−+.

72.♘c5+

72.♔f6 ♘d4−+

72...♔b4 und **0-1** angesichts der möglichen Abspiele:

- 73.♘xe6 b2−+
- 73.♘xb3 ♔xb3 74.♔f6 ♘d4−+
- 73.♘d3+ ♔c3 74.♘c5 b2 75.♘a4+ ♔b3 76.♘xb2 ♔xb2 77.♔f6 ♘d4−+

Vidit – Carlsen, Samarkand (Rapid) 2023

Auch im nächsten Beispiel sehen wir Carlsens König mustergültig in Aktion.

Beispiel 5

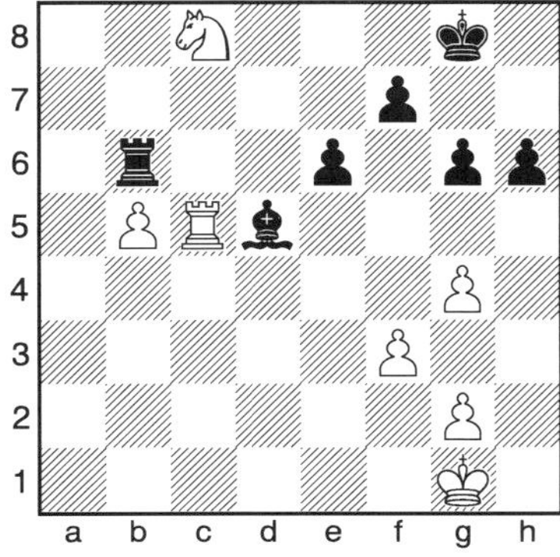

Schwarz am Zug

39...♖b8?

Dieser Fehler führt zu einem verlorenen Turmendspiel, weil der weiße König dem Freibauern zu Hilfe kommen kann.

Nach dem richtigen Zug 39...♖b7! könnte auch der schwarze König in der Folge aktiviert werden; z.B. 40.♔f2 ♔f8 41.♔e3 ♖b8 42.♔d4 f6 43.♘a7 ♖b7 44.♘c6 ♔e8 45.♘b4 ♗b3 und Schwarz kann die Stellung halten, obwohl die Verteidigung am Brett noch immer nicht einfach ist.

40.♘e7+ ♔f8 41.♘xd5 exd5 42.♔f2

Hier kommt Carlsens König!

42...♖a8 43.♔e3 ♖a2 44.♔d4!

... und marschiert unbeirrbar immer weiter vorwärts.

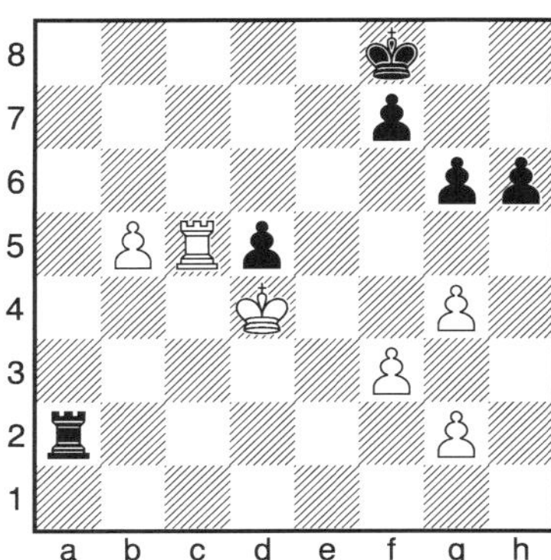

44...♖xg2

Nach 44...♖d2+ gewinnt Weiß mit 45.♔e5 in folgenden Abspielen:

- 45...♔e8 46.♖xd5 ♖xg2 47.♔f6 ♖f2 48.♖d3 ♖b2 49.♖e3+ ♔f8 50.♖e7 ♖xb5 51.♖xf7+ ♔g8 52.♔xg6+−
- 45...d4 46.♔f6 ♖e2 47.♖c6!

Die Pointe dieses feinen Zuges besteht darin, dass der Turm den mächtigen König abschirmt.

- 47...♔e8 48.♖c8+ ♔d7 49.♖c4+−
- 47...♔g8 48.♖c8+ ♔h7 49.♔xf7 ♖e5 50.♔f6 ♖xb5 51.♖c7+ ♔g8 52.♔xg6 ♖b6+ 53.♔f5 ♖d6 54.♖c2+−

45.♔xd5 h5

45...♔e7 46.b6 ♔d7 47.♖c7+ ♔d8 48.♖xf7 ♔c8 49.f4+−

46.b6

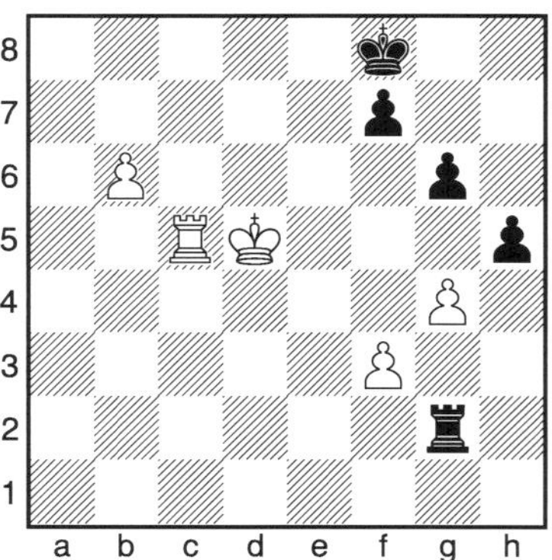

46...♖b2

46...hxg4 47.fxg4 ♖xg4 48.♖b5 ♖g1 49.b7 ♖d1+ 50.♔e4 ♖d8 51.b8♕+-

47.♔c6 hxg4

Nach 47...h4 48.b7 ist Weiß einfach zu schnell: 48...h3 49.♖b5 ♖xb5 50.♔xb5 h2 51.b8♕+ +-.

48.fxg4 ♔e7 49.b7

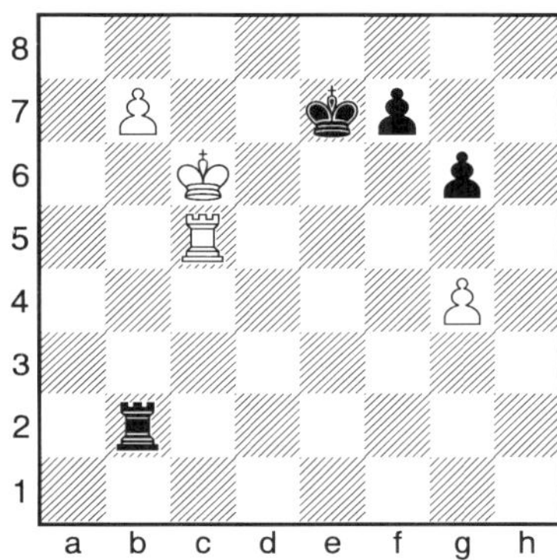

49...♖xb7

Dieses Opfer hilft ebenso wenig wie 49...♔e6 50.♖b5+-. Bekanntlich gehört der Turm *hinter* den Freibauern, und für den Angreifer ist die Beherzigung dieser Faustregel oft von entscheidender Bedeutung.

50.♔xb7 ♔e6

50...f6 51.♖c6+-

51.g5 und **1-0** wegen 51...f6 52.♖c6+ ♔f5 53.gxf6+-, Carlsen - Idani, Samarkand (Rapid) 2023.

Beispiel 6

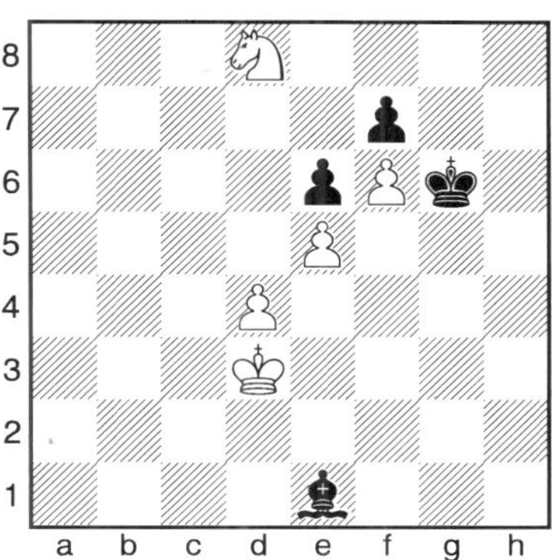

Schwarz am Zug

57...♗f2?

Nach diesem Fehler kann der König eindringen, was mit 57...♗b4! zu verhindern war; z.B. 58.♔c4 ♗f8 59.♔b5 ♗a3 60.♔c6 ♗b2 61.♔c5 ♗a3+ 62.♔b6 ♗b2 63.♘c6 ♔f5 64.♔c7 ♗xd4! 65.♘xd4+ ♔xe5=.

58.♔c4!

Die entscheidende Invasion des aktiven Königs.

58...♗e3 59.♔c5 ♗f2 60.♘c6 ♗e3 61.♔d6 ♗c1 62.♔e7 ♗b2

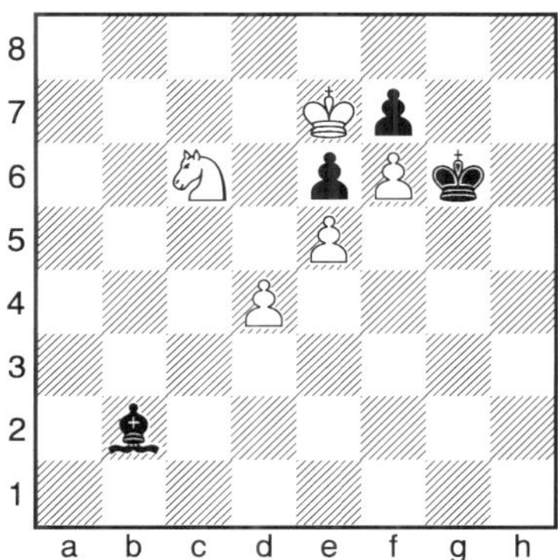

63.♔e8! 1-0

Der König ist am Ziel und es ist aus. Es könnte noch folgen 63...♗c3 64.♘e7+ ♔g5 65.♔xf7 ♗xd4 66.♔xe6+−, Krastev − Lutz, Deutschland 2024.

Beispiel 7

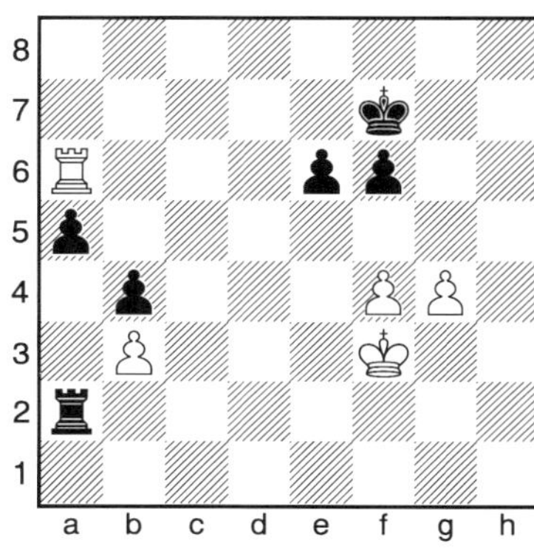

Weiß am Zug

65.f5!

Mit diesem Vorstoß verhindert Weiß das Vordringen des gegnerischen Königs.

65...exf5

Nach 65...e5 kann es sogar mit 66.♖a7+ ♔f8 67.g5! fxg5 68.f6= weitergehen; z.B. 68...♖a3 69.♔e4 ♖xb3 70.♔f5 ♖f3+ 71.♔e6 (71.♔g6 ♔e8=) 71...♔g8 72.♖a8+ ♔h7 73.f7 b3 74.f8♕ ♖xf8 75.♖xf8 a4 76.♖f1 ♔g6 (76...a3?? 77.♔f7+−) 77.♔xe5 a3 78.♔d4 b2 79.♔c3 g4 80.♔b3 g3 81.♔xa3 ♔g5 82.♔xb2 ♔g4=.

66.gxf5 ♖a3 67.♖a7+ ♔e8 68.♔e4 ♔d8 69.♔d4 ♖xb3 70.♖xa5 ♖f3

70...♖b1 71.♖b5 ♔c7 72.♔d5 b3 73.♔e6=

71.♔e4 ♖f1 72.♖b5

Der Turm gehört *hinter* den Freibauern!

72...♖b1 73.♔d5

Nun ist es klar, dass das weiße Gegenspiel zum Remis reicht.

73...♔c7 74.♔e6 ♔c6 75.♖b8 b3 76.♔xf6

Indem der König den Bauern schlägt, schützt er sich gleichzeitig vor störenden Schachgeboten.

76...b2

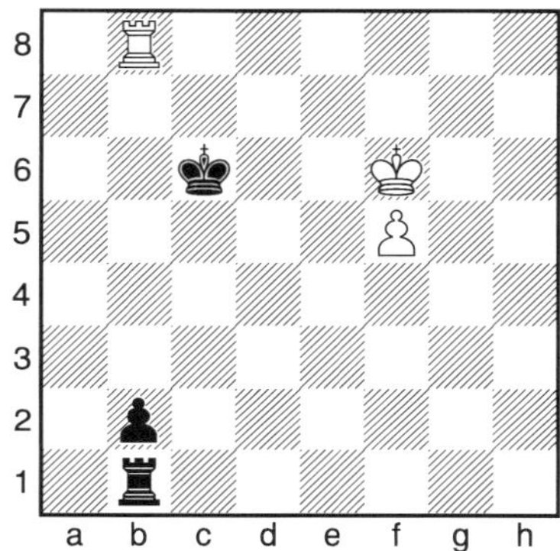

77.♔f7!

Natürlich nicht 77.♔e6? ♖e1+ 78.♔f7 b1♕ 79.♖xb1 ♖xb1 80.f6 ♔d7−+.

77...♖f1 78.♖xb2 ♖xf5+ 79.♔e6 ♖c5 80.♖d2 ½-½, Nepomnjaschtschi − Ju, Wijk aan Zee 2024

Turmendspiele tendieren oft zum Remis, aber am Brett ist die Sache manchmal gar nicht so einfach.

Beispiel 8

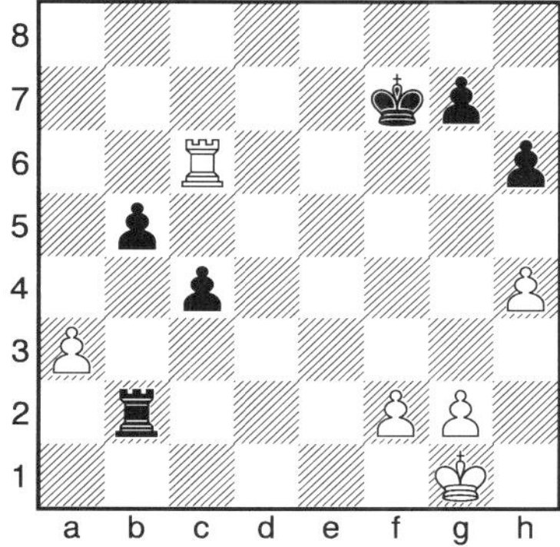

Weiß am Zug

31.g4?

Für solchen Luxus hat Weiß keine Zeit.

Nur mit der Aktivierungsmaßnahme 31.♔f1! war das Remis zu sichern; z.B. 31...♖a2 (31...♖b3 32.♖a6=) 32.♖c5 ♔e6 33.♖xb5 ♔d6 34.♔e1 c3 35.♔d1 ♖xf2 36.g4=.

31...♖a2 32.♖c5 ♔e6 33.♖xb5 c3 34.♖c5 c2 35.♔g2 ♔d6 36.♖c8 ♔d5 37.♔f3

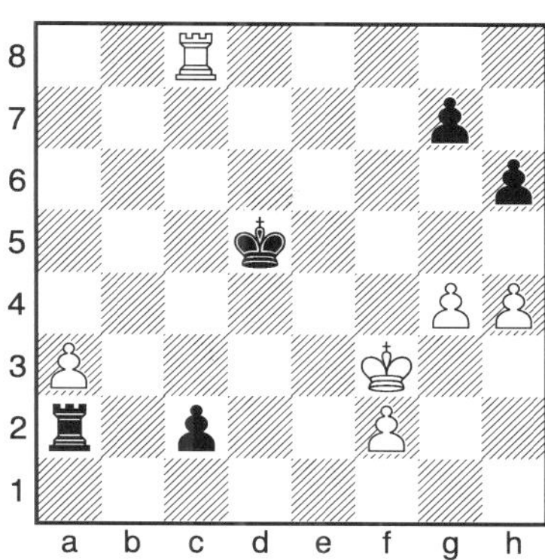

37...♔d4!

Jetzt kommt der König genau rechtzeitig.

38.♔f4

38.♔e2 c1♕+ −+

38...♔d3 39.♖d8+ ♔c3 40.♖c8+ ♔b2 41.♖b8+ ♔xa3 42.♖c8 ♔b2 43.♖b8+ ♔a1 44.♖c8 ♔b1 45.♔f5 c1♕ 46.♖xc1+ ♔xc1 47.♔g6

47.f4 ♖a6−+

47...♖xf2 48.♔xg7 ♖g2 49.♔xh6 ♖xg4 50.h5

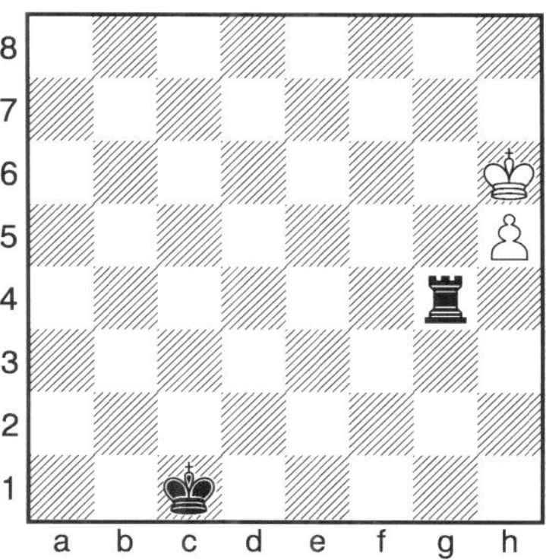

50...♔d2!

Und wieder kommt der König genau rechtzeitig.

51.♔h7 ♔e3 52.h6 ♔f4 53.♔h8 ♔f5 54.h7 ♔g6!

Ein bekanntes taktisches Manöver.

55.♔g8 ♔h6+

55...♖a4 56.h8♘+ ♔f6 gewinnt ebenfalls.

0-1 wegen der möglichen Folge 56.♔h8 ♖a4 57.♔g8 ♖a8+ 58.♔f7 ♔xh7−+, Lokander – Adams, Deutschland 2024.

Beispiel 9

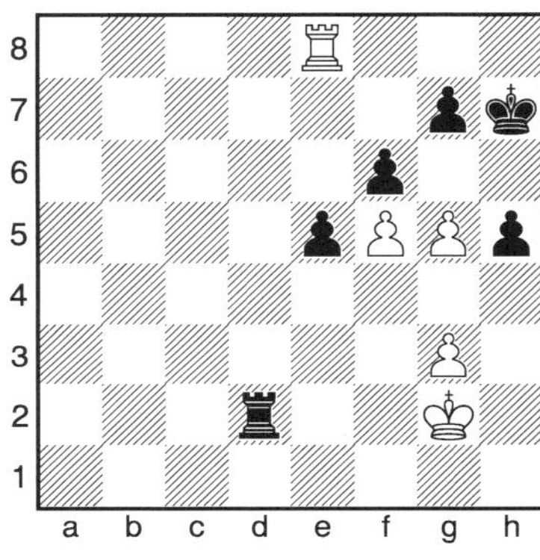

Weiß am Zug

Mit **53.♔f3?** schlägt der König den falschen Weg ein.

Richtig war 53.♔h3! mit folgenden Möglichkeiten:

1) 53...♖f2 54.♖e7! (Daniel Fernandez in *Endgame Magic 261*) 54...fxg5 55.g4=

2) 53... fxg5 54.♖xe5

a) 54...g4+ 55.♔h4 ♖h2+ 56.♔g5 ♖h1 (56...♖h3?? 57.♖e7+−) 57.♖e7 ♖f1=

b) 54...♖f2 55.g4 ♖f3+ 56.♔g2 hxg4 57.♖e4 ♖xf5 58.♖xg4=

53...♖d3+ 54.♔g2 fxg5 55.♖xe5

Auch folgende Alternativen führen zum Verlust:

1) 55.♖e6 e4 56.f6 gxf6 57.♖xf6 ♔g7 58.♖e6 ♖d2+ 59.♔f1 ♖d4 60.♔f2 ♔f7 61.♖h6 ♖d3 62.♖xh5 ♔g6 63.♖h8 ♔f5−+

2) 55.♖e7 ♖d2+ 56.♔f3 e4+ 57.♔e3 ♖g2 58.f6 ♔g6 59.fxg7 ♔h7 60.♖xe4 ♖xg3+ 61.♔f2 h4 62.♖e7 ♔g8−+

55...g4 56.♖e8

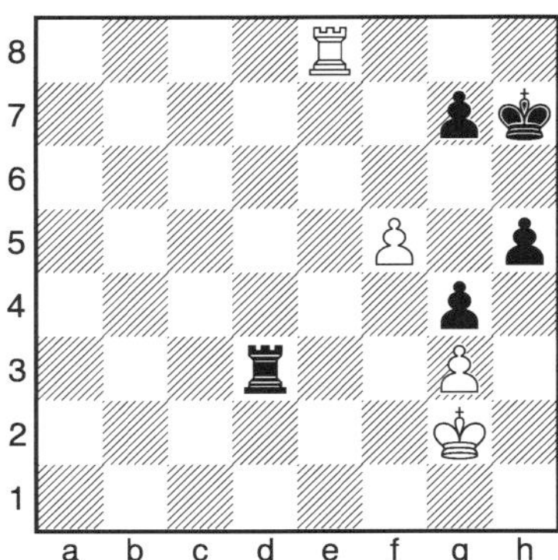

56...♖d6!

Das ist die richtige Turmführung, während 56...♖f3? 57.♖f8 ♔h6 58.♖h8+ ♔g5 59.♖h7= den Sieg vergeben hätte.

57.♖c8

Nach 57.♖f8 gewinnt 57...♖f6 58.♖xf6 gxf6 59.♔f2 ♔h6! 60.♔e3 ♔g5 61.♔e4 h4−+.

57...♖f6 58.♖c5 ♖f8 59.♖d5 ♖a8 60.♖c5 ♖a2+ 61.♔g1 ♖a3 62.♔g2 ♖f3

Der Turm dominiert die Stellung.

63.♖d5

63.f6 g6 64.♖c6 ♔h6−+

63...♔g8 64.♖d8+

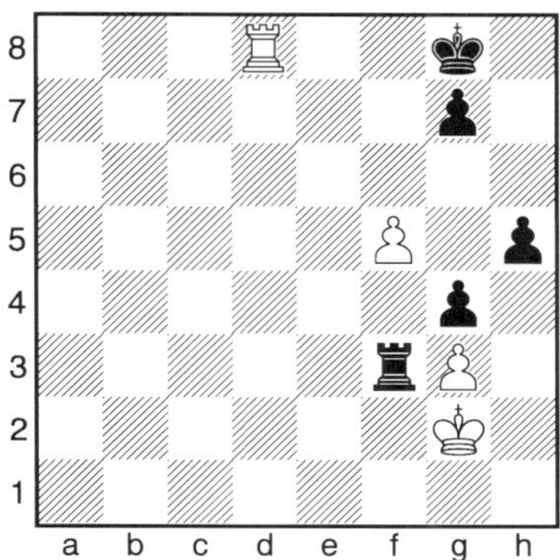

64...♔f7!

Eine letzte Feinheit, denn auf 64...♔h7? folgt 65.♖f8! ♔h6 66.♖h8+ ♔g5 67.♖h7=.

65.♖h8 ♖xf5 66.♔g1 ♖a5 67.♔g2 g6 68.♖h7+ ♔f6 69.♔g1 ♖a6 70.♔g2 ♖d6 71.♔f2 ♔e5 72.♔g2 ♖d2+ 73.♔g1 ♔e4 74.♖a7 g5 75.♖a5 ♖d5 76.♖a4+ ♔e3 77.♔g2 ♖d2+ 78.♔g1 ♖e2 79.♖a3+ ♔e4 80.♖a5 ♔f3 und **0-1** wegen der möglichen Folge 81.♖a3+ ♖e3−+ bzw. 81.♖xg5 ♔xg3 82.♔f1 ♖f2+ 83.♔g1 ♖a2−+, Ju – Giri, Wijk aan Zee 2024.

Beispiel 10

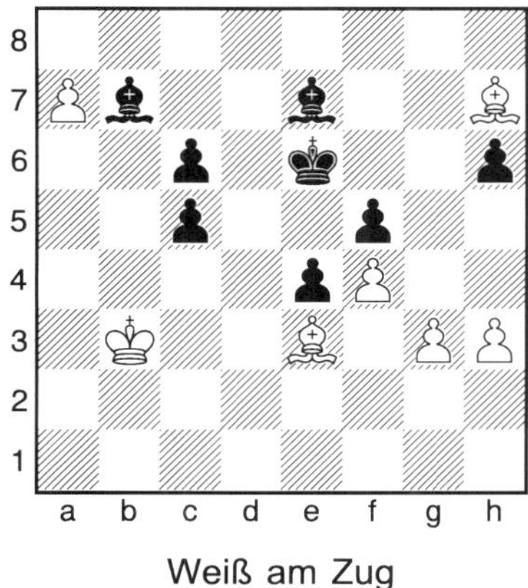

Weiß am Zug

50.♔a4!

Durch dieses aktive Vordringen des Königs wird die Verteidigung überfordert.

50...♔d5

50...h5 rettet auch nicht (50...♗f8 51.♔a5+−); z.B. 51.♔b3 h4 52.g4 fxg4 53.hxg4 ♔d5 54.♗g8+ ♔d6 55.g5 h3 56.♗g1 e3 57.♔c2 ♔c7 58.♔d3 ♔b6 59.♔xe3 ♔xa7 60.♗e6+−.

51.♗xf5 ♗f6 52.♗c8! ♗a8 53.f5 ♗d4 54.♗e6+ ♔e5

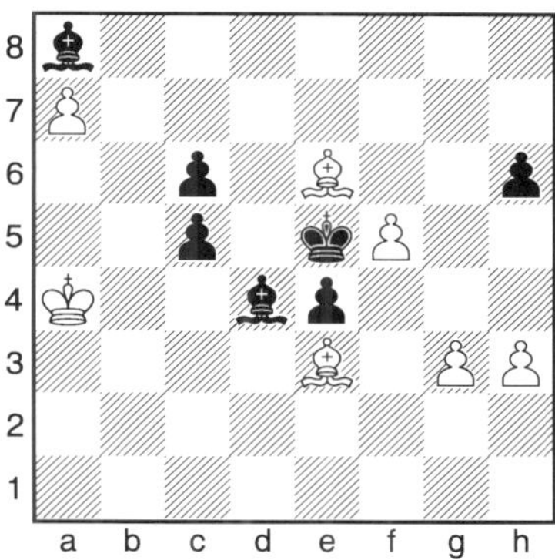

55.♗f4+

– 55.♗xh6 gewinnt auch direkt.

– Nicht jedoch 55.♗xd4+? cxd4 56.♔b4 c5+ 57.♔xc5 d3 58.♗c4 ♔xf5 59.♔d4 ♗c6 60.♗b5 ♗a8=.

55...♔f6 56.g4 c4 57.♗xh6 c3 58.♔b3 e3 59.♗f4 e2 60.g5+ ♔e7 61.♗g3 ♗e3

61...♗xa7 62.♔xc3 ♗b8 63.♗h4 c5 64.♔d3 ♗f3 65.g6+ ♔f8 66.f6+−

62.g6 ♔f6

62...♗d2 63.g7 e1♕ 64.♗xe1 ♗xe1 65.g8♕+−

63.♔xc3 ♗xa7 64.♔d2 ♗d4 65.♔xe2 c5 66.♗h4+ ♔g7 67.♗g5 ♗e4

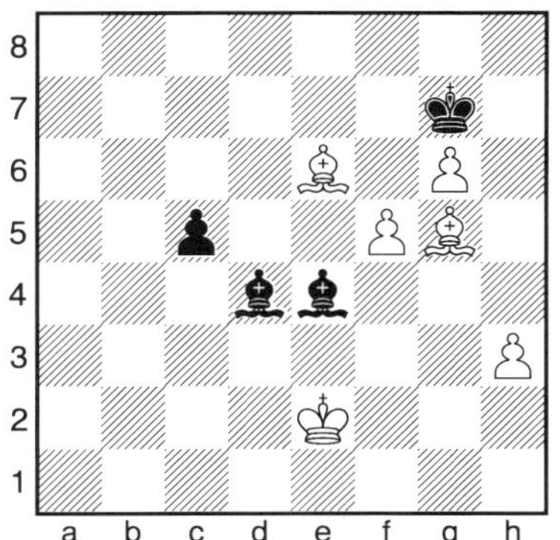

68.h4

Die drei verbundenen Freibauern werden den Gegner einfach überrollen.

68...c4 69.h5 c3 70.h6+ ♔h8 71.♗e3 ♗f6 72.g7+ ♗xg7 73.hxg7+ ♔xg7 74.♗d4+ ♔h6 75.♗xc3 und **1-0** wegen 75...♔g5 76.f6+-, Mamedyarov - Shengelia, Deutschland 2024.

Beispiel 11

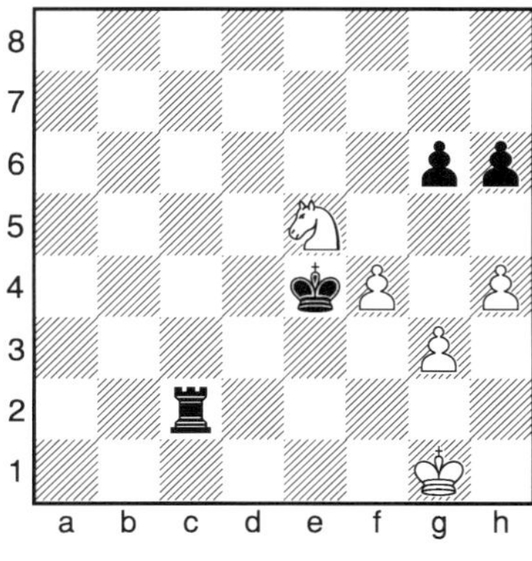

Schwarz am Zug

58...g5!

Diese Unterminierung des Springerpostens auf e5 bringt die Entscheidung.

59.hxg5 hxg5 60.♔f1

60.♘g6 ♖c6 61.♘e5 ♖c3

- 62.♔f2 ♖c2+ 63.♔f1 gxf4-+

- 62.♔g2 gxf4 63.gxf4 ♔xf4-+

60...gxf4 61.gxf4 ♔xf4

In der Regel ist das bauernlose Endspiel '♖ ↔ ♘' remis, wenn der Springer in die Nähe seines Königs gelangen kann. Da dies hier jedoch nicht der Fall ist, gewinnt die Turmpartei. Der weitere Verlauf der Partie ist ein fantastisches Beispiel für die perfekte Zusammenarbeit von König und Turm.

62.♘d3+ ♔e3 63.♘e5

63.♘e1 ♖c1-+ wäre allzu einfach.

63...♖c5

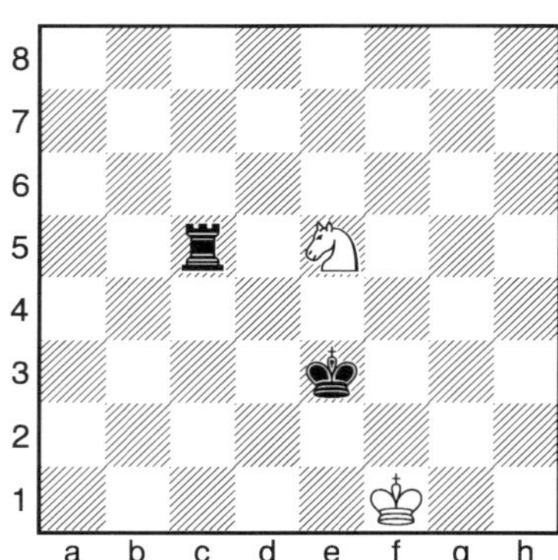

64.♘d7

Nun kann der Springer nicht mehr zurück, weil 64.♘g4+ an 64...♔f3 65.♘h2+ ♔g3 66.♔g1 ♖c1+ 67.♘f1+ ♔f3-+ scheitert.

64...♖f5+ 65.♔g2 ♔d4 66.♔g3 ♖f7 67.♘b6 ♖b7 68.♘c8 ♔e5 69.♔g4 ♔e6 70.♔g5 ♔d7

Ein wahrer Alptraum für den Springer! **0-1**, Makarian - Mamedov, (Rapid) Samarkand 2023

Beispiel 12

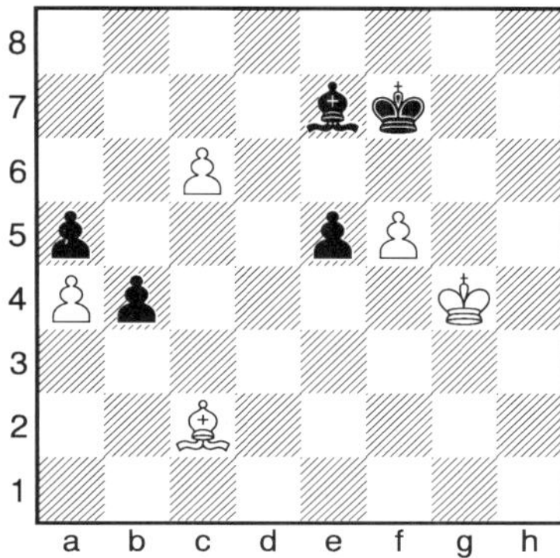

Schwarz am Zug

79...♗d6?

Nach dieser Fehlentscheidung kommt der schwarze König zu spät zum Ort des Geschehens, weil das wichtige Transferfeld d6 besetzt ist.

Wie in *ChessToday 4140* angegeben, führt 79...♗d8! zum Remis, denn nach 80.♔f3 ♔e7 81.♗e4 ♔d6 82.♔e2 ♗c7 83.♔d3 ♔c5 trifft der König rechtzeitig ein, um die gegnerische Invasion zu stoppen; z.B. 84.f6 ♔b6 85.♔c4 ♗d8! 86.f7 (86.♔d5 ♗xf6 87.♔d6 ♗d8=) 86...♗e7 87.♔d5 ♗f8 88.♔xe5 b3 89.♔f6 (89.♔e6 ♔c7=) 89...b2 90.♔g6 b1♕ 91.♗xb1 ♔xc6 92.♔h7 ♔d7 93.♔g8 ♔e7=.

80.♔f3! ♔f6

Danach dringt Weiß am Damenflügel ein.

Wenn Schwarz mit 80...♔e7 81.♔e4 ♔d8 82.f6 ♔c7 den c-Bauern blockiert, gewinnt Weiß mit der scharfen Endspielwaffe *Zugzwang* wie folgt: 83.♔d5

– 83...♗f8 84.♗e4 ♗d6 85.♗b1 b3 86.♗g6 b2 87.♗e4+-

– 83...b3 84.♗b1 b2

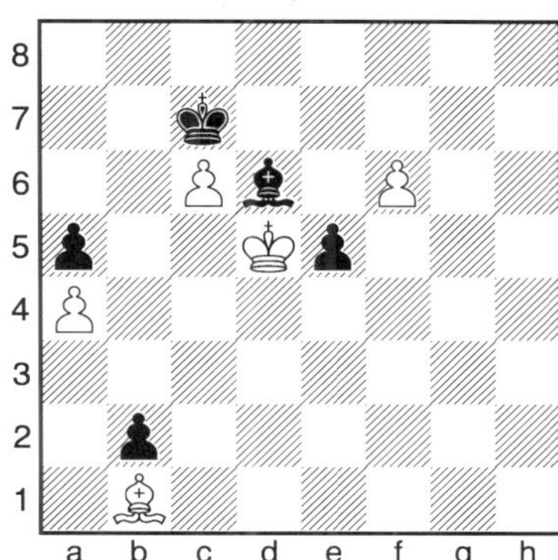

85.♗e4! Nach diesem entscheidenden Zug ist Schwarz endgültig verloren. 85...♗f8 86.♔xe5 b1♕ 87.♗xb1 ♔xc6 88.♔e6

– 88...♔c7 89.♔f7 ♗b4 90.♔e8+-

– 88...♗h6 89.♗d3 ♔c7 90.♗b5 ♔d8 91.♔f7 ♗g5 92.♔g7+-

81.♔e4 ♗c7 82.♔d5 b3

82...♔e7 83.♔c5+-

83.♗b1 ♔e7 84.♔c5 ♗d8

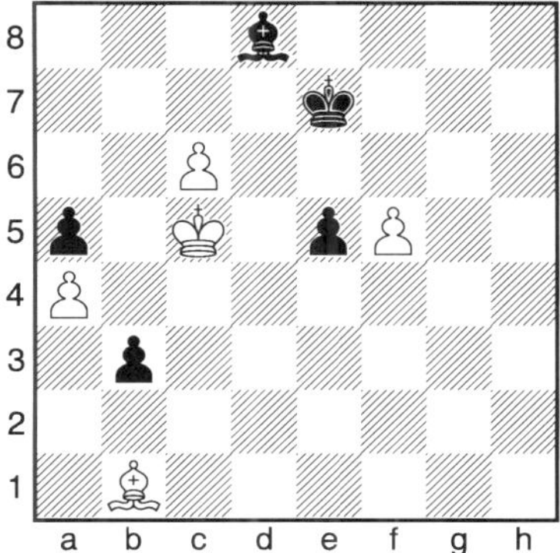

85.f6+!

Mit diesem Bauernopfer kämpft Weiß seinem König den Weg frei.

85...♔xf6 86.♔d6 b2

86...♔g5 87.♔xe5+-

87.c7 ♗xc7+ 88.♔xc7 ♔g5 89.♔d6

Weiß muss zuerst jegliches Gegenspiel verhindern, denn nach direkt 89.♔b6?? ♔f4 90.♔xa5 e4-+ würde er sogar verlieren.

89...♔f4 90.♔d5 ♔e3 91.♔xe5 ♔d2 92.♔d4 ♔c1 93.♗h7 1-0, Foisor - Cmilyte, Gaziantep 2012

Beispiel 13

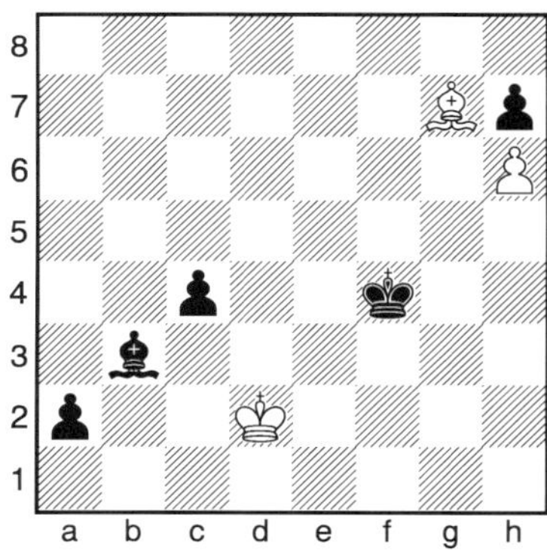

Weiß am Zug

81.♗a1?

Nach diesem bösen Fehler geht die eigentlich unverlierbare Stellung doch noch verloren.

Nach dem rettenden Manöver 81.♔c1! ♔g5 82.♔b2 kommt Schwarz nicht weiter, wie zwei Beispielvarianten demonstrieren mögen:

- 82...♔f5 83.♔a1 ♔e4 84.♗f6 ♔d3 85.♗g7 c3 86.♗xc3 ♔xc3 patt

- 82...♔g6 83.♔a1 c3 84.♗xc3 ♔xh6 85.♗f6= und mit dem ‚falschen' Randbauern a2 kann Schwarz nicht gewinnen.

81...♔g5 82.♗g7 a1♕ 83.♗xa1

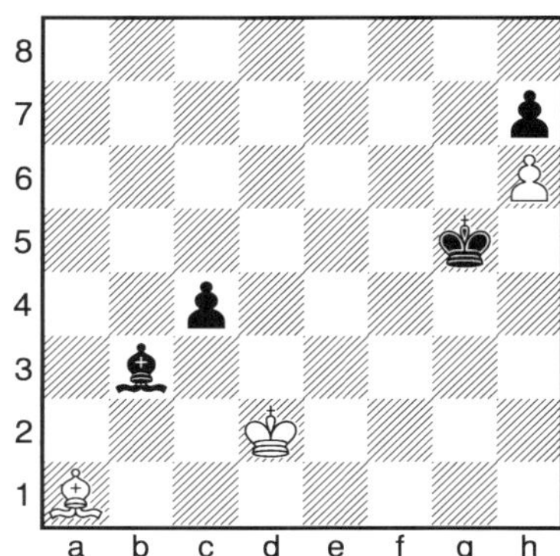

83...♔xh6

Mit zwei weit voneinander entfernt laufenden Freibauern wird Schwarz langfristig gewinnen, weil Weiß auf Dauer nicht alle Einbruchswege des gegnerischen Königs bewachen kann.

84.♔e3 ♔g5 85.♗e5 ♔g4 86.♔f2 ♔f5 87.♗g7 ♔e4 88.♔e2 ♗a4 89.♗h6 ♗d7 90.♔d2 ♔f5 91.♔c3 ♗e6 92.♔d4 ♔g6 93.♗d2 h5 94.♔e4 ♗d7 95.♔f4 ♔f6 96.♗e1 ♗c6 97.♗f2

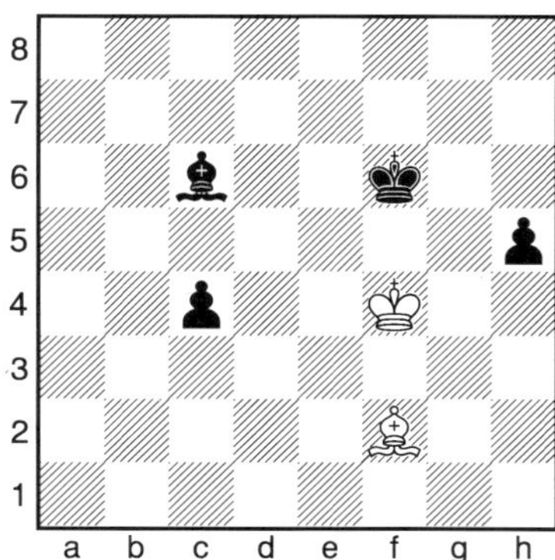

97...♔e6!

Damit beginnt der entscheidende Marsch zum Damenflügel.

98.♗e1 ♔d5 99.♗c3 ♔c5 100.♔g5 ♗e8 101.♔f4 ♔b5 102.♗e1 ♔a4 103.♔e3 ♔b3 104.♔d4 ♗f7 105.♗h4 c3 106.♔d3 ♗g6+ 107.♔e2 c2 108.♗g5 ♔b2 0-1, Bomans – Luft, Dortmund 2017

Beispiel 14

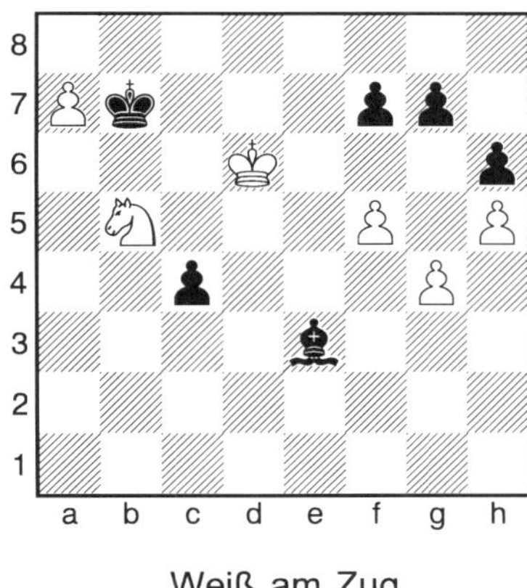

Weiß am Zug

In der Partie wählte Weiß den aktiven Königszug **51.♔d5!**.

Zum Gewinn führt auch 51.♔e7!? mit der möglichen Folge 51...♗f4 52.♔xf7 ♗e5 53.f6

– 53...♗xf6 54.♘d6+ ♔xa7 55.♘xc4+–

– 53...gxf6! 54.♔g6 ♗f4 55.♔xf6+–

51...♗xa7

51...c3 52.♘xc3 ♗xa7 53.g5 hxg5 54.f6 gxf6 55.h6 g4 56.h7 g3 57.h8♕ g2 58.♘e2+–

52.♘xa7

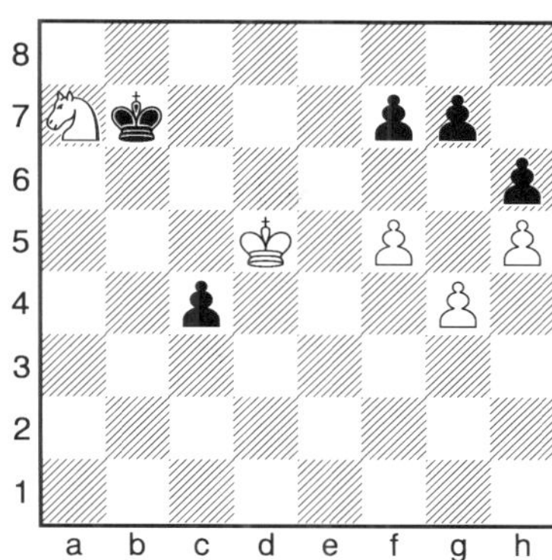

52...c3

Nach 52...♔xa7 und der Folge 53.♔xc4 ♔b6 54.♔d5 ♔c7 gewinnt der wunderbare Durchbruch 55.g5! in folgenden Abspielen:

– 55...f6 56.gxf6 gxf6 57.♔e6+–

– 55...♔d7 56.f6 gxf6 57.gxh6 ♔e7 58.h7+–

53.♘c6! c2

53...♔b6 54.♘d4+–

54.♘a5+ ♔c7 55.♘b3 ♔d7

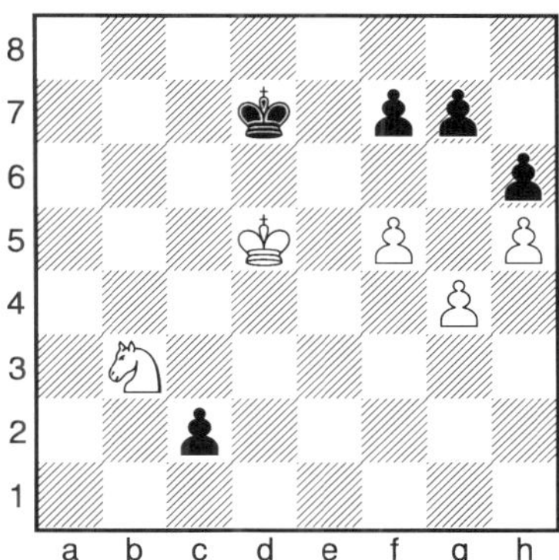

56.g5!

Auch hier entscheidet dieser Durchbruch.

56...♔e7

Nach 56...hxg5 gewinnt 57.f6 gxf6 58.h6+–.

57.gxh6 gxh6 58.♔e5 f6+ 59.♔d5 ♔d7

60.♘c1 und **1-0**, weil jetzt die wirksame Endspielwaffe namens *Zugzwang* ihre tödliche Wirkung zeigt:

– 60...♔c7 61.♔e6 ♔c6 62.♔xf6 ♔d5 63.♔g7 ♔e4 64.f6 ♔e3 65.f7 ♔d2 66.♘a2+–

– 60...♔e7 61.♔c6 ♔e8 62.♔d6 ♔f7 63.♔d7 ♔g7 64.♔e6+–

Abdusattorov – Giri, Wijk aan Zee 2024

Beispiel 15

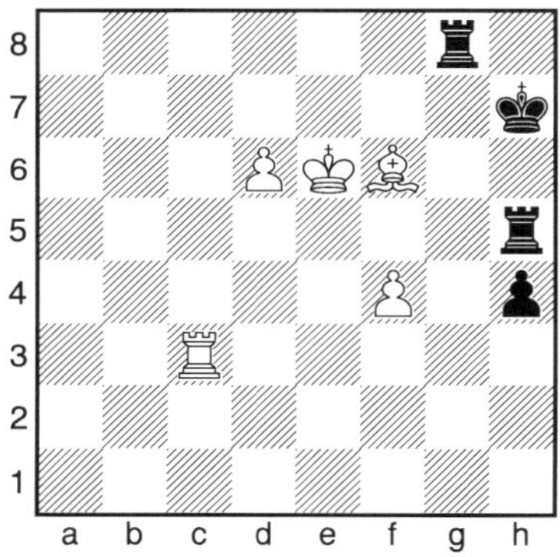

Weiß am Zug

In der Partie übersah Weiß bei **59.♖h3?** die zum Remis führende Verteidigung, bei der – wie wir gleich sehen werden – der schwarze König die Hauptrolle spielt.

Zum Gewinn führte der direkte Ansatz 59.d7! mit der möglichen Folge 59...h3 (59...♖h6 60.♖c8+–) 60.♖c8 h2 61.♖xg8 h1♕ 62.♖h8+ ♔g6 63.f5+ ♖xf5 64.♖xh1 ♖xf6+ 65.♔e7! ♖f7+ 66.♔e8+–.

59...♖f8! 60.♗g5

Nach 60.d7 gewinnt 60...♖h6 61.d8♕ ♖xd8 62.♖xh4=.

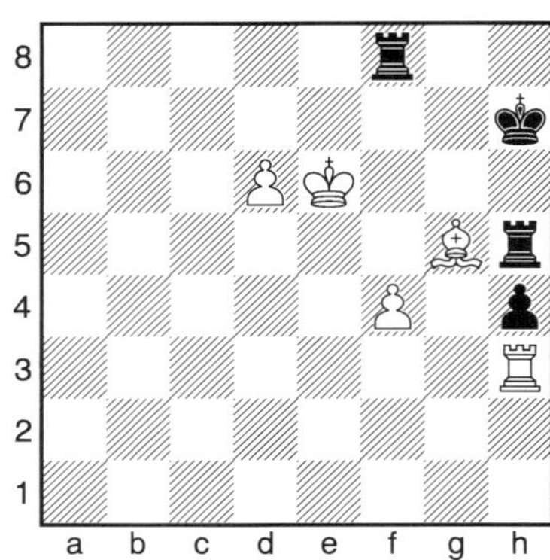

60...♔g6!

Der König wird aktiviert und eilt zu Hilfe.

61.d7 ♖xg5! 62.fxg5 ♔xg5

Jetzt ist das Remis klar.

63.♖c3 ♖d8 64.♖c8 ♖xd7! 65.♔xd7 h3 66.♔e6 ♔g4

Nun rettet die gute Zusammenarbeit von König und Bauern einen halben Punkt.

67.♖c4+ ♔g3 68.♔f5 h2 69.♖c3+ ♔g2 70.♔g4 h1♕ 71.♖c2+ ♔g1 72.♖c1+ ♔h2 73.♖xh1+ ♔xh1 ½-½, Duda – Ding, (Rapid) Internet, 2021

Beispiel 16

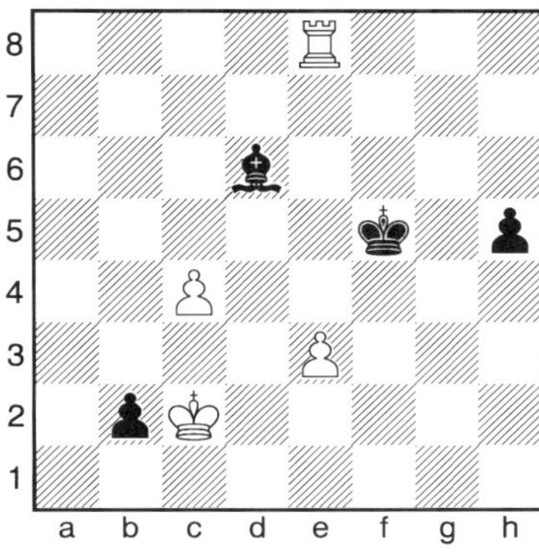

Weiß am Zug

Mit dem Fehler **63.♖d8?** verschwendet Weiß wertvolle Zeit.

Stattdessen sollte er schleunigst mit 63.♔xb2! seinen König ins Spiel bringen, was zu folgenden Abspielen geführt hätte:

1) 63...♗e5+ 64.♔c2 h4 65.♔d3 h3 66.♖f8+ ♔g4 67.♔e4 h2 68.♖g8+ ♔h3 69.♔xe5 h1♕ 70.♖h8+ +−

2) 63...h4 64.♔c2! (64.♖h8?? ♗e5+ −+) 64...h3 65.♖h8 ♔g4 66.♔d3 h2

a) Nun würde 67.♔d4? die Remisfolge 67...♗g3 68.♖xh2 ♗xh2 69.e4 ♔f4 70.c5 ♗g1+ 71.♔d5 ♗xc5 72.♔xc5 ♔xe4= ermöglichen.

b) Hingegen gewinnt 67.♔e2! ♔g3 68.♖g8+ ♔h3 69.♔f2 h1♘+ 70.♔f3+−.

63...♗e5!

Dank seines dominierenden Läufers kann Schwarz jetzt mühelos remisieren.

64.c5 h4

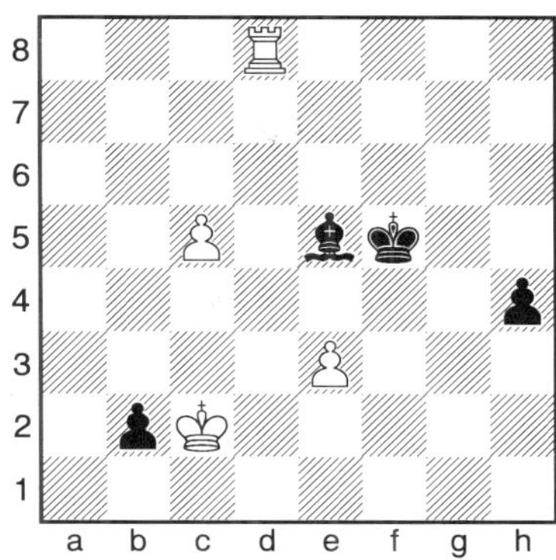

65.♖f8+

Eine andere Remisvariante lautet 65.♖d1 ♔e4 66.c6 h3 67.♖h1 h2=; nicht jedoch 66...♔xe3? 67.♖e1+ ♔f4 68.♖xe5 ♔xe5 69.c7+−.

65...♔e4 66.♖f7 h3 67.♖h7 h2 68.c6 ♔xe3 69.♖xh2 ♗xh2 70.♔xb2 ♗c7 71.♔c3 ♔e4 72.♔c2 ♔e5 73.♔d2 ♔d5 74.♔c2 ♔xc6 ½-½, Hansen – Ding, Internet 2022

Beispiel 17

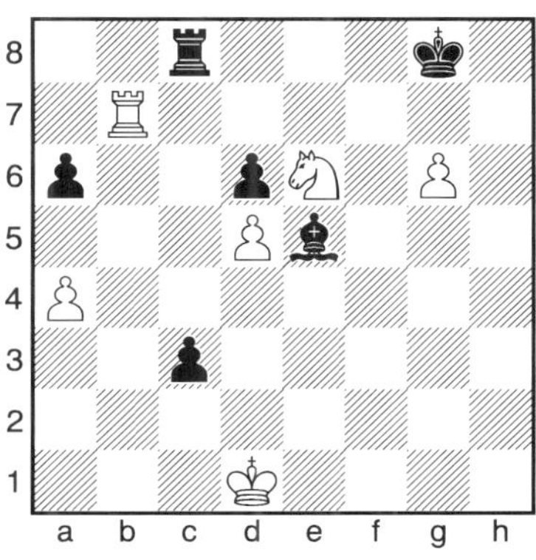

Schwarz am Zug

In dieser dynamischen Stellung unterlief Schwarz mit dem verfrühten Vorstoß **38...a5?** ein grober Fehler, denn danach ist das gegnerische Powerplay auf den weißen Feldern zu stark.

Wenn er erst nach 38...c2+! 39.♔c1 mit 39...a5 fortfährt, kann Weiß wohl nicht gewinnen; z.B. 40.♖b6 ♔h8 41.♖c6 ♖g8 42.♔xc2 ♖xg6 43.♖c8+ ♖g8 44.♖xg8+ ♔xg8 45.♔d3 ♔f7 46.♘d8+ ♔e7 47.♘c6+ ♔d7

– 48.♘xe5+ dxe5 49.♔e3 ♔e7 50.♔d3 ♔d7!=

– 48.♘xa5 ♔c7 49.♘c4 ♗g3 mit ‚remislichem' Endspiel.

39.♔c2 ♖a8

39...♔h8 40.♖h7+ ♔g8 41.♖a7+–

40.♖b5 ♗f6 41.♖b6 ♗e5 42.♖b7 ♗f6 43.♖c7 ♗e5

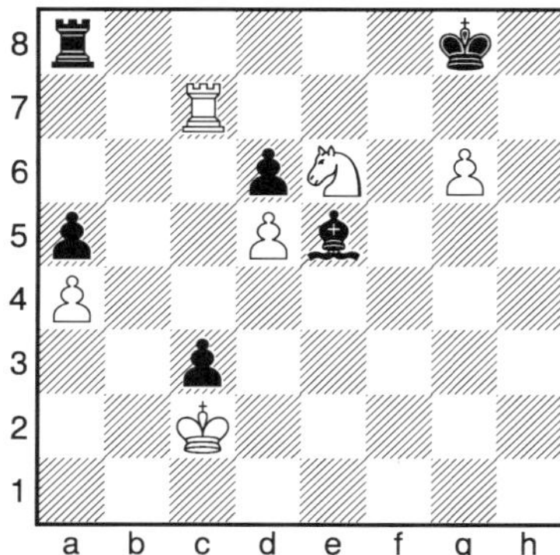

44.♔d3!

Der König macht sich auf den Weg, um den Mattangriff entscheidend zu verstärken. Diese Ressource unterscheidet einen Angriff im Endspiel wesentlich von einem im Mittelspiel.

44...♗f6 45.♔e4 ♗e5 46.♔f5 ♖b8 47.♔g5 ♖a8 48.♔h6 ♖e8 49.g7 und **1-0** wegen 49...♗f6 50.♔g6 ♗e5 51.♖f7+–, Ding – Carlsen, Internet 2022.

Beispiel 18

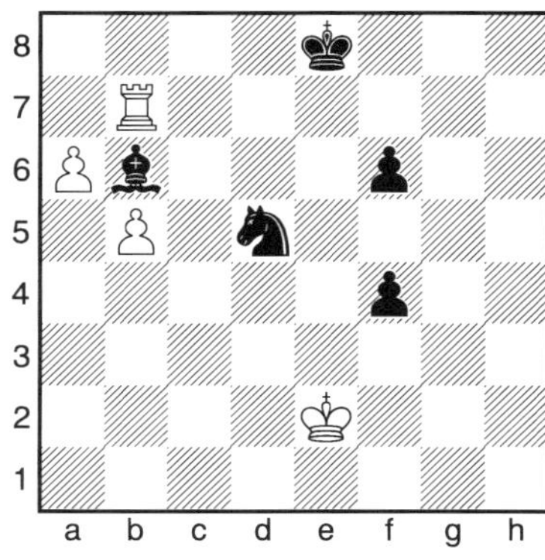

Weiß am Zug

Mit **62.♔d3!** muss der König sich zum Damenflügel bewegen.

Denn nach Einschlagen der falschen Richtung mit 62.♔f3? und der Folge 62...♔d8 63.♔e4 f3 64.♔xf3 f5 65.♖f7 ♘e7 66.♔f4 ♗d4 kann die Blockade nicht durchbrochen werden.

62...f3 63.a7!

Jetzt kann Weiß endlich Material gewinnen.

63...♗xa7 64.♖xa7 f2

64...♔d8 65.♔d4 ♘b6 66.♖a3 f2 67.♖f3+–

65.♖a1

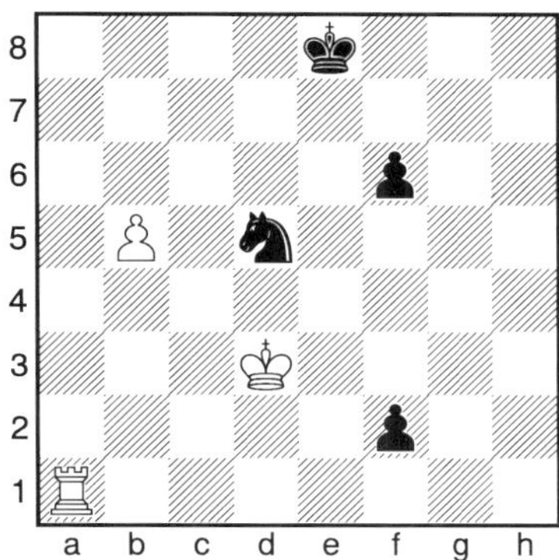

65...♔d7

65...♘b4+ wird mit 66.♔c3 beantwortet. (66.♔c4? ♘c2=)

66...♘d5+ 67.♔d4 ♘e7 68.♔c5

Der König bekämpft den Springer auf aktive Weise.

(68.♖f1? ♘f5+ 69.♔d3 ♘d6 70.b6 ♔d7 71.♖xf2 ♔c6 72.♖b2 ♘b7=)

68...♘f5

1) 69.♖f1? ♘g3 70.b6 ♘xf1 71.b7 ♘e3 72.b8♕+ ♔f7=

2) 69.b6

a) 69...♔d7 70.♖f1 ♘g3 71.♖d1+ ♔c8 72.♔c6 f1♕ 73.b7+ ♔b8 74.♖d8+ ♔a7 75.♖a8#

b) 69...♘e3 70.b7 f1♕ 71.b8♕+ ♔f7 72.♖xf1 ♘xf1 73.♔d6+−

66.♖f1

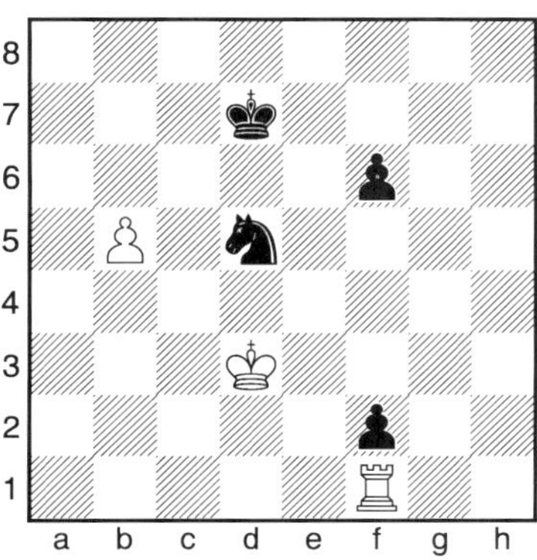

66...♘f4+

1) Auch 66...♔c7 hilft nicht, denn nach 67.♖xf2 ♔b6 68.♔c4 ♘e3+ wird der Springer mit 69.♔d4 gefangen; z.B. 69...♘g4 (69...♘d1 70.♖d2+−) 70.♖f4 ♘h2 71.♖xf6+ ♔xb5 72.♖f4+−.

2) 66...♘c7 67.♔c4 ♔d6 68.♖xf2 ♘xb5 69.♔xb5 ♔e5 70.♔c4+−

67.♔c4 ♘h3 68.♔c5 ♔c7

Nach 68...♘g5 vermeidet Weiß die drohende Gabel mit 69.♔d5 (69.♔b6+−) und gewinnt nach den weiteren Zügen 69...♔c7 70.♖xf2 ♔b6 71.♔c4 ♘e4 72.♖f4 ♘d6+ 73.♔b4 ♘xb5 74.♖xf6+ +−.

69.b6+ ♔b7 70.♔b5 f5

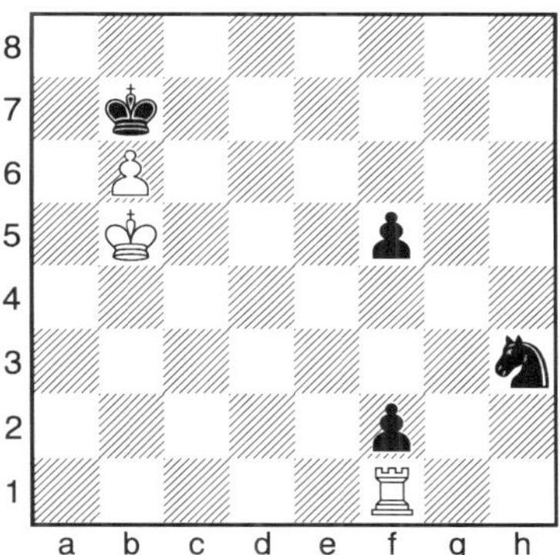

71.♔a5!

Weiß wartet einfach ab, bis Schwarz am Königsflügel die Züge ausgehen.

71...f4 72.♔b5 ♘g5

72...f3 73.♔a5 ♔c6 74.♔a6 ♔d5 75.b7+−

73.♖xf2 ♘e6 74.♖d2 f3 75.♖d7+ ♔c8 76.♖f7 ♔b8 77.♖f6 ♘d4+ 78.♔a6 und **1-0** angesichts der möglichen Folge 78...♔c8 79.b7+ ♔c7 80.♖f7+ ♔c6 81.b8♕+−, Ding − Wang, China 2012.

Beispiel 19

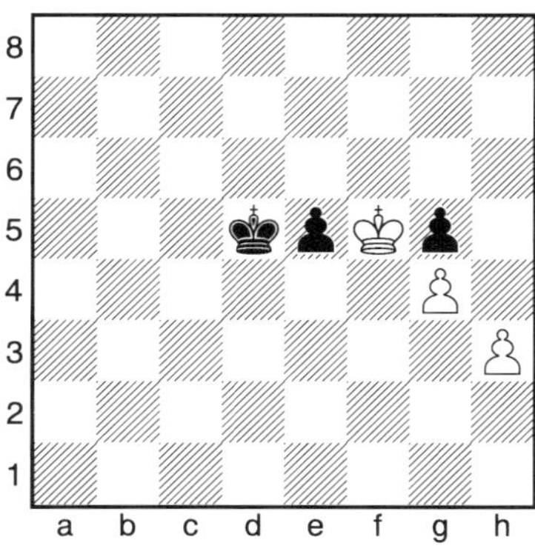

Weiß am Zug

In der Partie führte der schlecht berechnete Ansatz **53.♔xg5?** zum Verlust.

Der Fehler von Weiß bestand darin, der aktuellen Stellung der Könige im Bezug auf die Einzugsfelder eventuell entstehender neuer Damen keine Beachtung geschenkt zu haben.

Nach dem richtigen Ansatz 53.h4! und der weitgehend zwangsläufigen Folge 53...gxh4 54.g5 h3 55.g6 h2 56.g7 h1♕ 57.g8♕+ ♔d4 58.♕d8+ ♕d5 59.♕b6+ ♔d3 60.♕b1+ = kann der König dem Dauerschach nicht entkommen.

53...e4 54.♔f4

– 54.♔h6 e3 55.g5 e2 56.g6 e1♕ 57.g7 ♕e6+ 58.♔h7 ♕xh3+ –+

– 54.♔h4 e3 55.♔g3 ♔e4 56.g5 ♔d3 57.g6 e2 58.g7 e1♕+ –+

54...♔d4 55.g5

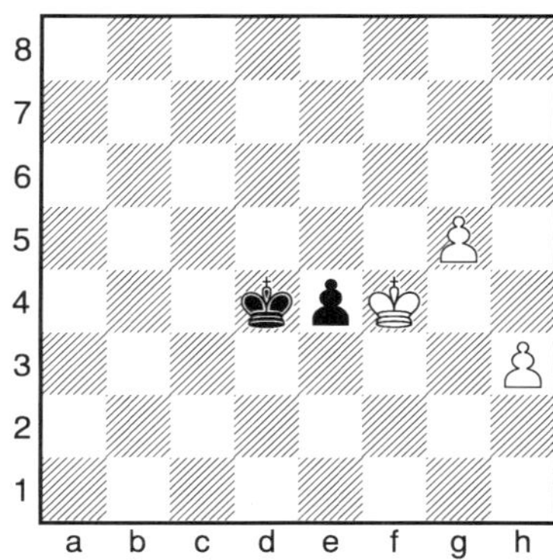

55...e3

Zwar laufen beide Bauern durch, aber die weiße Dame geht stets durch einen Spieß verloren.

56.♔f3

56.g6 e2 57.g7 e1♕ 58.g8♕ ♕f2+ 59.♔g5 ♕g1+ –+

56...♔d3 57.g6 e2 58.g7 e1♕ 59.♔g2

59.g8♕ ♕f1+ 60.♔g3 ♕g1+ –+

59...♕e4+ 60.♔f1 ♕f3+ 0-1, Pinder – Ibtihal Mohammed, Chennai 2022

Beispiel 20

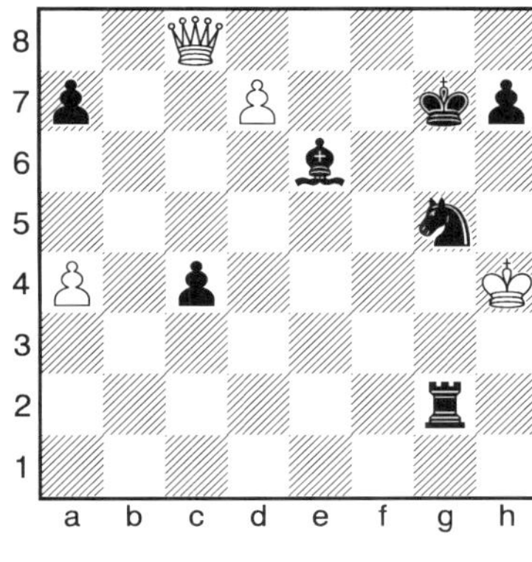

Weiß am Zug

Dies ist ein lehrreiches Beispiel für die effektive Zusammenarbeit von Dame und König.

50.♕b7!

Das ist der einzige Gewinnzug, denn andernfalls würde am Ende sogar der *Weiße* mattgesetzt:

- 50.d8♕?? ♘f3+ 51.♔h5 ♗f7#
- 50.♕c7?? ♘f3+ 51.♔h5 ♖g5#

50...♘f3+

50...♖h2+ 51.♔xg5 h6+ 52.♔f4 ♗xd7 53.♕xd7+ ♔f6 54.♕d4+ ♔g6 55.♕g1+ +−

51.♕xf3 ♖h2+ 52.♔g5

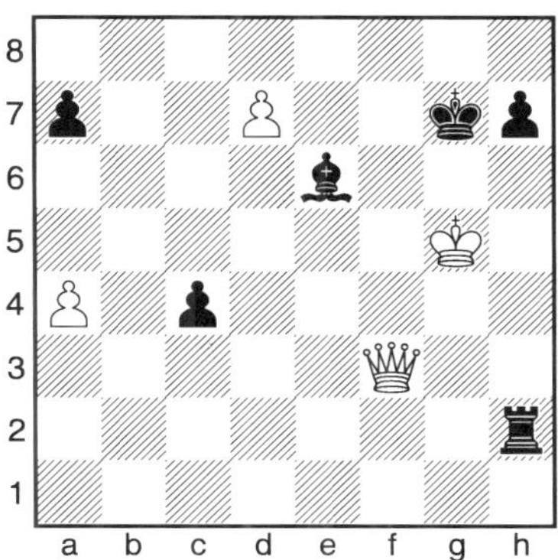

52...h6+

Zum Verlust führt auch 52...♗xd7 53.♕f6+ ♔g8 54.♕d8+ ♔f7 55.♕xd7+ +−.

53.♔f4 ♖h4+

53...♗xd7 54.♕g3+ +−

54.♔e5! 1-0

Nach dem entscheidenden Vordringen des Königs mit der möglichen Folge 54...♗xd7 55.♕f6+ ist weitere Gegenwehr zwecklos, Kramnik – Mamedyarov, Khanty-Mansiysk 2014.

Kapitel 2

Die Macht der Bauern

Erst im Endspiel kommt die gewaltige Macht der Bauern zum Tragen, schließlich steckt in jedem einzelnen von ihnen das Potenzial für eine neue Dame. Diese Kraft tritt in zahlreichen speziellen *Endspiel*motiven zutage, wie zum Beispiel: Freibauer, gedeckter Freibauer, entfernter Freibauer, weit vorgedrungener Freibauer, verbundene Freibauern, Wettrennen, Durchbruch und dergleichen mehr.

Beispiel 21

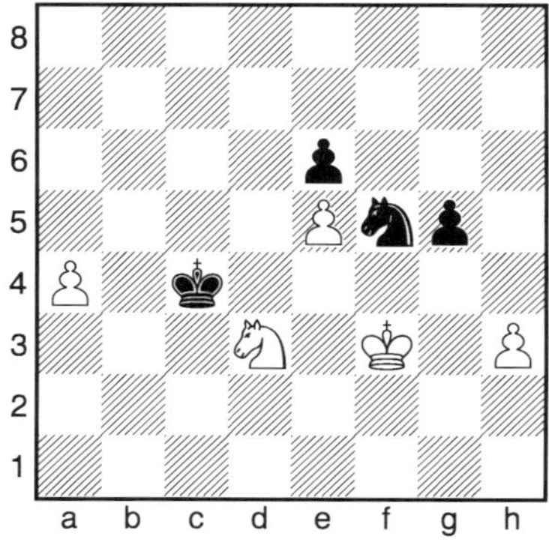

Weiß am Zug

Mit **51.a5!** opferte Weiß seinen Springer, damit sein Freibauer so weit wie möglich vorrücken konnte. Dies führt in der Folge dazu, dass der gegnerische Springer diesen bewachen muss und somit keine anderen Aufgaben wahrnehmen kann.

51...♔xd3

Auf 51...♔b5 folgt natürlich 52.a6! ♔xa6 53.♘c5+ ♔b5 54.♘xe6 ♔c4 55.♘xg5 ♔d5 56.♔f4 ♘e7 57.e6 mit leichtem Gewinn.

52.a6 ♘d4+ 53.♔g4 ♘c6 54.♔xg5 ♔e4

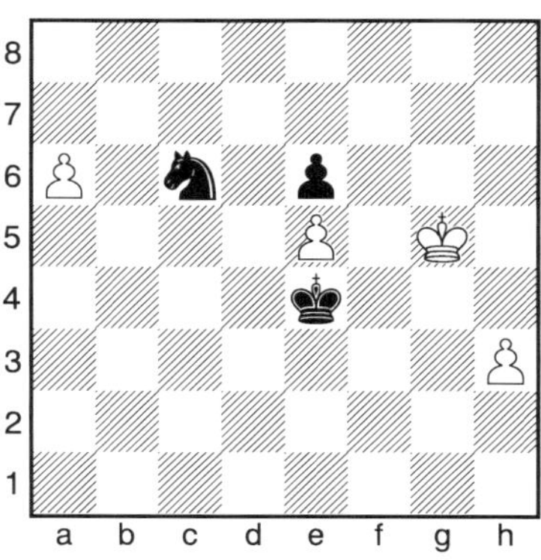

55.h4! ♔xe5 56.h5 und **1-0**, denn nach dem Opfer des Zentrumsbauern kann der h-Bauer ungehindert weiter vormarschieren, Tscheparinow – Alhassadi, Baku 2023.

Beispiel 22

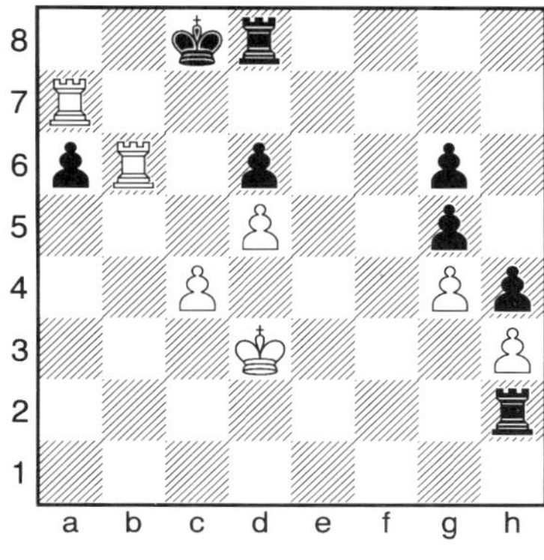

Weiß am Zug

Mit dem präzis berechneten Räumungsopfer **40.c5!** verschafft Weiß seinen Türmen noch mehr Wirksamkeit, bildet einen Freibauern und ermöglicht seinem König, Schachgeboten zu entkommen und ins gegnerische Lager vorzudringen.

40...dxc5 41.d6 c4+ 42.♔e4!

Das ist der einfachste und schnellste Gewinnweg, denn nach 42.♔xc4 könnte Schwarz den Verlust noch mit 42...♖c2+ 43.♔d5 ♖d2+ 44.♔e6 ♖e2+ 45.♔f6 ♖f2+ usw. hinauszögern.

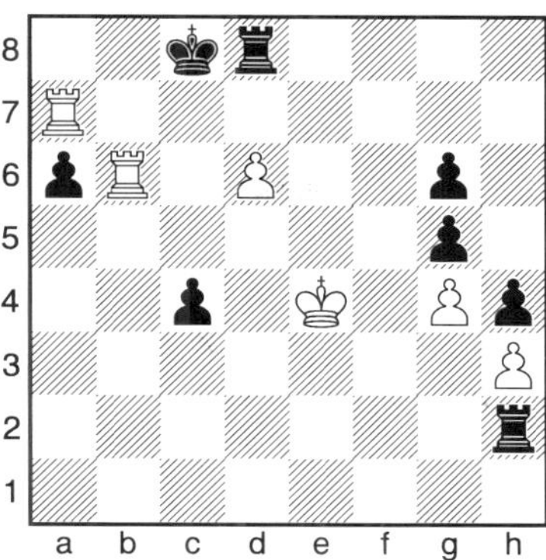

1–0, weil 42...♖e2+ nach 43.♔f3 den Turm kosten würde, Bjerre – Albarnoz, Havanna 2023.

Beispiel 23

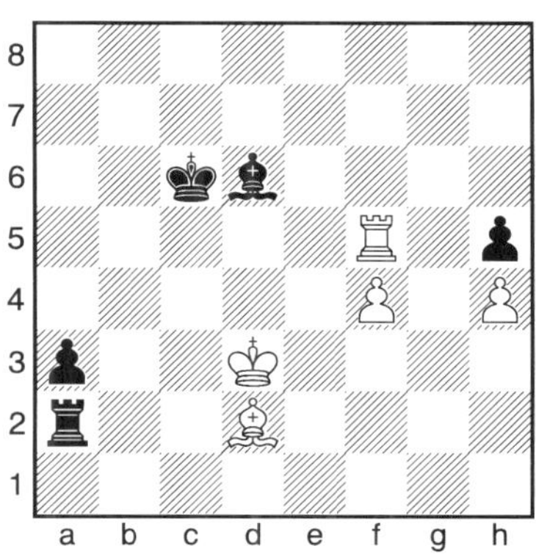

Schwarz am Zug

Nach dem Räumungsopfer **47...♖xd2+!** erhielt der a-Bauer freie Fahrt, und nach **48.♔xd2 a2** ...

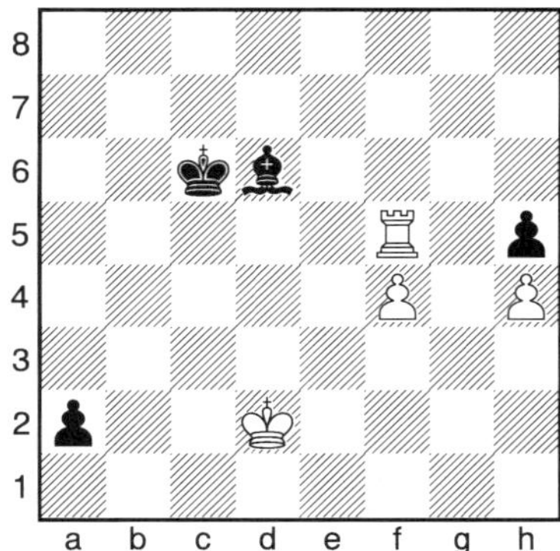

... hieß es sogleich **0-1**. Denn nach 49.♖a5 ♗b4+ 50.♔c2 ♗xa5 51.♔b2 geht zwar der eine Randfreibauer verloren, aber nach 51...♗e1 52.♔xa2 ♗xh4 53.♔b2 ♗d8 54.♔c2 h4–+ prescht unaufhaltsam der andere vor, Burg – Engel, Deutschland 2024.

Beispiel 24

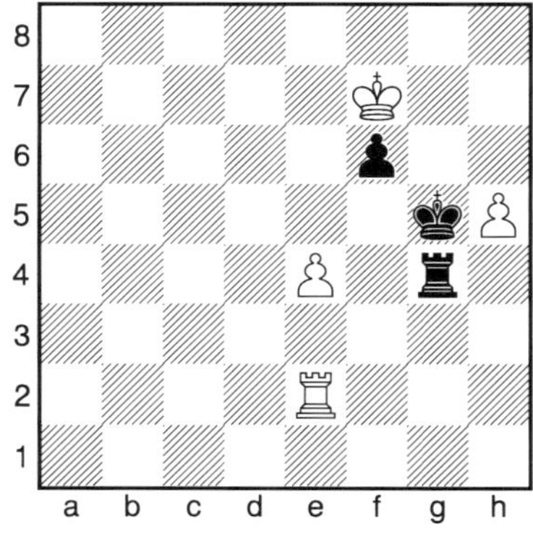

Weiß am Zug

Bei seiner Entscheidung für **65.♖h2?** hatte Weiß die Situation falsch eingeschätzt, was zum Verlust eines halben Punktes führte.

Hingegen hätte 65.♔g7! gewonnen ...

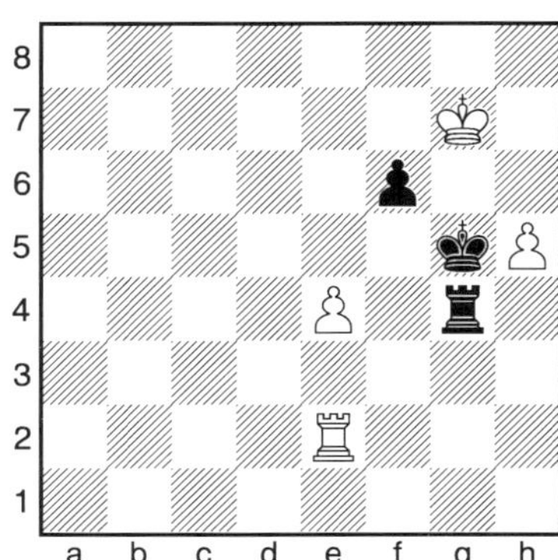

... wie aus folgender Analyse hervorgeht:

1) 65...♖h4 66.h6 ♖xh6 67.♖g2+ +–

2) 65...♔xh5+ 66.♔xf6 ♖f4+ 67.♔e7 ♔g6 68.♖g2+ ♔h7 69.e5+–

3) 65...f5

a) Nun führt 66.exf5? ♔xf5+ 67.♔f7 ♖h4 68.♖f2+ ♔g4 69.♔g6 ♖xh5 70.♖g2+ ♔f3= nur zum Remis.

b) 66.h6 ♔h5+ 67.♔f6

– 67...♔xh6 68.♖h2+ ♖h4 69.♖xh4#

– 67...♖g6+ 68.♔f7 f4 69.h7+–

c) Außerdem gewinnt auch 66.e5!? f4 67.♖h2 f3 68.h6 ♖g2 69.♖h1 f2 70.h7 ♖g1 71.h8♕+–.

65...♔h6 66.♖e2 ♖f4 ½-½, Abdusattorov – Carlsen, (Rapid) Internet 2023

Beispiel 25

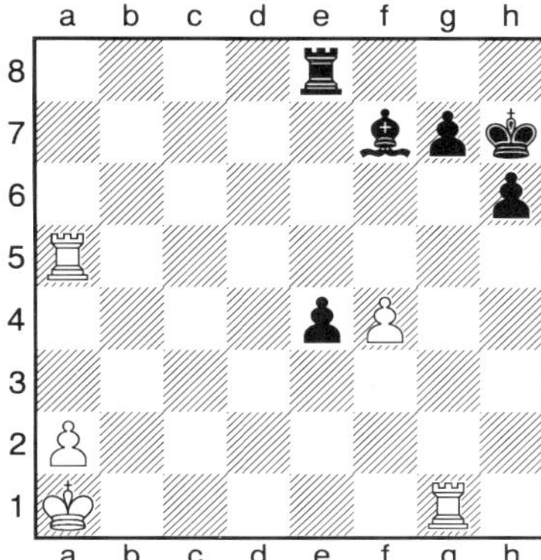

Bekanntlich gilt im Endspiel die Devise ‚Freibauer voran!' – aber im gegebenen Fall ging es mit **46.a4?** ein Feld *zu weit* voran, weil der Bauer sich nun auf einem *weißen* Feld befand und in der Folge vom gegnerischen Läufer erreicht werden konnte.

Der kleine Schritt 46.a3!! gewinnt, weil der Freibauer auf einem *schwarzen* Feld nicht zu gefährden ist, wie die folgende Variante veranschaulicht: 46...e3 47.♖e5 (47...♖a8 48.♖xe3+-) 47...g5 48.♖xe8 ♗xe8 49.fxg5 hxg5 50.♖xg5+-.

46...e3!

Selbstverständlich gilt für den schwarzen Freibauern dieselbe Devise.

47.♖e5 g5!

Nun sichert dieser fantastische Konter das Remis.

48.♖e1

Denn auf 48.♖xe8 ♗xe8 49.fxg5 folgt nun 49...♗xa4! (49...hxg5? 50.a5+-) 50.♖h1 h5 51.♖xh5+ ♔g6 52.♖h4 ♗d7 53.♖d4 ♗f5=.

48...gxf4 49.♖f5!

Nur dieser Zug hält das Gleichgewicht.

49...♖e4 50.♖xf7+ ♔g6 51.♖f8 ♔g7
½-½, Tabatabaei – Murzin, Sharjah 2024

Beispiel 26

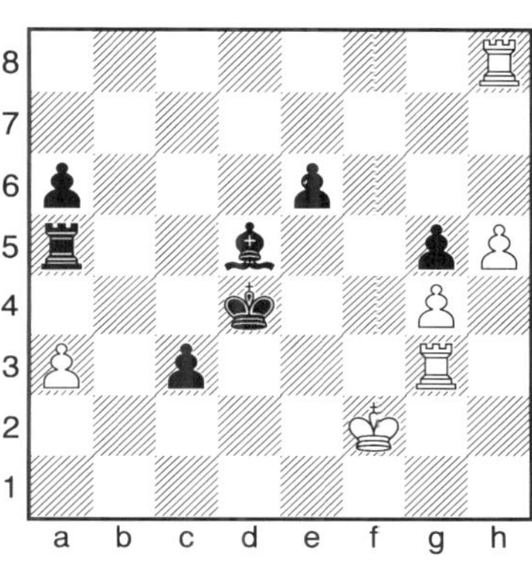

Schwarz am Zug

Der Turm gehört mit **56...♖c5!** hinter den Freibauern.

– Schwach wäre hingegen 56...c2?, weil diesmal der *Verteidiger* mit 57.♖c8 den Turm hinter dem Freibauern einsetzt; z.B. 57.♗c4 58.♖g1 ♖xa3 59.♖c1 ♖c3 60.♖d8+ ♗d5 61.♔e2=.

– Und auch nach 56...♖xa3? remisiert Schwarz mit 57.♖c8 ♖a2+ 58.♔e1 usw.

57.♖g1 c2 58.♖c1 ♔d3

Nun dringt der König mit entscheidender Wirkung ein.

59.♔e1

Auch die zähere Verteidigung mit 59.♖g8 bringt keine Rettung mehr; z.B. 59...♔d2 60.♖xc2+ ♖xc2 61.♖xg5 ♖c3-+.

59...♖c4 60.h6 ♖xg4 61.♖xc2

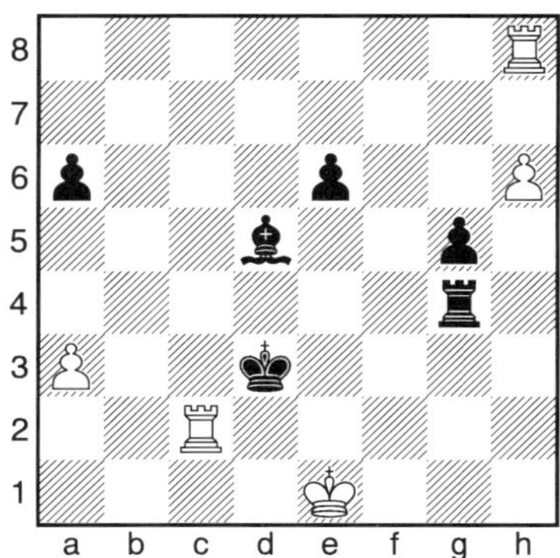

61...♖g1+!

Statt dieses präzisen Zuges hätte 61...♔xc2? nach 62.♖c8+ ♔d3 63.h7 zum Remis geführt.

62.♔f2 ♖g2+ 63.♔f1 ♖xc2 und **0-1** wegen 64.h7 ♖h2−+, Kaidanov − Sindarov, Doha 2023.

Beispiel 27

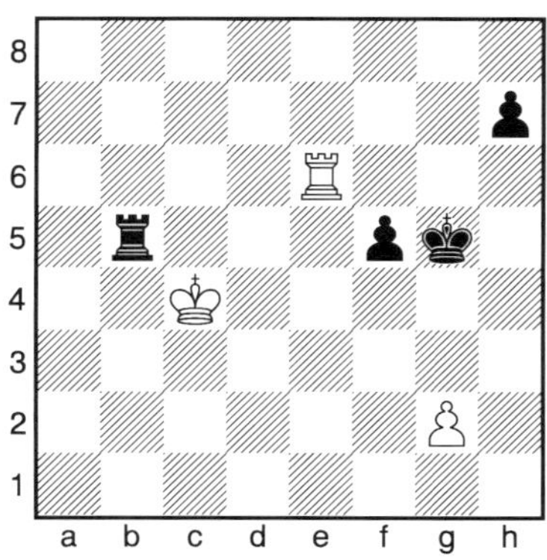

Schwarz am Zug

53...♖b2! ist der einzige Gewinnzug, denn 53...♖b7? 54.♔d3 ♔g4 55.♔e2 ♔g3 56.♖e5!= reicht nur zum Remis.

54.♖e7 ♔f4 55.♖g7 h5 56.g3+ ♔e4 57.♖g5 ♖c2+

Dieses Zwischenschach ist ein Beweis guter Endspieltechnik.

58.♔b3 ♖h2 59.♔c3

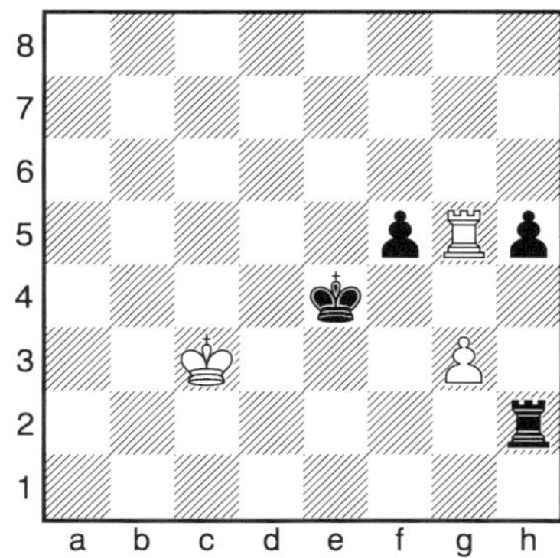

59...h4!

Nach diesem weiteren einzigen Gewinnzug wird der f-Bauer den Tag entscheiden.

60.gxh4 f4

Es gewinnt auch 60...♖xh4 mit der möglichen Folge 61.♔d2 ♖h2+ 62.♔e1 ♔f4! 63.♖g8 ♔f3−+.

61.h5 f3 62.♖g8 f2 63.♖e8+

63.♖f8 verliert nach 63...♖h3+ 64.♔d2 ♖f3−+.

63...♔f3 64.♖f8+ ♔g2 65.♖g8+ ♔h1 66.♖f8 ♔g1 und **0-1** wegen 67.♖g8+ ♖g2 68.♖xg2+ ♔xg2 69.h6 f1♕−+, Zysk − Naiditsch, Deutschland 2024.

Beispiel 28

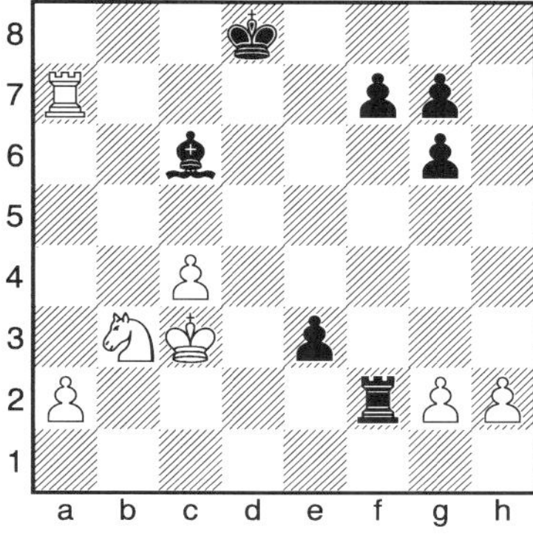

Weiß am Zug

36.♘d4? war verfrüht, weil nach der starken Antwort der e-Freibauer entscheidet.

Richtig war 36.♔d3! mit Ausgleich nach der möglichen Folge 36...e2 37.♔d2 ♗xg2 38.♘d4.

36...♗e4! 37.c5

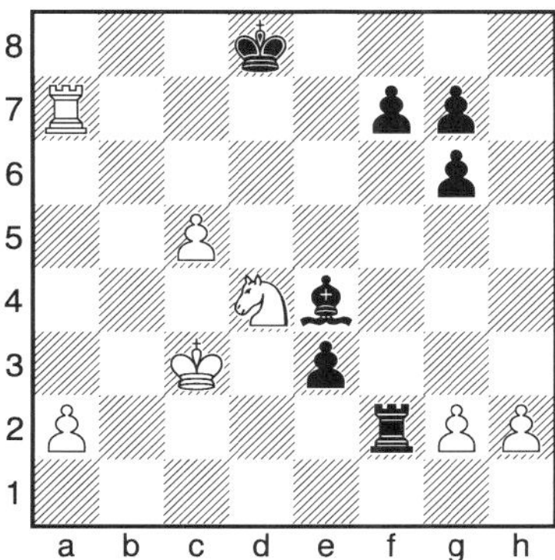

37...♖d2! und **0-1** angesichts folgender Varianten:

1) 38.c6 ♖xd4 39.♔xd4 e2 40.♔xe4 e1♕+ −+

2) 38.♖a4 ♖d3+

a) 39.♔c4 ♖xd4+ 40.♔xd4 e2−+

b) 39.♔b2 f5 40.c6 e2 41.♘xe2 ♖d2+ −+

Van Foreest – Firouzja, Wijk aan Zee 2024

Beispiel 29

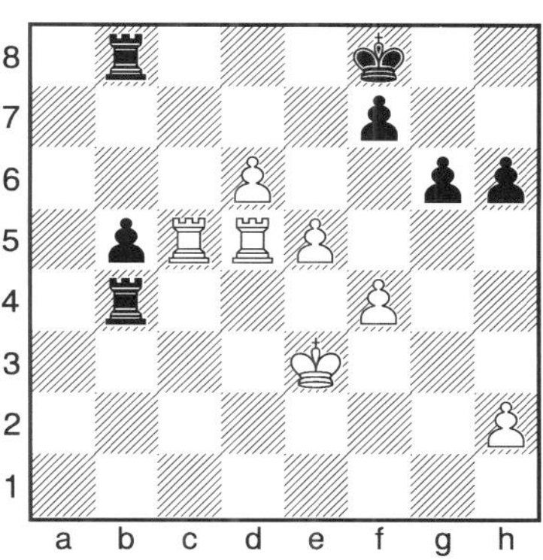

Weiß am Zug

Eine wichtige allgemeine Endspielregel lautet: Nichts überstürzen! – aber mit **51.d7?** tat Weiß genau das Gegenteil. Denn nach dem verfrühten Vorstoß ist der Bauer schwach und Weiß hat seine Angriffskoordination eingebüßt.

Nach 51.♖c7! kommen entweder die Türme zum entscheidenden Angriff oder der Freibauer wird verwandelt; z.B. 51...♖b3+ (51...♔e8 52.♖dc5+−) 52.♔d2

1) 52...♖b2+ 53.♔d3 ♖b3+ 54.♔c2 ♖h3 55.♖dc5 ♖xh2+ 56.♔d3 ♔g7 57.e6+−

2) 52...♖a8 53.♖dc5 ♔e8 54.♖c8+ ♖xc8 55.♖xc8+ ♔d7 56.♖f8 ♔e6 57.♖e8+ +−

51...♖d8

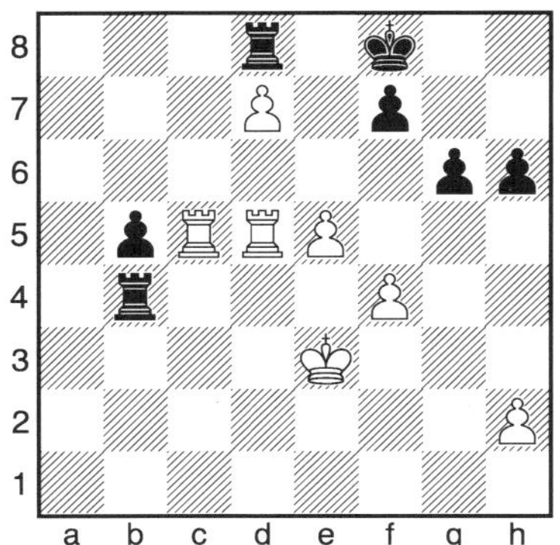

52.♖xb5

52.♖c8 ♔e7=

52...♖xb5 53.♖xb5 ½-½, Vrolijk – L'Ami, Wijk aan Zee 2024

Beispiel 30

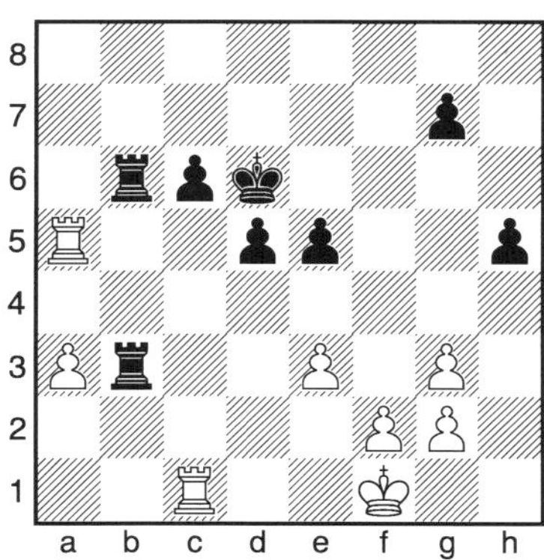

Schwarz am Zug

In der Regel ist die Remis-Tendenz in Endspielen mit nur *einem* Turm größer als mit zwei – aber nicht umsonst heißt es: Schach ist das Spiel mit tausend Regeln und einer Million Ausnahmen.

31...♖b1!

Nach Eliminierung eines wichtigen weißen Verteidigers werden die schwarzen Zentrumsbauern den Gegner überrollen.

32.♖xb1

32.♖ac5 ♖xc1+ 33.♖xc1 ♖a6 34.♖a1 ♖a4 35.♔e2 c5 36.♔d3 c4+ 37.♔c3 ♔c5–+

32...♖xb1+ 33.♔e2 ♖b2+ 34.♔e1 ♖a2 35.♖a7 d4

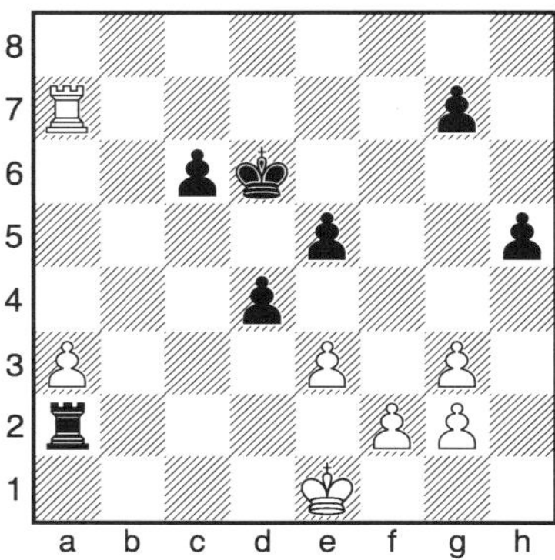

36.exd4

Auf 36.e4 gewinnt 36...d3 37.♖a5 ♖e2+ 38.♔d1 ♖xf2–+.

36...exd4 37.♖xg7 c5 38.f4 c4 39.♖g6+

39.♖g5 c3 40.♔d1 d3–+

39...♔d5 40.♖g5+ ♔e4 41.f5 ♔e3 42.♔d1 d3 und **0-1** angesichts der möglichen Folge 43.♔c1 c3 44.♔b1 ♖b2+ 45.♔a1 d2 46.f6 d1♕#, Bok – Grischuk, Internet 2024.

Beispiel 31

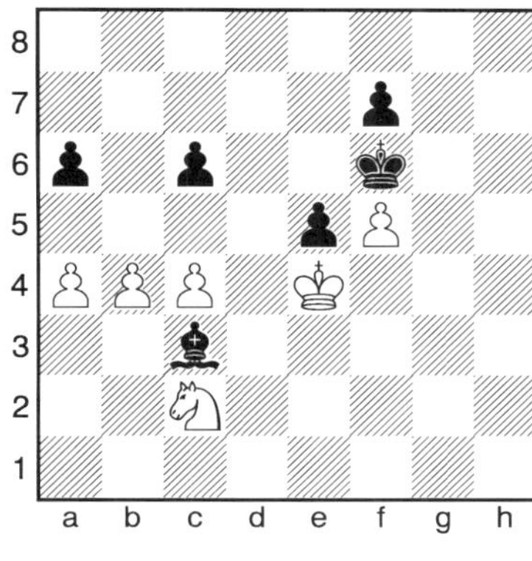

Weiß am Zug

Das Thema ‚guter Springer gegen schlechten Läufer' kann zu äußerst tiefgründigen Endspielen führen.

Nach dem verfrühten Vorstoß **40.a5?** kann Weiß nicht mehr durchbrechen.

Ganz anders nach 40.♔d3! ♗b2 mit der Gewinnfolge 41.b5 cxb5 42.cxb5 axb5 43.a5 b4 44.♔c4 ♔xf5 45.a6 ♗d4 46.♘xd4+ exd4 47.a7+–.

40...♔e7! 41.b5 cxb5 42.cxb5 ♔d7!

Bloß nicht 42...axb5? 43.a6+–.

43.bxa6 ♔c6 44.♘a3 f6 45.a7 ♔b7 46.a6+ ♔a8! 47.♘b5 ♗e1 48.♔f3 ♗a5 49.♔e4 ♗b6 50.♔d5

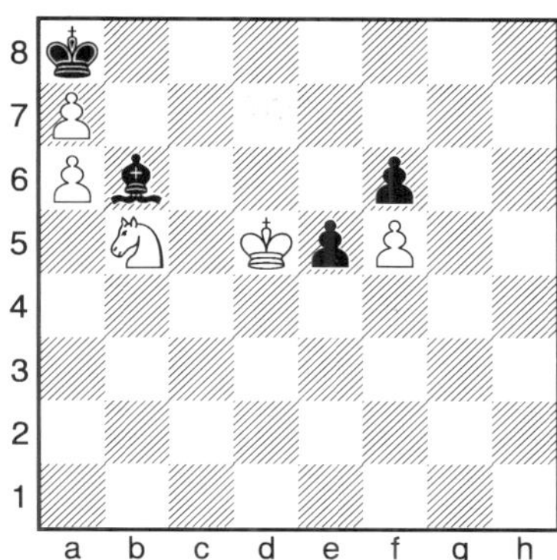

50...♗f2

Spielbar ist auch 50...♗xa7 51.♘c7+ ♔b8 52.♘e8 ♗f2 53.♘xf6 ♔a7 54.♔xe5 ♔xa6 55.♘e4 ♗h4!=.

51.♔e4 ♗b6 52.♔f3 ♗a5 53.♔e4 ½-½, Rybka – Decuigniere, Mitropa Cup Open 2024

Beispiel 32

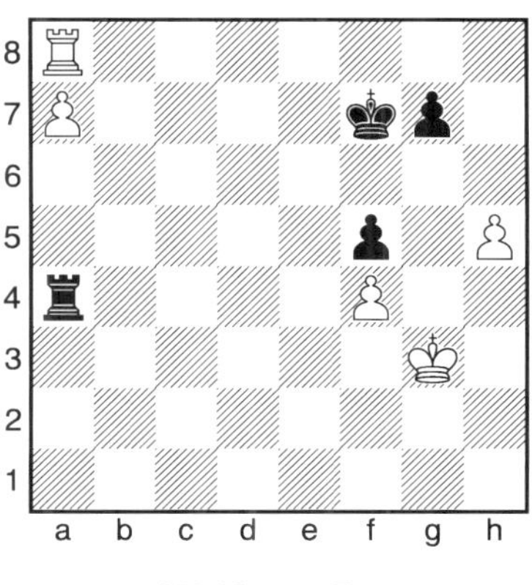

Weiß am Zug

Um zu gewinnen, muss Weiß seinen König auf der rechten Seite aktivieren.

Allerdings wäre sofort 66.♔h4? nicht gut, denn nach 65...♖xf4+ 66.♔g5 ♖a4= rettet Schwarz die Partie.

Mit dem feinen Abwartezug **66.♔h3!** bringt Weiß den Gegner in Zugzwang und stellt sicher, dass sein König am Königsflügel weiter vordringen kann.

66...♖a3+

66...♖xf4? 67.♖f8+ nebst a8♕+ usw.

67.♔h4 ♖a4 68.♔g5 ♖a5 69.h6! gxh6+ 70.♔xh6 ♖a6+ 71.♔g5 ♔g7 72.♔xf5 ♖a1 73.♔e5 ♖e1+ 74.♔d4 ♖d1+ 75.♔e3 ♖e1+ 76.♔d2 ♖a1 77.f5!

Der zweite Freibauer bringt die Entscheidung.

77...♖a2+ 78.♔c3 ♖a3+ 79.♔b2 ♖a6

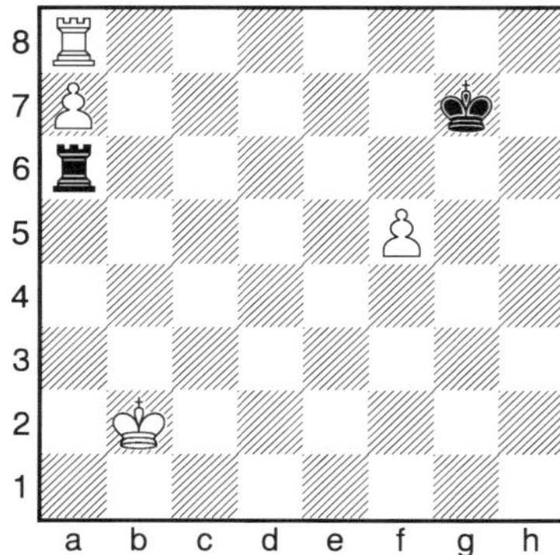

80.f6+! und **1-0**, weil auf 80...♔f7 der bekannte Trick 81.♖h8! ♖xa7 82.♖h7+ den Turm gewinnt, Kiolbasa – Vaishali, Chennai 2022.

Beispiel 33

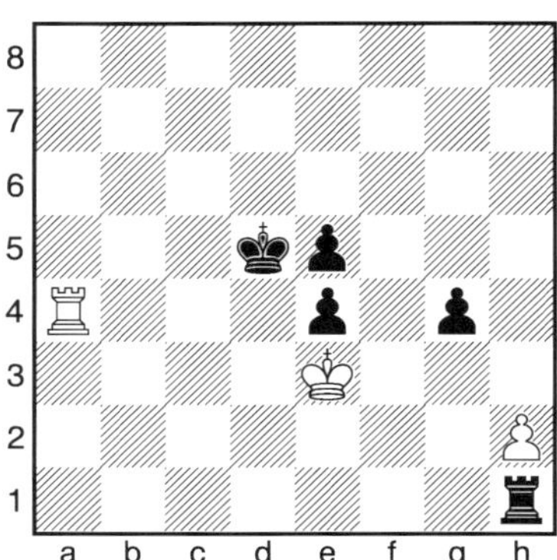

Schwarz am Zug

Schwarz sagte sich offenbar: Drei Mehrbauern sind besser als zwei! – und beging mit **52...♖xh2?** einen schrecklichen Fehler, der den Gewinn verschenkte.

Zum Sieg führte 52...♖e1+! mit folgenden Varianten:

– 53.♔d2 ♖b1 54.♔c2 ♖h1–+

– 53.♔f2 ♖b1 54.♖a8 ♖b2+ 55.♔e3 (55.♔g3 e3–+) 55...♖b3+ 56.♔e2 ♖h3 (56...e3? 57.♖g8=) 57.♖d8+ ♔e6 58.♖e8+ ♔f6 59.♖f8+ ♔e7 60.♖f5 ♔e6 61.♖g5

1) 61...♖xh2+? 62.♔e3 ♔d5 63.♖xe5+! ♔xe5=

2) 61...♖h4

a) 62.♖g8 ♖xh2+ 63.♔e3 ♔f5 64.♖f8+ ♔g5 65.♔xe4 g3 66.♖g8+ ♔h4 67.♔xe5 ♔h3 68.♔e4 ♖h1 69.♖h8+ ♔g2 70.♖g8 ♔f2 71.♖f8+ ♔g1 72.♖g8 g2–+

b) 62.♔e3 ♔d5 63.♖g8 ♖h3+ 64.♔e2 (64.♔f2 ♖xh2+ –+) 64...♖xh2+ 65.♔e3 ♖h3+ 66.♔e2 ♖g3 67.♖d8+ ♔e6 68.♖e8+ ♔f6 69.♖f8+ ♔e7 70.♖a8 e3 71.♖a6 ♖f3

72.♖g6 ♖f4 73.♔xe3 ♔f7 74.♖g5 ♔f6 75.♖g8 ♔f5 76.♖f8+ ♔g5 77.♖e8 g3 78.♖xe5+ ♔g4 79.♖e8 ♖f1 80.♔e2 g2–+

53.♖a5+ ♔e6

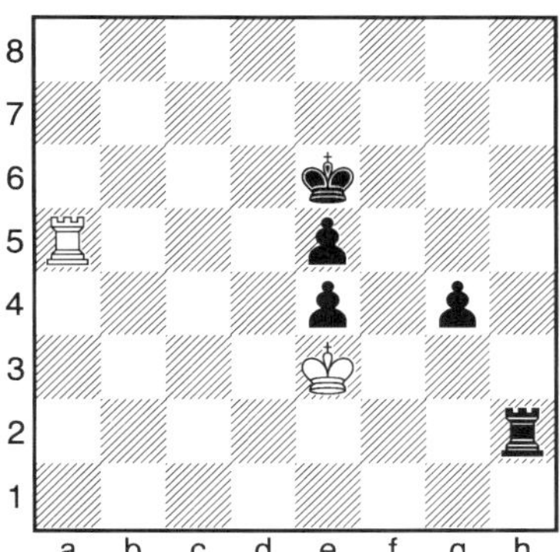

54.♖xe5+!

Diese Pattfalle (54...♔xe5 patt) hatte Schwarz offenbar übersehen. Natürlich steht das Turmendspiel objektiv gleich, aber der Weltmeister versucht, seinen weniger erfahrenen Gegner zu überspielen – und hat damit letztlich sogar Erfolg.

54...♔f6 55.♖a5 g3 56.♔f4!

56.♔xe4? g2 57.♖a6+ ♔g5 58.♖a8 ♖h6!–+

56...g2 57.♖a6+ ♔f7 58.♖a7+ ♔e6 59.♖g7 ♔d5 60.♔e3! ♖h3+ 61.♔e2 ♖a3

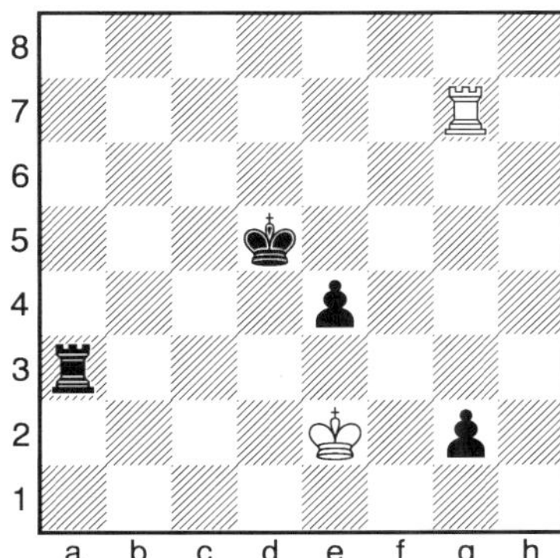

62.♖d7+?

Hier verpasste Weiß die Rettungschance 62.♔f2! ♖a2+ 63.♔e3 ♔e5 64.♖xg2!=.

62...♔e5 63.♖g7 ♔f4 64.♔f2 g1♕+! und **0-1** angesichts der Abspiele:

– 65.♔xg1 ♖g3+ 66.♖xg3 ♔xg3 67.♔f1 ♔f3 68.♔e1 ♔e3–+

– 65.♖xg1 e3+ 66.♔e2 ♖a2+ 67.♔f1 ♔f3–+

Warmerdam – Ding, Wijk aan Zee 2024

Beispiel 34

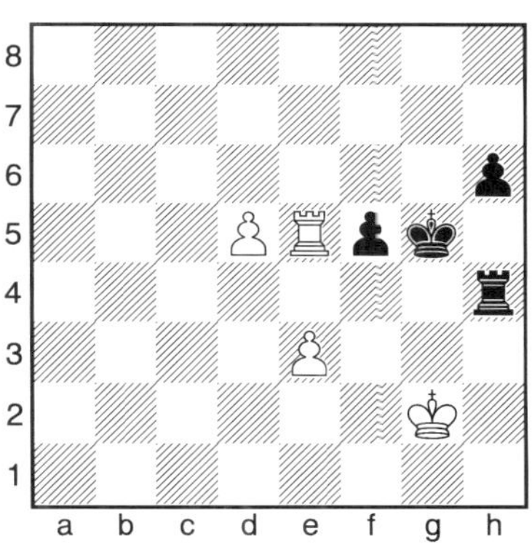

Weiß am Zug

Mit **52.d6!** setzt Weiß sofort den Freibauern in Bewegung.

52...♖a4 53.♖d5!

Auch das ist wieder die richtige Entscheidung, denn nach 53.d7? und der Folge 53...♖a2+ 54.♔f3 ♖c2 55.♖e7 ♔f6 56.♖h7 ♔g6 endet das Spiel remis.

53...♖a8 54.e4 ♔f4

Auch 54...♔f6 rettet nicht mehr: 55.exf5 ♖d8 56.♔f3 ♔g5 57.♔e4 ♔f6 58.♔d4 ♔f7 59.d7 ♔e7 60.f6+! ♔xf6 61.♔c5 h5 62.♔c6 h4 63.♖h5 ♔e6 64.♖xh4!

– 64...♖xd7 65.♖h6+ ♔e7 66.♖h7+ +–

– 64...♖a8 65.♖e4+ ♔f7 66.♔b7 ♖h8 67.♔c7+–

55.d7 ♖d8 56.e5

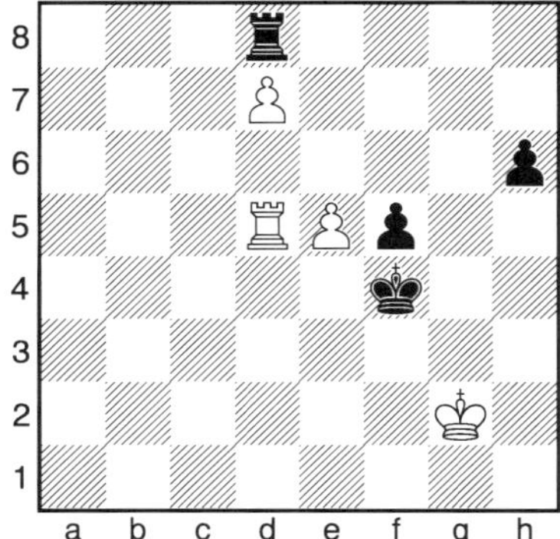

56...♔g5

Nach der zäheren Verteidigung 56...♔e4 gewinnt Weiß mit 57.e6! und der Folge 57...♔xd5 58.e7 ♖xd7 59.e8♕ ♖g7+ 60.♔f3 ♖g4 61.♕d7+ (61.♕h5+–) 61...♔e5 62.♕e7+ ♔d5 63.♕f6+–.

57.♔f3 ♔g6 58.♔f4 ♔f7 59.♔xf5 ♔e7 60.e6 h5 61.♖d4 ♖h8 62.♔g6 h4 63.d8♕+! ♖xd8 64.♖xd8 und **1-0** angesichts der möglichen Folge 64...♔xd8 65.♔f7 h3 66.e7+ ♔c7 67.e8♕ h2 68.♕e5+ +–, Aronian – Lysyj, Internet 2024.

Beispiel 35

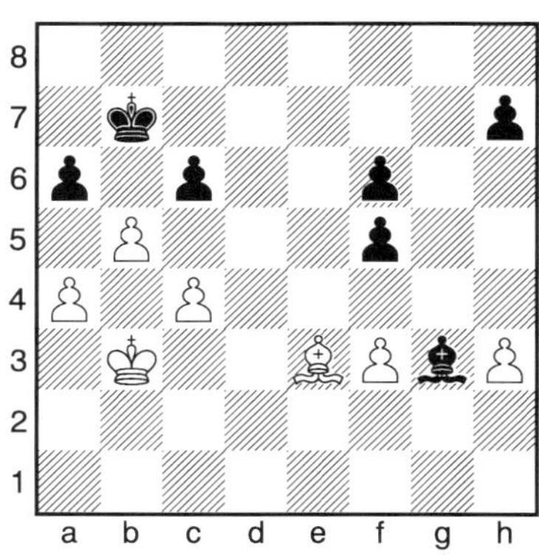

Weiß am Zug

Im Läuferendspiel besteht die Rettung für den Verteidiger häufig in der Errichtung einer uneinnehmbaren Festung.

Hingegen öffnete der Fehlzug **45...cxb5?** den gegnerischen Figuren Angriffswege.

Nach 45...♗d6 könnte Weiß nicht durchbrechen; z.B. 46.♗f2 ♗c7 47.♔c3 ♗a5+ 48.♔d3 ♗c7 49.♗d4 ♗e5 50.♔e3 ♔b8 (Zoran Petronijevic) 51.♗b6 ♔b7 52.♗d8 ♔c8 53.♗a5 ♔b7 54.♔d2 ♗d6 55.♔d3 ♗e5 mit uneinnehmbarer Festung.

46.cxb5 axb5 47.axb5 ♔c7 48.♔c4 ♔d6 49.♗c5+ ♔e6 50.b6 ♔d7 51.♔d5 ♗f4 52.♗d4 ♗g5 53.♗c5 ♗f4 54.b7 ♔c7

Der Versuch 54...♗b8 wird nach 55.♗e3 f4 56.♗b6+– mittels Zugzwang überwunden.

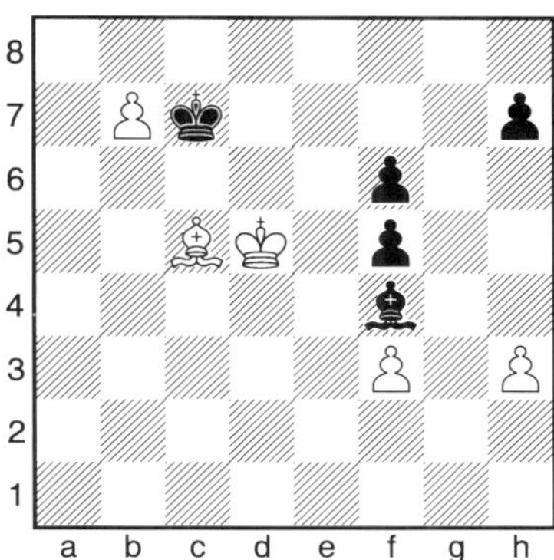

55.♗d6+!

Eine kleine, aber nicht minder lehrreiche Kombination.

55...♗xd6 56.b8♕+ ♔xb8 57.♔xd6 ♔b7?!

Nach dem zäheren 57...f4!? gewinnt Weiß wie folgt: 58.♔e6 ♔c7 59.♔xf6 ♔d6 60.♔f5 ♔e7 61.♔xf4 ♔e8 62.♔g5 ♔f7 63.♔h6 ♔g8 64.h4 ♔h8

– Aber jetzt nicht etwa 65.f4? ♔g8 66.♔g5 ♔f7 67.h5 ♔g7= ...

– ... sondern 65.♔h5 (65.♔g5) 65...♔g8 66.♔g4 ♔f8 67.♔f4 ♔e8 68.♔e4 ♔f8 69.f4 ♔e8 70.h5! ♔d7 71.♔f5 ♔e7 72.♔e5 ♔f7 73.♔d6 ♔f6 74.h6+–.

58.♔e6 ♔c6 59.♔xf5 ♔d6 60.♔xf6 und **1-0** wegen 60...♔d7 61.f4 ♔e8 62.♔g7 ♔e7 63.f5+–, Firouzja – Lazavik, Internet 2024.

Beispiel 36

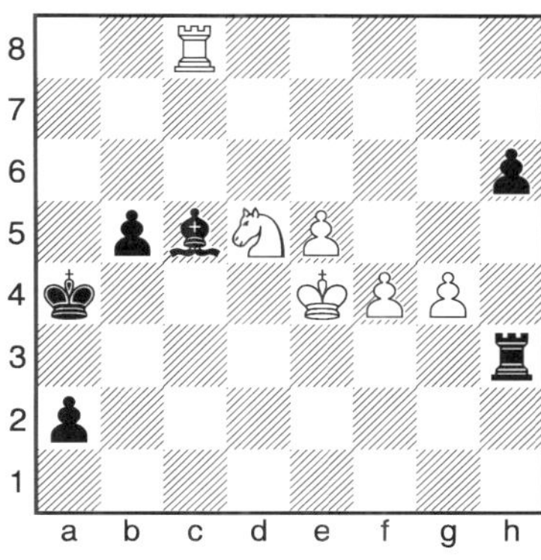

Weiß am Zug

51.e6 ♖a3?

Hier gehört der Turm *nicht* hinter den Freibauern – jedenfalls *noch* nicht, weil nämlich ein konkret taktisch begründeter Ausnahmefall vorliegt.

Hingegen gewinnt 51...♗a3 mit der möglichen Folge 52.e7 ♗xe7 53.♘xe7 und erst jetzt 53...♖a3 54.♖c1 a1♕ 55.♖xa1 ♖xa1 56.♘c6 b4–+.

52.♖xc5 a1♕ 53.e7 ♕h8?

Mit seinem eigenen Gewinnversuch ermöglicht Schwarz dem Gegner eine geradezu magische Gewinnkombination.

So erstaunlich es auch klingen mag: Schwarz kann nicht gewinnen und muss ein Remis erzwingen; z. B. 53...♕b1+ 54.♔e5 ♕e1+ 55.♔f6 ♕e4 56.♖c8 ♕d4+ 57.♔e6 ♖e3+ 58.♘xe3 ♕xe3+ 59.♔d7 ♕d4+ 60.♔e6=.

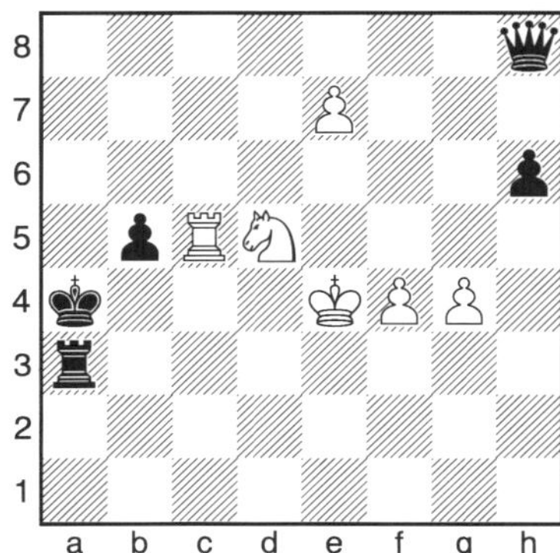

54.♖c8!!

Wunderbar! Zauberhaft! Genial! Um diesen Zug zu beschreiben, fehlen einem einfach die Worte.

54...♕h7+

54...♕xc8 55.♘b6+ +-

55.f5

Was für eine Stellung! Ungeachtet des offen im Zentrum stehenden gegnerischen Königs ist Schwarz hoffnungslos verloren.

55...♖g3 56.e8♕ ♖xg4+ 57.♔e5 und **1-0**, da Schwarz kein sinnvolles Schachgebot mehr hat, Maghsoodloo – Warmerdam, Scheveningen 2024.

Beispiel 37

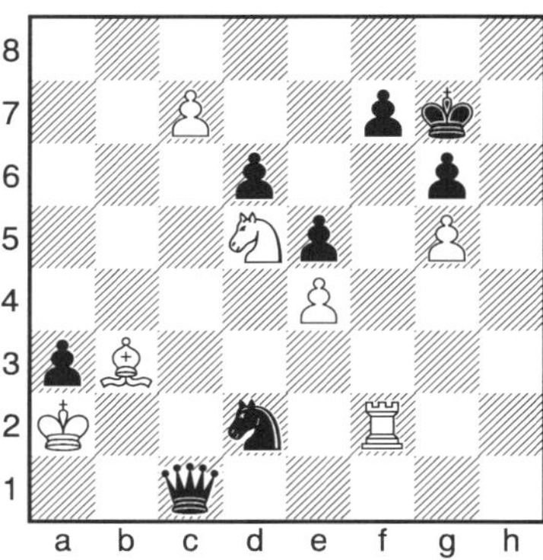

Weiß am Zug

Um die Mattdrohung auf b2 zu parieren, muss Weiß mit **57.♖xd2!** den Turm opfern. Allerdings ist er danach nicht etwa verloren, denn es bleibt ja immer noch der gewaltige und von den Leichtfiguren (und u.U. sogar vom König!) kräftig unterstützte Freibauer.

57...♕xd2+ 58.♔xa3 ♕a5+?

Und schon ist passiert! Statt 58...♕c1+ 59.♔a4 ♕c5= gibt Schwarz das erstbeste Schach und ist verloren.

59.♗a4 ♕a6

Denn nach 59...♕c5+ 60.♔b3 ♕c1 61.♘c3+– wären Schwarz die Schachgebote bereits ausgegangen.

60.♔b4 ♕b7+

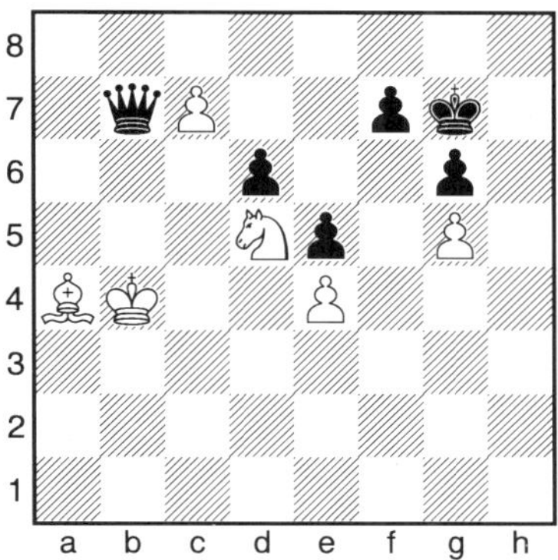

61.♗b5?

Nach dieser Selbstfesselung kann Weiß nicht mehr gewinnen.

Richtig war 61.♔c3 mit der Drohung ♗d7 und der forcierten Folge 61...♕c8 62.♗c6 ♔f8 63.♔b4 f5 64.gxf6 g5 65.♔b5 g4 66.♔b6 g3 67.♘e3+–.

61...♔h7?

1) Zwar scheitert 61...f5? an 62.gxf6+ ♔f8 63.♔c4 ♕c8 64.♔b4 ♕b7 65.♔c3 ♕c8 66.♔d2+– ...

2) ... aber mit 61...♔f8! war das Remis zu retten; z.B. 62.♔c4 ♕c8 63.♔c3 f5 64.gxf6 g5 65.♔d2 g4 66.♔e3 g3 67.♗f1 ♕g4=.

62.♔c4 ♔g7 63.♗d7 ♕a6+ 64.♔b3 ♕b7+ 65.♔c2 ♕a6

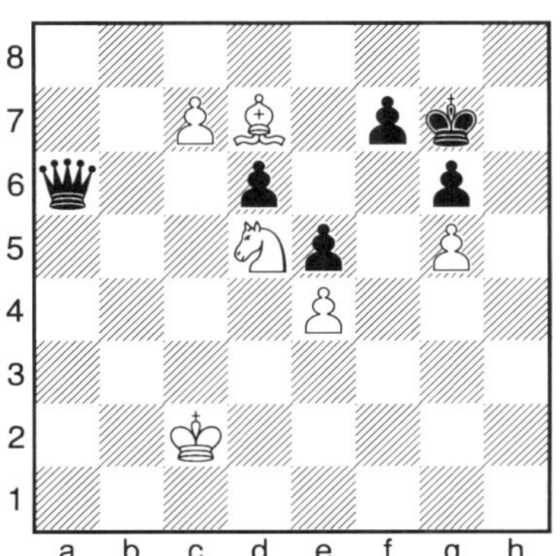

66.c8♕ ♕e2+ 67.♔b3 ♕xe4 68.♕g8+

und **1-0** wegen 68...♔xg8 69.♘f6+ mit Eroberung der Dame, Abdusattorov – Maghsoodloo, Prag 2024.

Beispiel 38

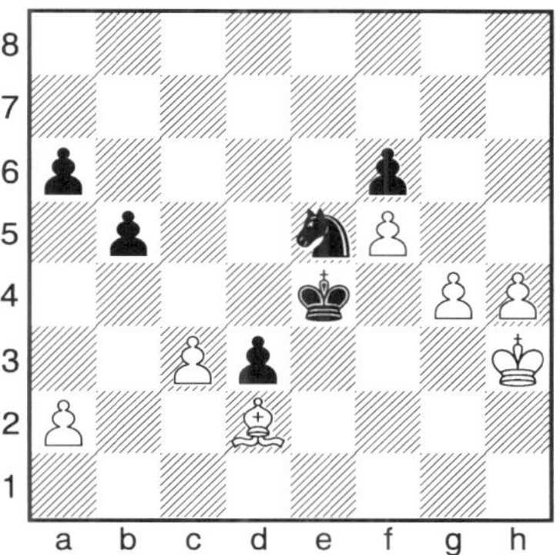

Schwarz am Zug

In der Partie wählte Schwarz mit **48...♔f3?** die falsche Zugfolge.

Mit 48...♘c4! konnte er zuerst den Läufer – und später auch die Partie gewinnen; z.B. 49.♗c1 d2 50.♗xd2 ♘xd2 51.♔g3 (51.g5 ♔xf5–+) 51...♘f1+ 52.♔f2 ♘e3 53.♔g3 ♔e5 54.♔f3 ♘d5 55.h5 ♘xc3 56.h6 ♘e4 57.h7 ♘g5+ –+.

49.g5! ♘c4 50.♗c1 fxg5

50...d2 51.♗xd2 ♘xd2 52.gxf6+–

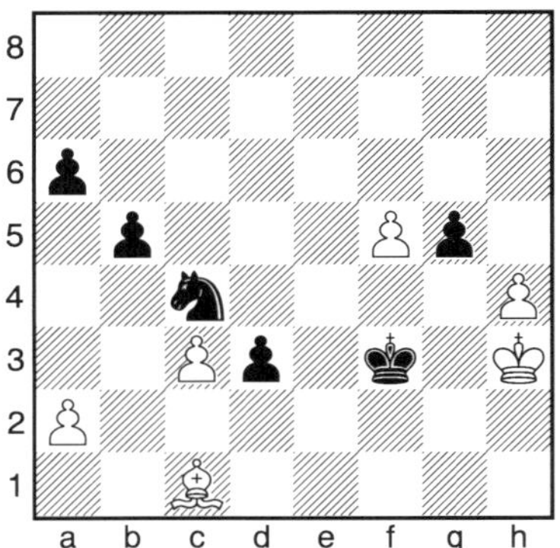

51.hxg5!

Natürlich nicht 51.f6?? g4+ 52.♔h2 ♘e5 53.♔g1 ♔e2–+.

51...♔e4 52.g6 1-0, Nepomnjaschtschi – Vachier-Lagrave, Internet 2024

Beispiel 39

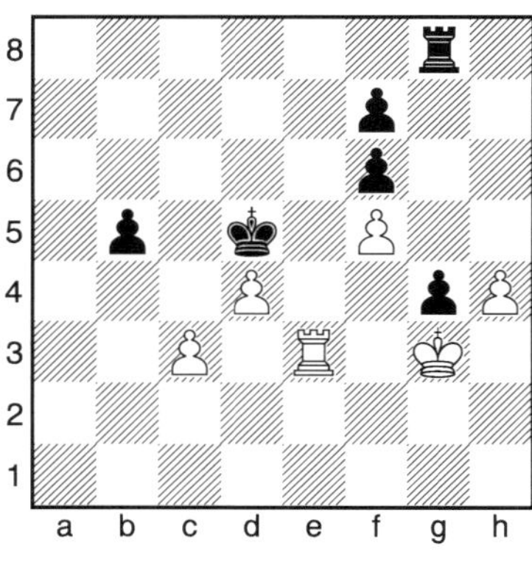

Schwarz am Zug

Mit **42...♔c4?** geriet die Defensive in eine Sackgasse und nach dem Antwortzug befand Schwarz sich im Zugzwang. Nur mit 42...♖b8! war rettendes Gegenspiel zu schaffen, wie aus folgenden Abspielen hervorgeht:

1) 43.♔xg4 b4 44.cxb4 ♖xb4 45.♖d3 ♖b1 46.h5 ♔e4 47.♖g3 ♖h1 48.♖h3 ♖g1+ 49.♖g3 ♖h1=

2) 43.♖e7 43...♖c8 44.♖xf7 ♖xc3+ 45.♔xg4 ♔xd4 46.♖xf6 ♖c1! 47.♖e6 b4=

43.h5

Der angekündigte Zugzwang.

43...♖g5

43...♔d5 scheitert an 44.♔h4 ♖h8 45.♔xg4 ♔c4 46.♖h3 ♖h6 47.♔h4 ♖h8 48.♖g3 ♖h7 49.♖g8 ♔xc3 50.d5+–.

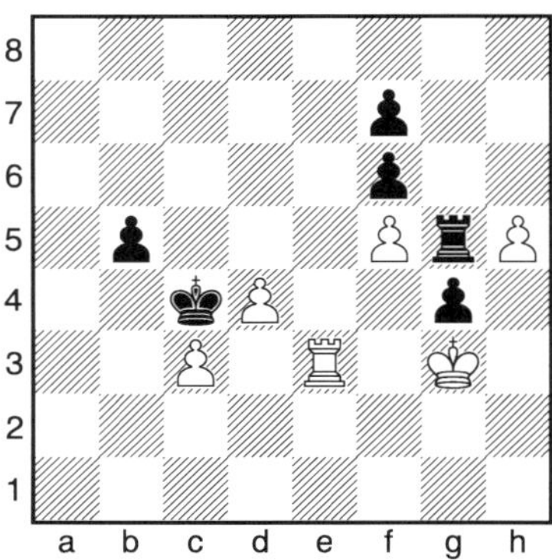

44.♔h4!

Der König gibt dem h-Freibauern Rückendeckung.

44...♖xf5 45.h6 ♖f1 46.♔xg4 f5+ 47.♔h4!

Und nachdem der König den Schlusspunkt gesetzt hat, hieß es **1-0** angesichts der möglichen Folge 47...f4 48.♖h3 f3 49.h7 f2 50.h8♕+–, Keymer – Fressinet, Deutschland 2024.

Beispiel 40

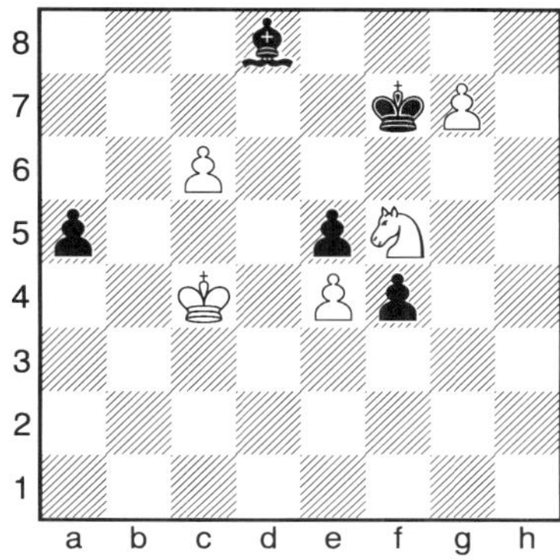

Weiß am Zug

Mit **60.♔b5?** schlug der König die falsche Richtung ein.

Nach dem Wartezug 60.♔c3! hätte Schwarz keine Fortschritte erzielen können; z.B. 60...f3 61.♔d3 a4 62.♘d6+ ♔xg7 63.♘b5 ♔f6 64.♔e3 ♔e6 65.♔xf3=.

60...f3 61.♔c4 f2 62.♘g3

Auf 62.♘e3 gewinnt 62...♗b6−+.

62...♔xg7 63.♔d3 a4 64.♔c3 ♗a5+ 65.♔c4 ♔f7

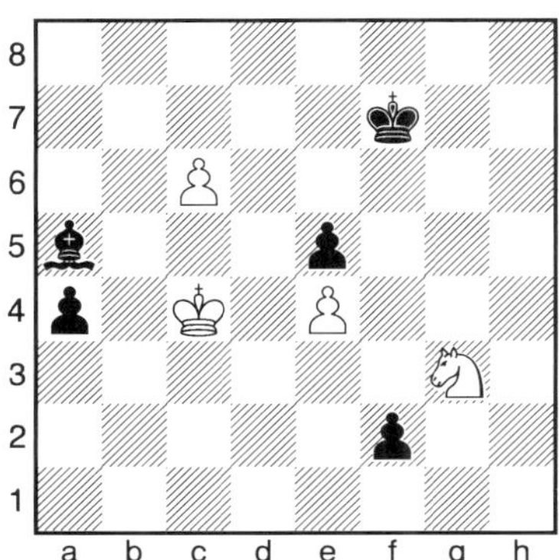

66.♘f1

Auf 66.c7 folgt 66...♗xc7 67.♔b4 ♔g6 68.♔xa4 ♔g5−+.

66...♔e6 67.♘e3 ♔d6 68.♔b5 a3 69.♔xa5 a2 und **0-1** wegen 70.♔b6 a1♕ 71.c7 ♕b2+ −+, Caruana − Sjugirov, (Blitz) Samarkand 2023.

Kapitel 3

Zugzwang

Normalerweise ist es im Schach ein Vorteil, am Zug zu sein. Aber bei nur wenigen Figuren zeigt sich hin und wieder die Schattenseite der Zugpflicht, denn wenn alle Steine schon optimal platziert sind, muss jeder beliebige Zug ja zu einer mehr oder weniger bedeutenden *Verschlechterung* der Gesamtstellung führen. In solchen Fällen spricht man von Zugzwang – einer außergewöhnlichen Situation in einer Schachpartie, in der man keine andere Wahl hat, als einen Zug zu machen, der die eigene Stellung verschlechtert, den Gewinn vergibt oder sogar zum Verlust führt.

Angesichts der Tatsache, dass es nicht nur ‚einseitigen‘, sondern auch ‚wechselseitigen‘ Zugzwang gibt, haben wir auch von der zuletzt genannten Art einige Beispiele aufgenommen.

In der Regel ist Zugzwang die schärfste Endspielwaffe. In vielen Situationen, in denen auch andere Mittel zum Ziel führen würden, ist der Einsatz von Zugzwang oft ein Beweis guter Endspieltechnik. Und in wieder anderen Situationen ist ohne Zugzwang gar kein Fortschritt möglich.

Beispiel 41

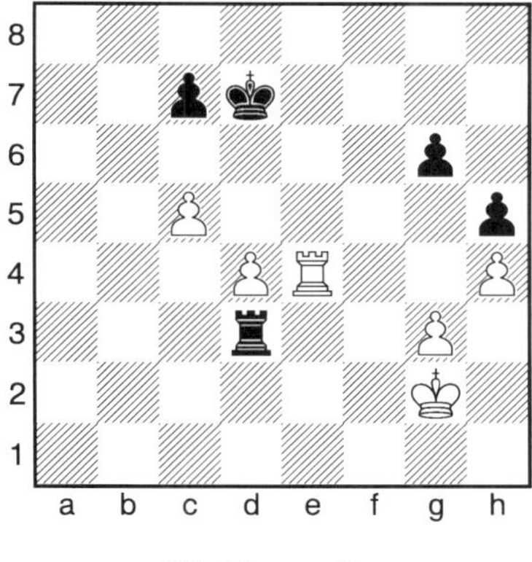

Weiß am Zug

Mit **56.♔f2!** brachte die chinesische Weltmeisterin ihren Gegner in Zugzwang.

56...c6

– Auf 56...♔c6 folgt 57.♖e6+ ♔d5 58.♖xg6 ♔xd4 59.♖g5 ♔e4 60.♔g2 ♖d2+ 61.♔h3 ♔f3 62.♖f5+ ♔e4 63.♖xh5+–.

– 56...♔d8 57.c6 ♖c3 58.♖e6+–

57.♔g2!

Und wieder ist Schwarz in Zugzwang.

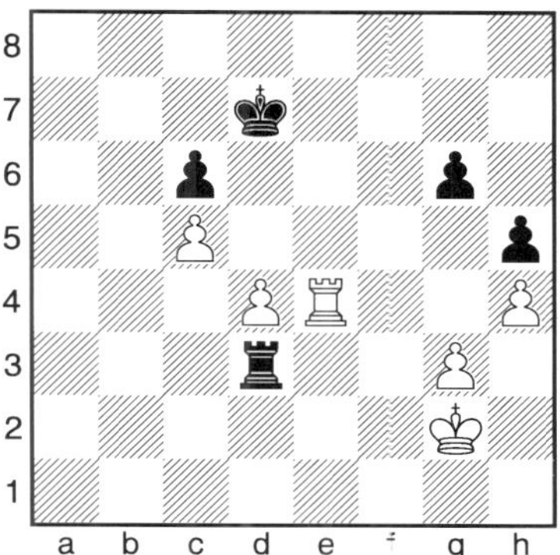

57...♖d1

57...♔d8 58.♖e6 ♖xd4 59.♖xg6 ♖d5 60.♖g5+–

8.♔f3 ♖f1+ 59.♔e3 ♖f7 60.♖f4 ♖g7 61.♔d3 ♔e6 62.♖f8 ♖a7

62...g5 63.♖c8 ♔d7 64.♖h8+–

63.♔e4 ♖a1 64.♖d8 und **1-0** angesichts der möglichen Folge 64...♖e1+ 65.♔f4 ♖f1+ 66.♔g5 ♖f3 67.♖d6+ ♔f7 68.♖xc6 ♖xg3+ 69.♔f4 ♖g4+ 70.♔e5 ♖xh4 71.♖c7+ ♔e8 72.d5+–, Ju – Firouzja, Wijk aan Zee 2024.

Sehr oft wird Zugzwang bei der Verwertung einer Mehrfigur gegen König und mehrere Bauern eingesetzt.

Beispiel 42

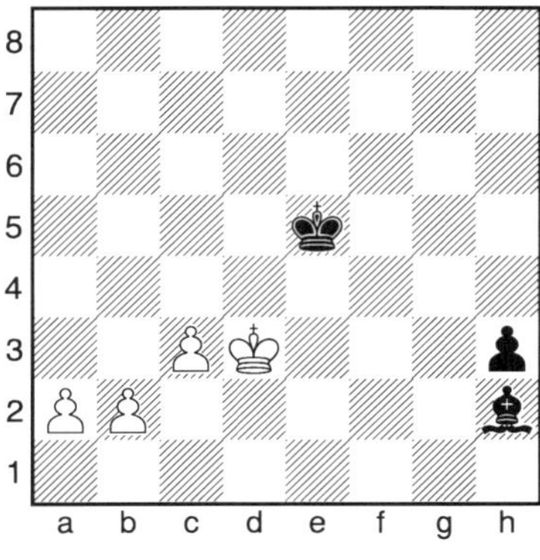

Weiß am Zug

Nach einem Läuferzug droht die Umwandlung des h-Bauern. Natürlich kann der weiße König dies verhindern, wobei allerdings dessen erster Schritt von entscheidender Bedeutung ist.

45.♔e3?

Wir werden gleich sehen, warum dieser Zug verliert.

Nur 45.♔e2! führte zum Remis.

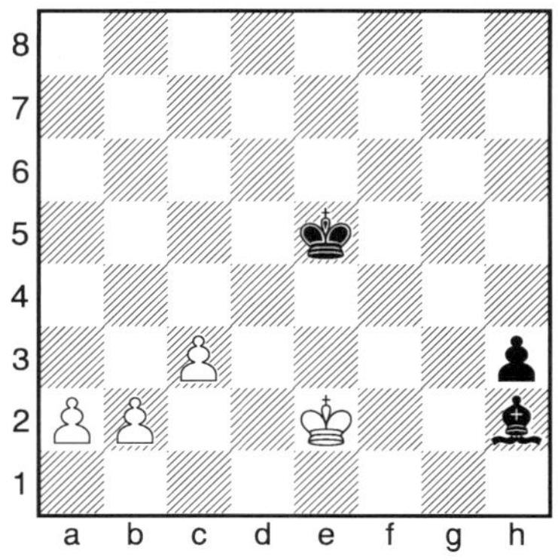

Denn der König erreicht rechtzeitig das rettende Feld f1:

45...♗g3 46.♔f1 ♔e4 47.♔g1=

45...♗g1 46.♔f3=

45...♔f4 46.♔f2 ♔g4 47.a4 ♔f4 48.a5 ♔e4 49.a6 ♗b8 50.♔g1 ♔d3 51.♔h1=

45...♗g3! 46.♔f3 ♗e1

Nun steht der Läufer aktiv und Schwarz kann die Bauern stoppen.

47.a4 ♔d5 48.a5 ♔c5 49.b3 ♔b5 50.b4 ♗h4 51.c4+ ♔a6 und **0-1**, denn nach 52.c5 ♔b5 ...

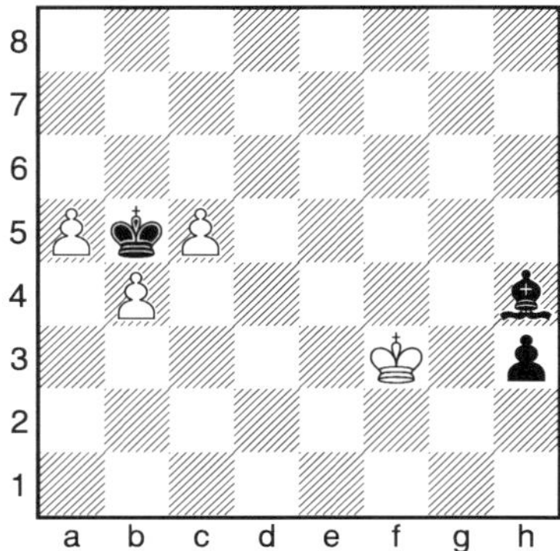

... gehen durch Zugzwang sämtliche Bauern verloren; z.B. 53.c6 (53.♔g4 h2-+) 53...♔xc6 54.a6 ♔b6 55.b5 ♔a7-+, Praggnanandhaa – Chigaev, Wijk aan Zee 2019.

Beispiel 43

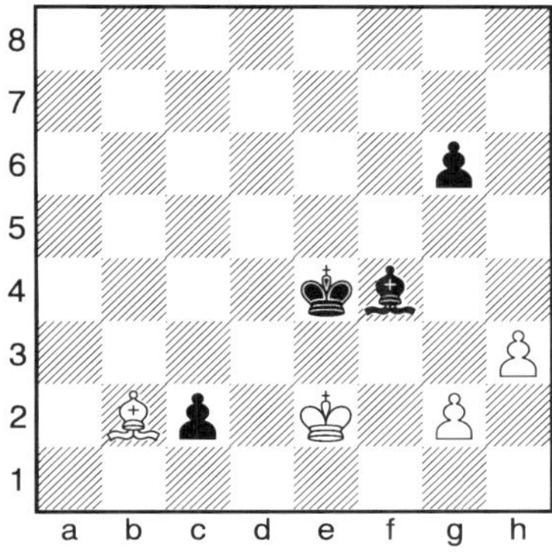

Schwarz am Zug

Ein häufiger Fehler besteht in der verfrühten (quasi automatischen) Umwandlung eines Freibauern. Denn mitunter müssen erst die richtigen Bedingungen dafür geschaffen werden.

Die verfrühte Umwandlung **71...c1♕?** war ein typischer Fehler.

Korrekt war zunächst der Einsatz von Zugzwang mit 71...♗h6! und folgenden Abspielen:

1) 72.♗a3 ♗e3 73.♗b2 ♔f4 74.g3+ ♔e4 75.♗a3 ♗h6 76.♔f2 ♔d3 77.♔f3 ♔c4 78.♔e4 ♔b3 79.♔d3 ♗e3 80.h4 ♗f2–+

2) 72.g3 ♗g5 73.♗a3 ♔d4 74.♔f3 ♔c3 75.♔e4 ♔b3 76.♔d3 ♗e3 77.g4 ♔xa3 78.♔xc2 g5 79.♔d3 ♗f2–+

72.♗xc1 ♗xc1

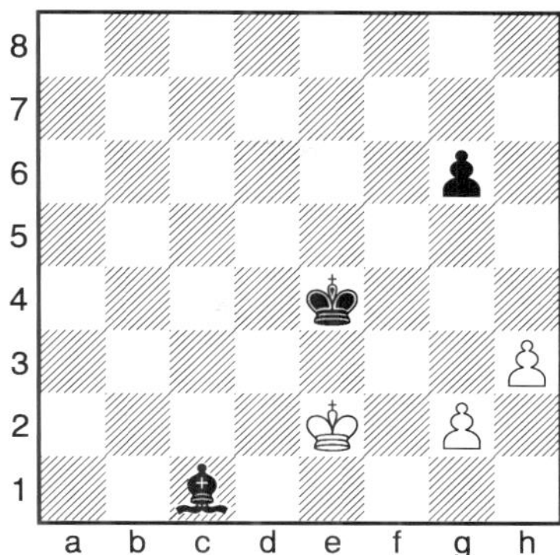

73.g3?

73.♔f2! remisiert nach beispielsweise 73...♗e3+ 74.♔g3 ♔f5 75.h4 ♗f4+ 76.♔f3 ♗e5 77.g4+ ♔e6 78.g5 ♔f5 79.h5 gxh5 80.♔g2 ♔xg5 81.♔h1=.

73...♗e3!

Nach diesem einzigen Gewinnzug führt wiederum Zugzwang zur Entscheidung.

Nach beispielsweise 73...g5? und der Folge 74.♔f2 ♗e3+ 75.♔g2 ♗d4 76.g4 ♔f4 77.h4 gxh4 78.♔h1= könnte der weiße König rechtzeitig das rettende Eckfeld erreichen.

0-1 angesichts der möglichen Folge 74.♔f1 ♔f3 75.g4 ♔g3 76.♔e2 ♗b6 77.♔f1 ♔xh3–+, D. Gurevich – Dlugy, Saint Louis 2023.

Beispiel 44

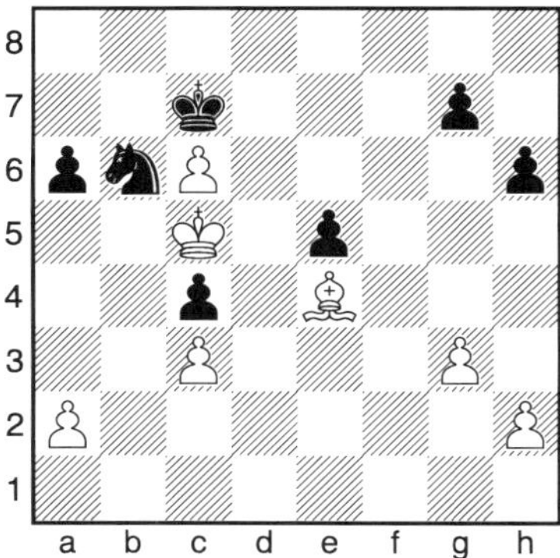

Weiß am Zug

35.a3!

Weiß gewinnt unter Einsatz von Zugzwang.

35...♘c8 36.♔xc4 ♔d6

36...♘a7 37.♔d5 ♘xc6 38.♗d3 a5 39.♗b5 ♘a7 40.♗e2 ♘c6 41.♗d3+− Zugzwang

37.♔b4 ♘a7

37...♔c7 38.a4 ♔b6 39.a5+ ♔c7 40.♗d3+−

38.♔a5

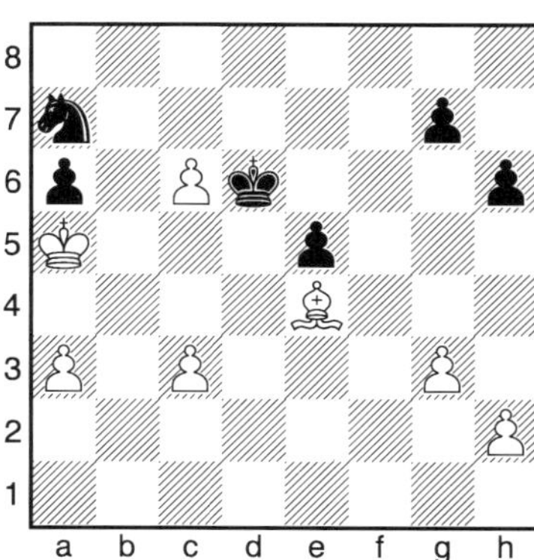

38...♘b5

38...♘xc6+ ist zäher, rettet aber letztlich auch nicht: 39.♔xa6 ♔c5 40.a4

(Natürlich nicht 40.♗xc6?? wegen 40...♔xc6 41.a4 e4−+.)

40...♘d8 41.♗g6 ♔c6 42.a5 ♔c5 43.h4 ♔c6 44.♗e4+ ♔c5 45.h5+− Zugzwang.

39.♔b6!

Nun kann der König mit entscheidender Wirkung weiter vordringen.

39...♘xa3

39...♘c7 wird mit 40.c4 ♘e6 41.♗f5 ♘c7 42.c5+ +− überwunden.

40.♗d3 e4 41.♗xa6 1-0, So – Drozdowski, (Rapid) Internet 2023

Beispiel 45

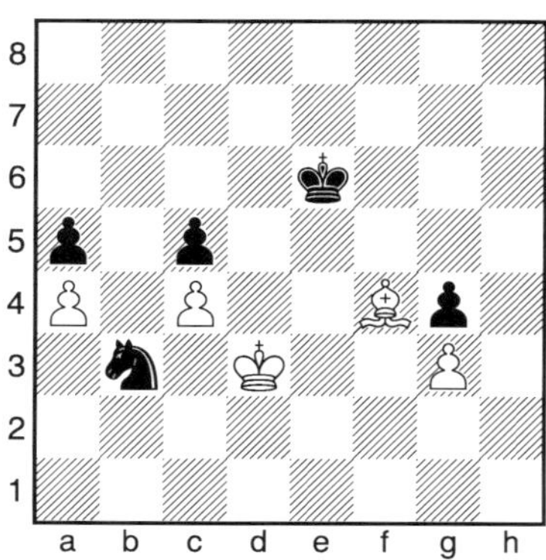

Schwarz am Zug

Der Partieansatz **63...♔f5?** stellte sich als zu passiv heraus.

Laut Computer kann Schwarz sich nach 63...♘d4! überraschender Weise verteidigen, weil sein Gegenspiel stets genau rechtzeitig kommt; z.B. 64.♔e3 ♘f3 65.♔e4 ♘d4=

1) 64.♗e3 ♘f5 65.♗f2 ♔e5 66.♗e1 ♔d6 67.♔e4 ♔e6 68.♔f4 ♘d6 69.♗xa5 ♘xc4 70.♗c3 ♘b6=

2) 64.♗c7 ♘f3 65.♗xa5 ♘e5+ 66.♔c3 ♔d6 67.♗b6 ♔c6 68.♗d8 ♘d7 69.♔b3 ♔b7 70.♗a5 ♔a7 71.♗c3 ♔a6 72.a5 ♘b8 73.♔c2 ♘c6 74.♔d3 ♘xa5=

64.♗e3 ♚e5 65.♗h6 ♚f5 66.♗g7 ♞c1+ 67.♔d2 ♞b3+

Auf 67...♘a2 gewinnt 68.♗f8 ♔e4 69.♗xc5 ♔f3 70.♗d6+-.

68.♔e3 ♚g6 69.♗b2 ♚f5

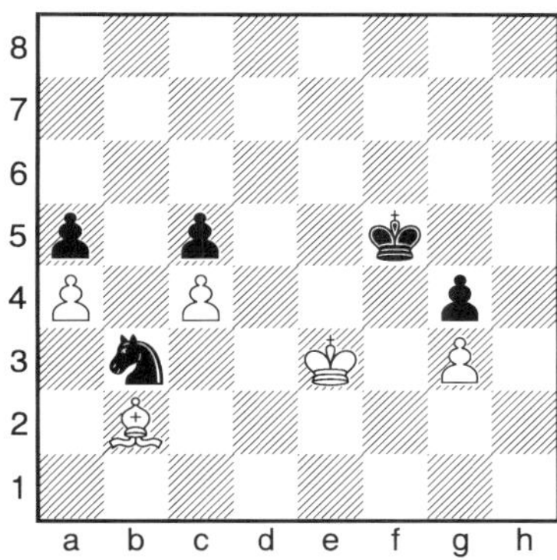

70.♗c3!

Schwarz ist in Zugzwang.

70...♚g5 71.♔e4 ♚g6 72.♔f4 ♚h5 73.♔f5

Und jetzt ist der Zugzwang sogar tödlich.

73...♞c1 74.♗xa5 ♞e2 75.♗c7 ♞d4+ 76.♔e4 ♞c6 77.♗d6 ♞a5 78.♔d5 ♚g6 79.♗xc5 ♚f5 80.♗b6 1-0, Caruana – Swiercz, Saint Louis 2023

Beispiel 46

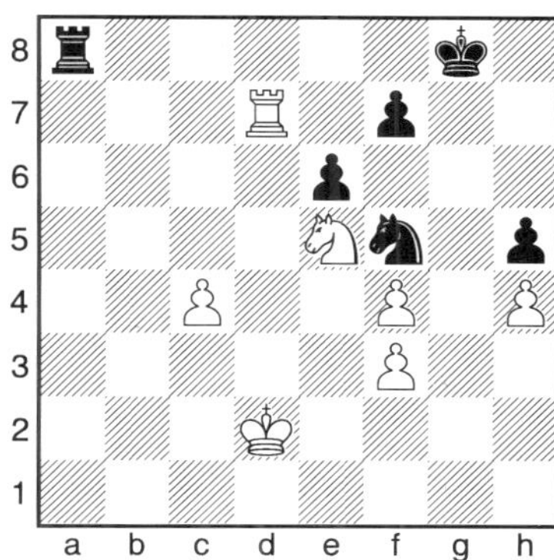

Schwarz am Zug

35...♜f8

Schwarz hat praktisch keine andere Wahl, als den Bauern f7 zu verteidigen.

35...♖a6 ist zwar zäher, aber nach 36.♖xf7 ♘xh4 37.♖d7 ♔f8 38.c5+- gewinnt Weiß trotzdem.

36.c5

Der c-Bauer bringt die Entscheidung.

36...f6 37.c6! fxe5 38.c7 exf4 39.♔e1!

Der König wählt den richtigen Weg, denn nach 39.♔d3 (39.♖d8? ♘e7!=) 39...e5 40.♔e4? würde 40...♘g7!= remisieren (Nihal Sarin in *Endgame Magic*).

39...e5

39...♘e7 40.♖xe7 ♖c8 41.♖d7+-

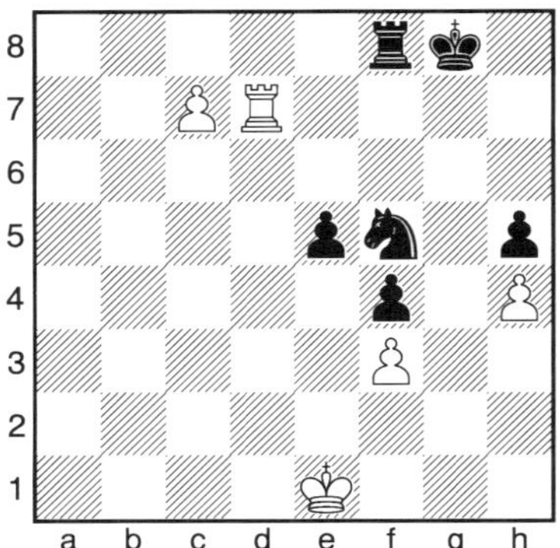

40.♔f2!

Mit entscheidendem Zugzwang, denn sofort 40.♖d8? wird mit 40...♘e7= pariert.

40...e4

40...♘xh4 41.♖d8+−

41.fxe4 ♘g3 42.♔f3 und **1-0** angesichts der möglichen Folge 42...♘xe4 43.♔xe4 f3 44.♖d8 f2 45.♖xf8+ ♔xf8 46.c8♕+ +−, Sarin – Aronian, (Rapid) Düsseldorf 2023.

Beispiel 47

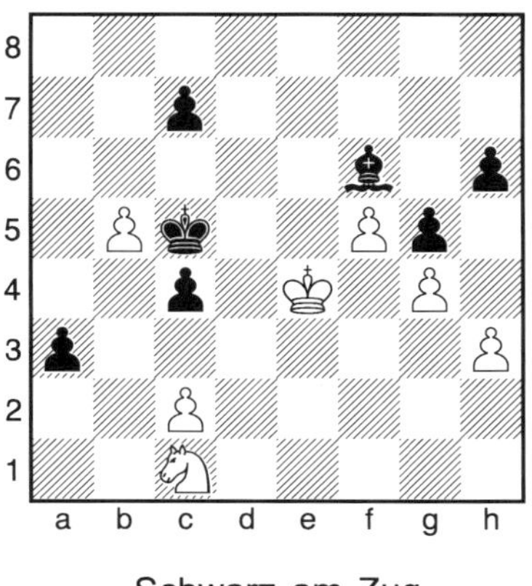

Schwarz am Zug

Im Kampf gegen einen Läufer strebt die Seite mit einem Springer häufig die Errichtung einer Festung an. Hingegen setzt die Seite mit dem Läufer auf Zugzwang, Dominanz und Königseinbruch.

Nach dem Fehler **48...c6?** hält die weiße Blockade stand.

Mit 48...♗b2! war die Festung hingegen zu erstürmen; z.B 49.♘a2 ♗h8 (49...♔xb5?? 50.c3+−) 50.♘c1 ♔xb5

1) 51.♔d5 c6+ 52.♔e4 ♔c5 53.♘a2 ♔d6 54.♘c1 c5 55.♘a2 ♗e5 56.♘c1 ♗f4 57.♘a2 ♗d2−+

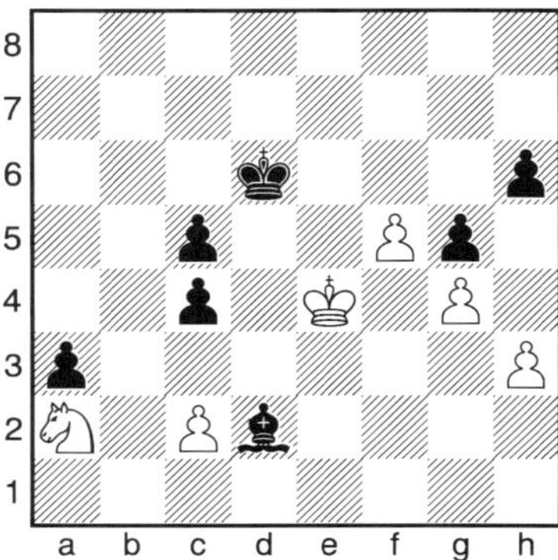

Der entscheidende Zugzwang.

2) 51.♘a2 ♔c5 52.♘c1 ♔d6 53.♘a2 c5 54.♘c1 ♗c3 55.♘a2 ♗d2 56.f6 ♔e6 57.f7 ♔xf7 58.♔d5 ♔f6

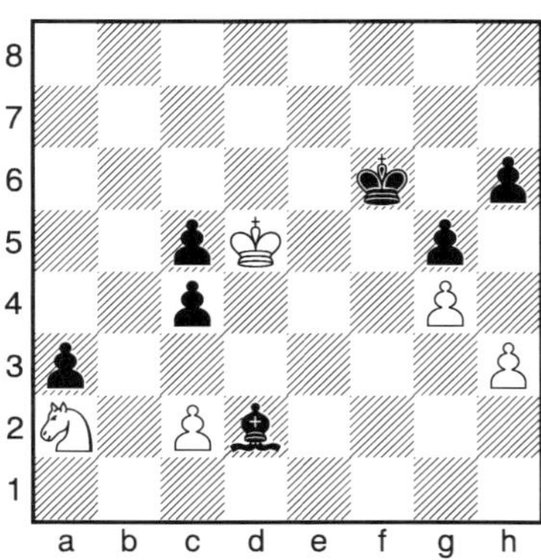

Nun wird der schwarze König früher oder später in die gegnerische Stellung eindringen können: z.B. 59.♔d6 ♗e3 60.♔d5 ♔e7 61.♔e4 ♗d4 62.♔d5 c3 63.♘c1 ♔d7 64.♘a2 ♔c7 65.♘c1 ♔b6 66.♘a2 ♔b5 67.♘c1 ♗e3 68.♘a2 ♗d2 69.♔e6 ♔c4 70.♔e5 ♗e3 71.♔e4 ♗f4 72.h4 ♗d2 73.h5 ♗f4 74.♔f5 ♔d4 75.♔g6 ♔e3 76.♘xc3 ♔f3 77.♔f5 ♗e3 78.♘a2 ♗d2 79.c3 ♔g3–+.

49.bxc6 ♔xc6 50.♘a2 ♔c5 51.♘c1 ♔d6 52.♘a2 ♗e5 53.♘b4 ♗f6 54.♘a2 ♔c5 55.♘c1 ♔b4 56.♘a2+ ♔c5 57.♘c1 ♔b4 58.♘a2+ ½-½, Keymer – Sindarov, (Rapid) Astana 2023

Beispiel 48

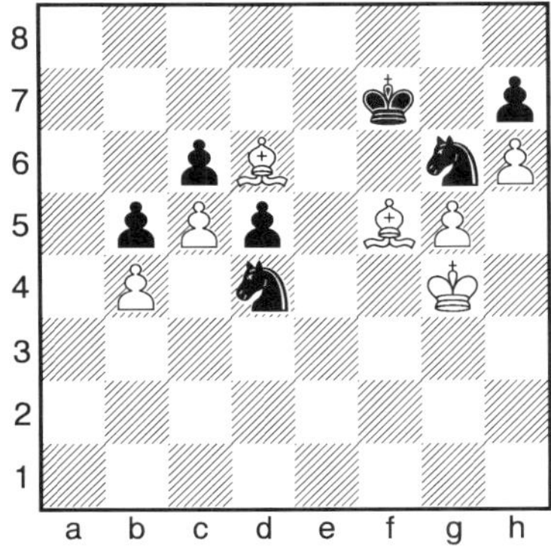

Weiß am Zug

89.♗d7

Zugzwang ist die schärfste Endspielwaffe.

89...♘f8

Danach kann Weiß direkt durchbrechen.

Auf Dauer gibt es allerdings sowieso keine Verteidigung mehr; z.B. 89...♔g8 90.♗e8+– oder 89...♘c2 90.♗xc6+–.

90.♗xf8 ♔xf8

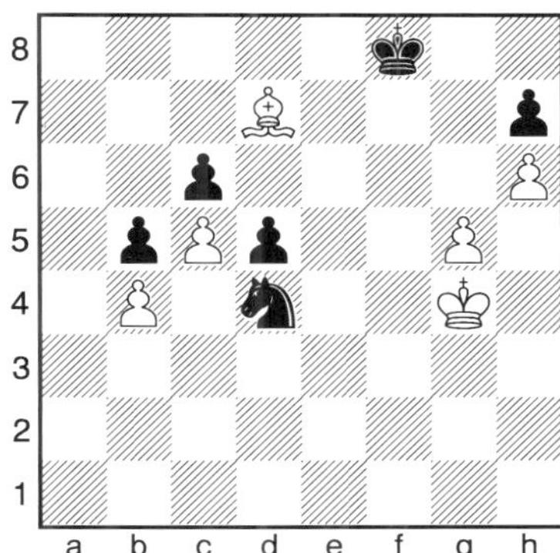

91.♗e8! ♔g8

91...♔xe8 scheitert an 92.g6 ♔f8 93.gxh7+–.

92.♔f4 ♘e6+ 93.♔e5 ♘d8

93...♘xg5 94.♗xc6 ♔f7 95.♗xb5 ♔g6 96.c6+–

94.♔f6 und **1-0** angesichts der möglichen Folge 94...d4 95.♔e7 ♘b7 96.♗xc6+– oder 95...d3 96.♔xd8 d2 97.♗h5+–, Dardha – Kadric, Deutschland 2023.

Allerdings kann Zugzwang natürlich auch gegen einen *Läufer* eingesetzt werden.

Beispiel 49

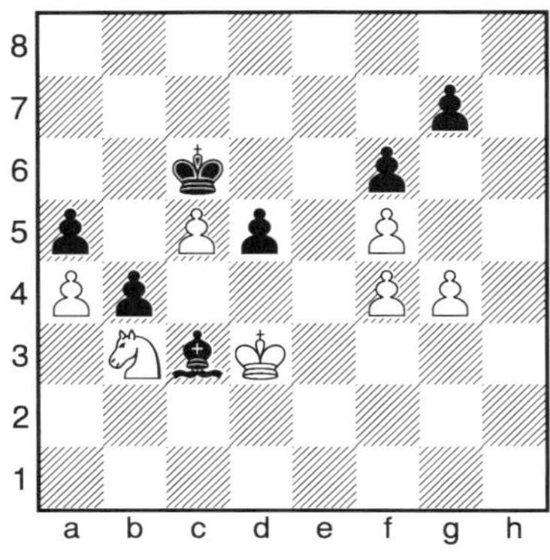

Weiß am Zug

44.♔e2! ♗b2 45.g5 fxg5

Nach 45...♗c3 dringt Weiß auf folgende Art durch: 46.g6 ♗b2 47.♔d3 ♗c3 48.♘xa5+ ♔xc5 49.♘b7+ ♔c6 50.♘d8+ ♔d7 51.♘e6+−.

46.fxg5 ♗c3 47.♔e3 ♗b2 48.♔d2 ♗c3+ 49.♔c2 ♗e5

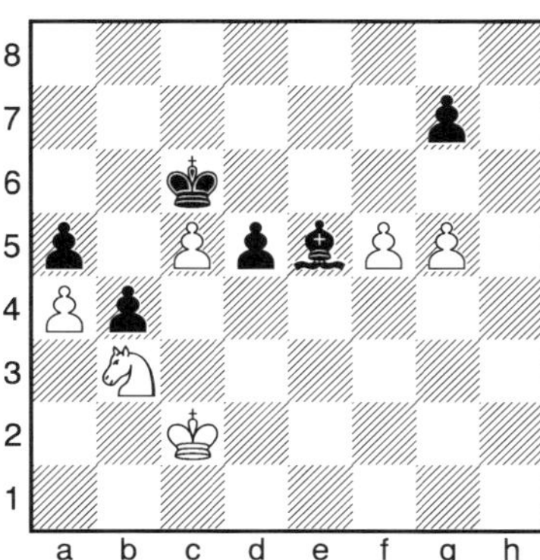

50.♔d3 Zugzwang **50...♗f4**

50...♗c3 51.f6 gxf6 52.g6 f5 53.♘d4+ +−

51.f6 gxf6 52.g6

Auch 52.gxf6 gewinnt.

52...♗h6 53.♔d4 f5 54.♘xa5+ ♔c7 55.♔xd5 ♗g7 56.♘b3 f4 57.♔e4 ♗h6 58.a5 ♔b7 59.♔f3 ♔c6 60.a6 ♔c7 61.♘a5 und **1-0** wegen 61...♔b8 62.♘c6+ ♔a8 63.♘xb4+−, Nguyen Ngoc Truong Son – Sanchez Alvarez, Biel 2023.

Im Duell ‚Läufer gegen Springer' strebt die Seite mit dem Springer zumeist nach Stellungskontrolle, damit der Springer seine oft zeitaufwendigen Manöver quasi ‚in aller Ruhe' ausführen kann.

Beispiel 50

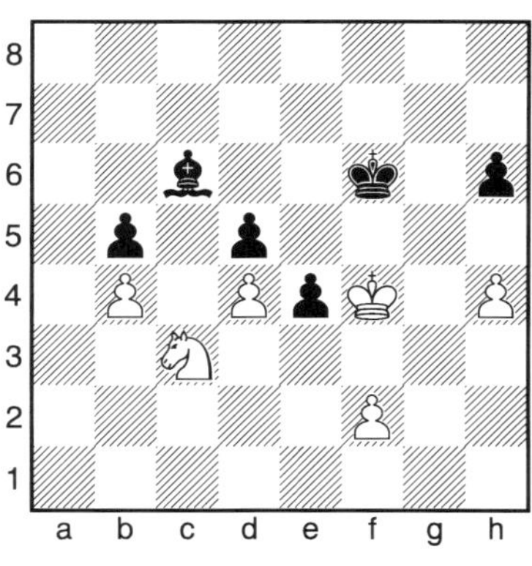

Weiß am Zug

58.♘d1!

Nur mit diesem Rückzug ist der entscheidende Fortschritt zu erzielen.

58...♗d7 59.♔g3!?

Ein guter Versuch, den Gewinn zu erleichtern.

Möglich war allerdings auch sofort 59.♘e3 ♗e6 60.h5+−.

59...♔g6

Auch 59...♔g7 verliert nach beispielsweise 60.♘e3 ♗e6 61.♔f4 ♔f6 62.h5 ♗f7 63.♘g4+ ♔e6 64.♘xh6 ♗xh5 65.♘g4 ♗g6 66.♔g5 ♗f5 67.♘f6 e3 68.fxe3 ♗b1 69.♘g4 ♗d3 70.♘e5 ♗h7 71.♘c6 ♔d7 72.♘b8+ ♔e7 73.♘a6 ♗d3 74.♔g4 ♔d6 75.♔f4 ♗b1 76.♔g5 ♗e4 77.♔f6+−.

60.♘c3 ♗c6 61.♔g4 h5+ 62.♔f4 ♔f6 63.♘d1 ♗d7 64.♔g3

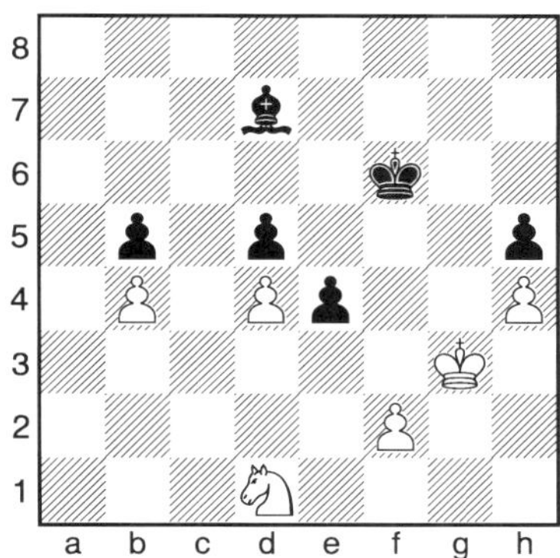

64...♔g6

Dies verliert auf der Stelle, obwohl Schwarz auf Dauer sowieso auf verlorenem Posten stand; z.B. 64...♔e7 65.♘e3

1) 65...♗e6 66.♘g2 ♔f6 67.♘f4 ♗f7 68.♘e2 ♗e8 69.♘c3 ♗c6 70.♔f4+−

2) Und auf 65...♗c6 folgt das entscheidende Dreiecksmanöver 66.♔h3 ♔f6 67.♔h2 ♔e6 68.♘g2 ♔f5 69.♔g3 ♔f6 70.♘f4+−.

65.♘c3 ♗c6 66.♘e2!

Der entscheidende Neuanlauf des Springers.

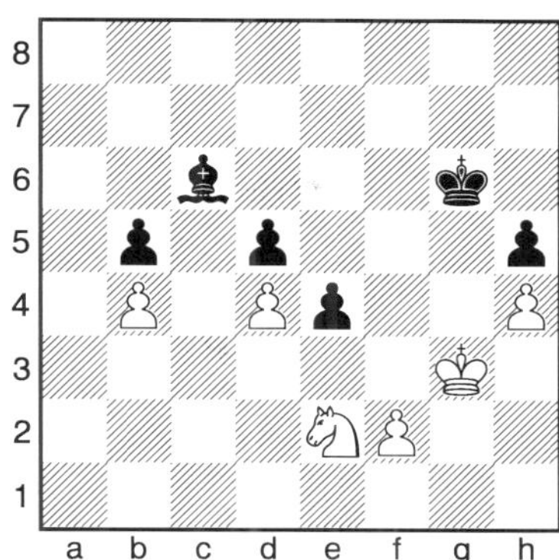

66...♔g7

Auf 66...♔f5 führt 67.♘f4 zum Gewinn; z.B. 67...e3 68.fxe3 ♔e4 69.♘xh5 ♔xe3 70.♘f6 ♔xd4 71.♔f4 ♔c4 72.h5 d4 73.h6 d3 74.h7 d2 75.♘g4! d1♕ 76.♘e3+ +−.

67.♔f4 ♔f6 68.♘c3

Tödlicher Zugzwang!

68...♔e6 69.♔g5 ♗e8 70.♘e2 ♗f7 71.♘f4+ ♔e7 72.♘xh5 ♗xh5 73.♔xh5 ♔f6 74.♔g4 ♔g6 75.h5+ ♔h6 76.♔h4 1-0, Albornoz Cabrera – Joly, Biel 2023

Bei wechselseitigem Zugzwang sieht es anders aus, denn in solchen Fällen müssen beide Seiten präzise vorgehen, um nicht auf dem falschen Fuß erwischt zu werden.

Beispiel 51

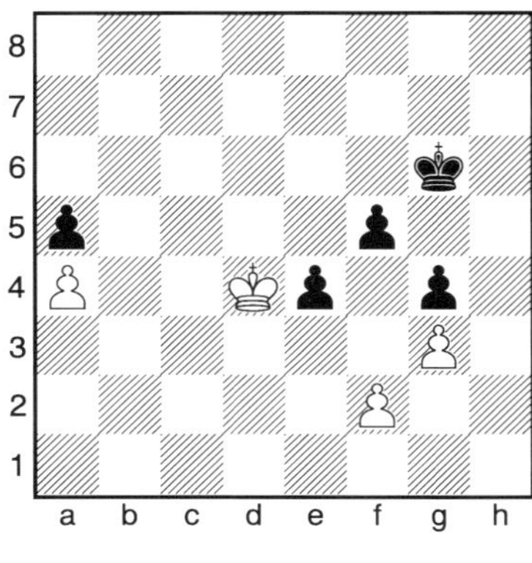

Weiß am Zug

Nach **61.♔d5?** verliert Weiß den Kampf um die ‚korrespondierenden Felder'.

61.♔e5! ♔g5 62.♔d4 ♔f6 63.♔d5 führt zum Remis, aber da es sich um eine ‚Armageddon-Partie' handelte, musste Weiß natürlich auf Gewinn spielen.

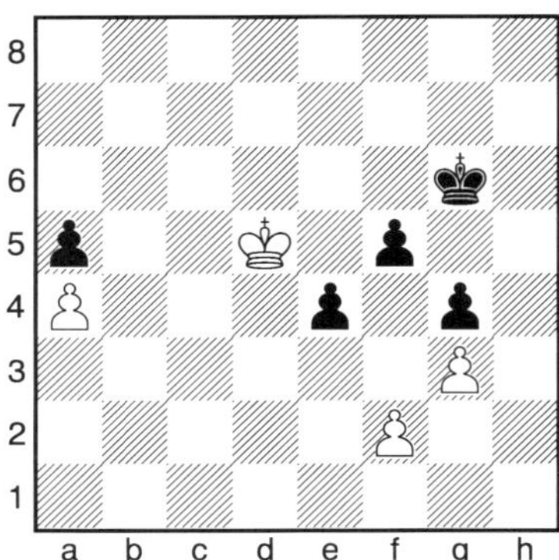

61...♔f6!

Nun ist Weiß bei wechselseitigem Zugzwang am Zug.

62.♔d4 und **0-1** angesichts der möglichen Folge 62...♔e6 63.♔c4 f4 64.gxf4 e3 65.fxe3 g3–+, Gukesh – Rapport, Armageddon Grand Final, Berlin 2023.

Beispiel 52

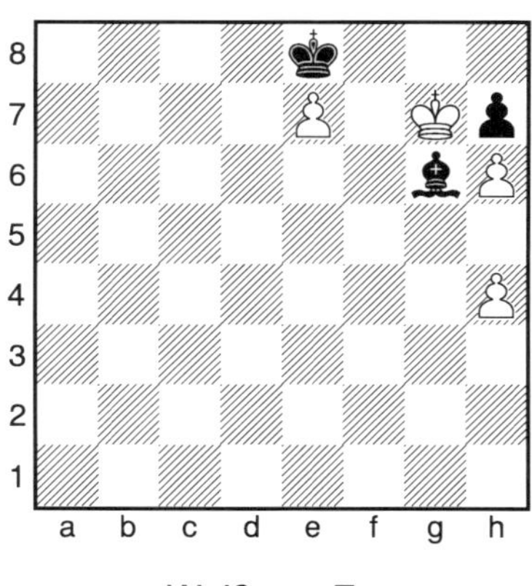

Weiß am Zug

Nach dem fehlerhaften Partiezug **78.h5?** gewinnt Schwarz unter Einsatz von Zugzwang.

Bekanntlich ist Zugzwang eine der wichtigsten und wirksamsten Waffen im Endspiel, aber besonders heikel kann es in Stellungen werden, in der *beide* Seiten in Zugzwang sind, was als ‚reziproker' oder ‚wechselseitige Zugzwang' bezeichnet wird.

In unserem Beispiel wäre dies nach 78.♔f6! ♔d7 (78...♗d3 79.♔e6=) 79.h5 ♗xh5 80.♔g7 ♗g6 81.♔f8= zum Tragen gekommen.

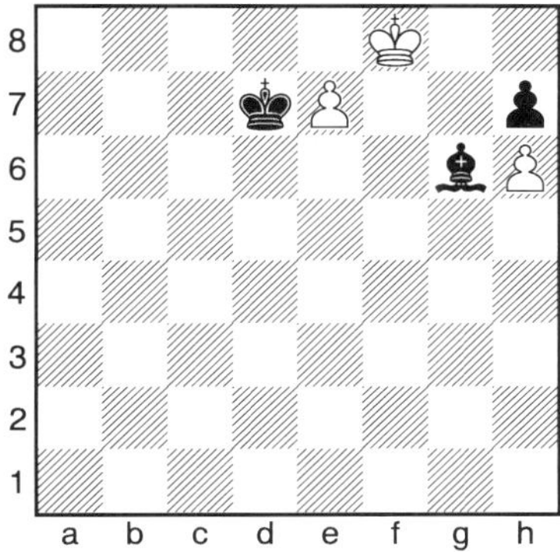

Schwarz ist in bei wechselseitigem Zugzwang am Zug und kann keine Fortschritte machen.

78...♗d3 79.♔f6 ♗c2 80.♔e6 ♗d1 81.♔f6 ♗xh5 82.♔g7 ♗g6 83.♔f6 ♔d7 und **0-1**, denn nun ist *Weiß* in Zugzwang, Guliyev - Kollars, Vrnjacka Banja 2023.

Beispiel 53

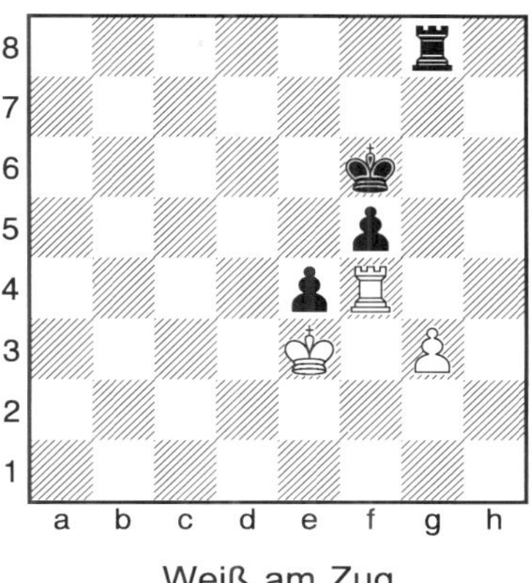

Weiß am Zug

In schwieriger Stellung fand Weiß mit **60.g4!** den einzigen Rettungsplan.

Denn 60.♔f2? scheitert an 60...♖g4 61.♖xg4 fxg4 62.♔e2 ♔e5 63.♔e3 ♔d5 64.♔f4 ♔d4 65.♔xg4 e3 66.♔f3 ♔d3 67.g4 e2 68.♔f2 ♔d2 69.g5 e1♕+ −+.

60...♖xg4 61.♖xg4 fxg4

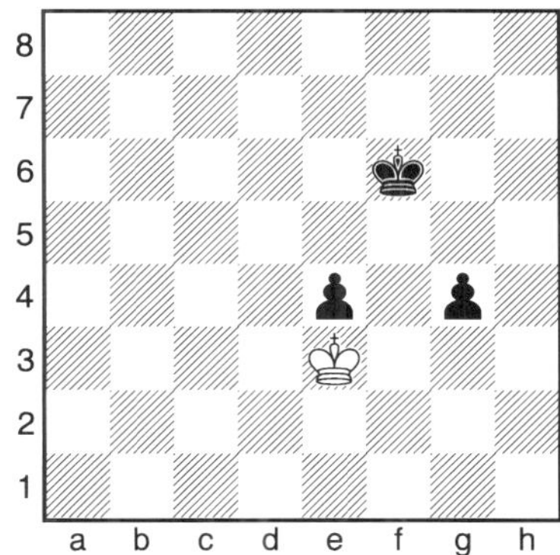

62.♔f4!

Bravo! Denn nach dieser richtigen Entscheidung ist Schwarz in Zugzwang und kann nicht gewinnen.

Hingegen verliert 62.♔xe4? ♔g5 63.♔e3 ♔h4 64.♔f2 ♔h3 65.♔g1 ♔g3–+.

62...g3 63.♔xg3 ½-½, Schnabel – Orlov, Seattle 1993

Beispiel 54

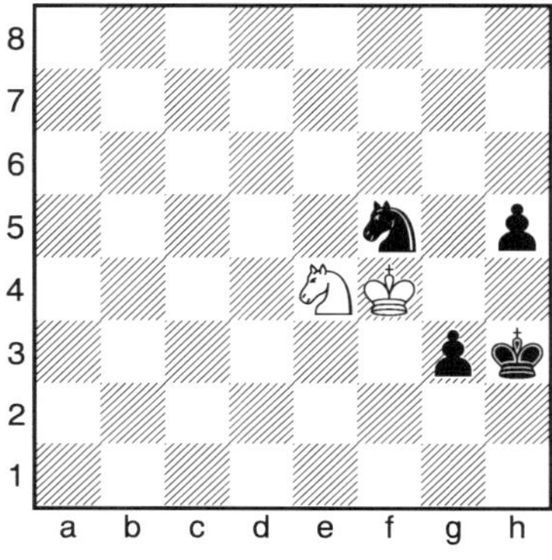

Schwarz am Zug

Mit **93...h4!** bot Schwarz seinen Springer zum Opfer an, damit seine Bauern schnellstmöglich vorlaufen konnten.

94.♘g5+

Denn 94.♔xf5 führt nach 94...g2 95.♘g5+ ♔g3 96.♘e4+ ♔h2–+ zum sofortigen Verlust.

94...♔g2 95.♔g4 h3! 96.♘xh3 ♘e3+ 97.♔h4 ♔h2 98.♘g5 g2

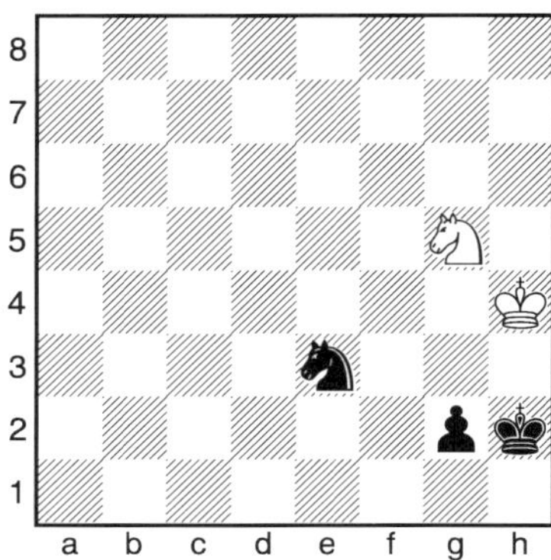

Hier gilt die feine Faustregel von GM Reuben Fine: Im Endspiel '♘+♙ ↔ ♘' gewinnt ein vom König unterstützter Freibauer auf der 7. (bzw. 2.) Reihe immer – es sei denn, der Verteidiger verfügt über eine forcierte Remismöglichkeit.

99.♘f3+

99.♘h3 ♘d5 100.♘g5 ♘f4 101.♘f3+ ♔h1 102.♔g4 ♘e2 103.♔h4 ♘d4!–+

99...♔h1 100.♔g3 ♘f5+ 101.♔f2 ♘d4! 102.♘g1 ♔h2 und **0-1** angesichts des nunmehr entscheidenden Zugzwangs; Artemiev – Carlsen, Airthings Masters 2022.

Beispiel 55

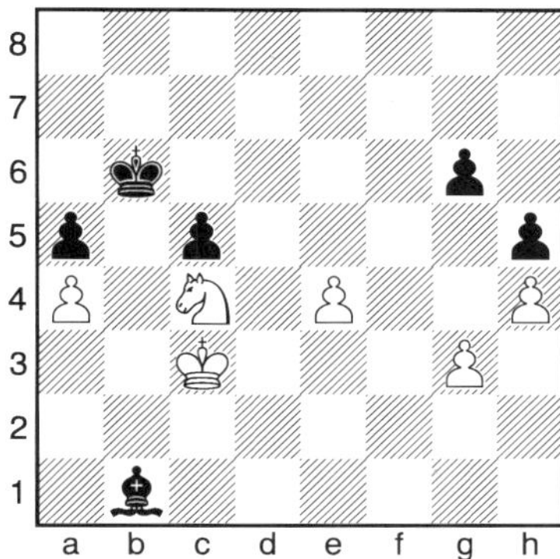

Schwarz am Zug

In der Partie versuchte Schwarz, sich mit **54...♔a6** zu verteidigen.

54...♔c7 ist zwar zäher, rettet aber letztlich auch nicht; z.B. 55.♘d2 (55.♘xa5? ♗xe4=) 55...♗a2 56.♘b3 ♗b1 57.♘xc5 ♔c6 58.♘b3 ♗xe4 59.♘xa5+ ♔b6 60.♘c4+ ♔c5 61.a5 ♗b7 62.♘e5+−.

55.♘d2! ♗a2 56.♘b3!

Nun wird der Läufer dominiert und Weiß erreicht ein gewonnenes Bauernend-spiel.

56...♔b6

56...♗b1 verliert nach 57.♔b2 ♗xe4 58.♘xc5+ +−.

57.♔b2 ♗xb3 58.♔xb3 ♔c6 59.♔c4 ♔d6

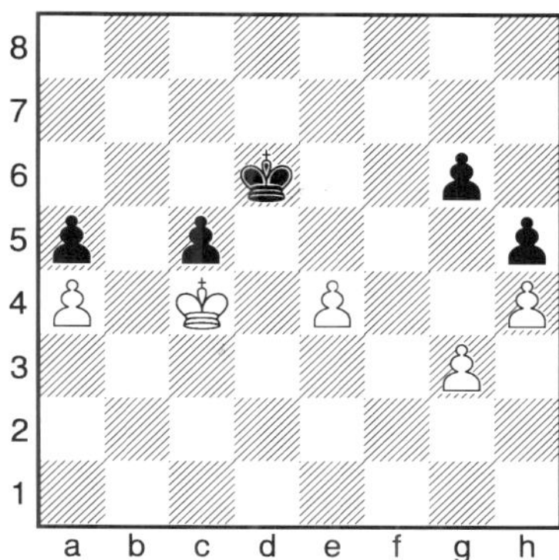

60.♔b5! Zugzwang **60...♔e5 61.♔xc5** und **1-0** angesichts der möglichen Folge 61...♔xe4 62.♔b5 ♔f3 63.♔xa5 ♔xg3 64.♔b4

1) 64...g5 65.hxg5 h4 66.g6 h3 67.g7 h2 68.g8♕+ +−

2) 64...♔xh4 65.a5 ♔g3 66.a6 h4 67.a7 h3 68.a8♕ h2 69.♕h1+−

Goryachkina − Kiolbasa, Nicosia 2023

Beispiel 56

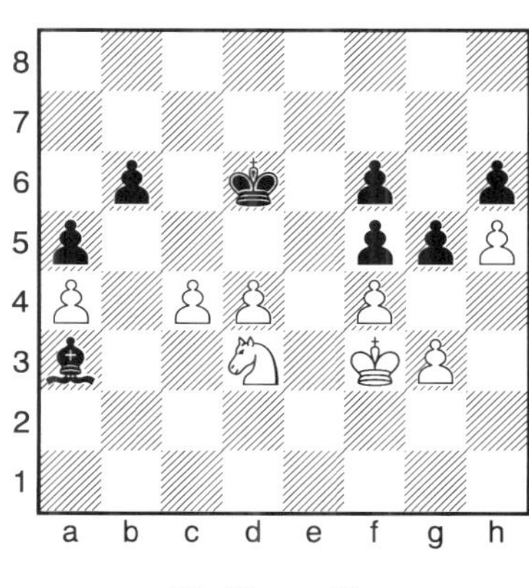

Weiß am Zug

44.g4!

Weiß öffnet seinem König Zugstraßen am bislang undurchdringlichen Königsflügel.

44...fxg4+ 45.♔xg4 ♔e6 46.f5+ ♔d7 47.♔f3 ♗f8 48.♘f2 ♔c6 49.♔e3 ♔d7 50.♔e4 ♔c6 51.♘g4 ♗g7 52.♘e3 ♗f8 53.♘d5 ♗g7 54.♔d3 ♗h8

Auf 54...♔b7 folgt 55.♘c3 ♗f8 56.♘e4 ♗e7 57.♘f2 ♗f8 58.♘g4 ♗g7 59.d5 ♔c7 60.♔d4 ♗f8 61.c5 ♗xc5+ 62.♔d3+−.

55.♘c3 ♗g7 56.♘e4 ♔d7 57.d5 ♔c7 58.c5

Und nun werden auch am Damenflügel Zugstraßen geöffnet.

58...bxc5 59.♘xc5 ♔d6 60.♘e6 ♗h8

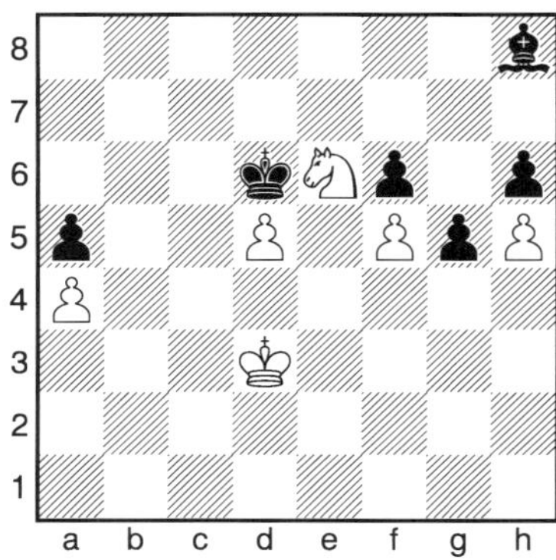

61.♔d4! Zugzwang

61.♔e4? wäre ein Fehler wegen der Folge 61...g4 62.♘d4 g3 63.♘b5+ ♔c5 64.d6 g2 65.d7 g1♕ 66.d8♕ ♕g4+±.

61...g4 62.♘c5!

Die glorreiche Rückkehr des Springers ins eigene Lager.

62...♗g7

62...g3 63.♘e4+ +−

63.♘e4+ ♔c7 64.♔e3 g3 65.♘xg3

65.♔f3+−

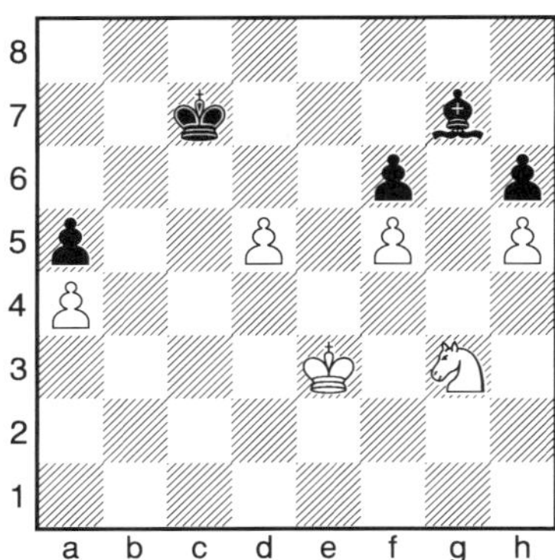

65...♗f8

65...♔d6 66.♔d4+−

66.♘e4 ♗e7 67.♔d4 ♗a3 68.♔c4

Letztendlich bringt die Einbruchsmöglichkeit des weißen Königs am Damenflügel die Entscheidung; z.B. 68...♗e7 (68...♗b2 69.♔b5+−) 69.d6+ (69.♔b5 +−) 69...♗xd6 70.♘xd6 ♔xd6 71.♔b5 ♔e5 72.♔xa5 ♔xf5 73.♔b4+−.

1-0, Salimova – Kiolbasa, Baku 2023

In Endspielen mit gleichfarbigen Läufern können Bauern, die auf der Farbe der Läufer blockiert sind, zur Schwäche neigen.

Beispiel 57

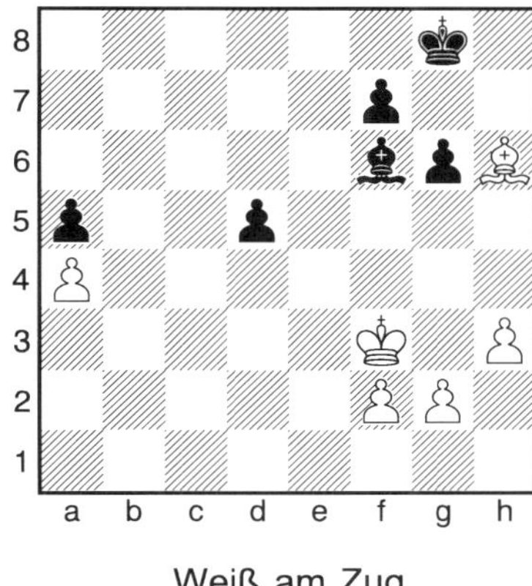

Weiß am Zug

31.♔e3!

Der König strebt ins Zentrum.

31...♗e7

Auf 31...g5 folgt 32.f4 gxf4+ 33.♗xf4 ♔f8 34.♗c7 ♗c3 35.♔d3+−.

32.♔d4 g5

Nun ist der weiße Läufer gefangen, aber unter Einsatz zweier aufeinanderfolgender Hebel wird die Gefängnistür aufgebrochen.

33.f4 f6 34.h4

Auch 34.♔xd5 ♔h7 35.♔e6 gewinnt.

34...gxh4

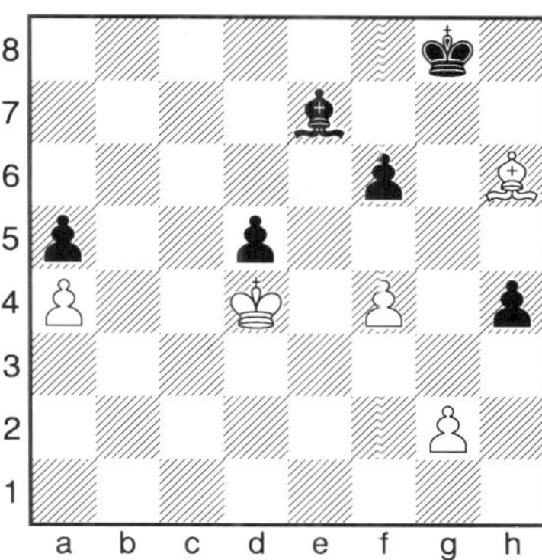

35.f5!

Und schon gelangt der Läufer wieder ins Freie.

Übrigens würde 35.♔xd5?? ♔h7 36.♔e6 ♗b4−+ sogar zum Verlust führen.

35...♗b4 36.♔xd5

Nun marschiert der König in die durch und durch geschwächte gegnerische Stellung ein.

36...♔f7 37.♗e3 ♗e1 38.♔d6 ♗b4+ 39.♔d7 ♗e1

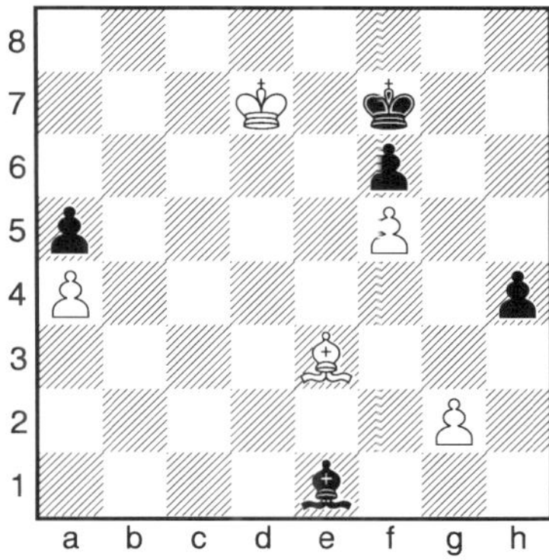

40.♗d4! Zugzwang **40...♗b4 41.♗f2 h3 42.gxh3 ♗c3 43.♔c6 ♔g7 44.♗e3** und **1−0** angesichts der möglichen Folge 44...♔h7 45.♔b5 ♔g7 46.♗b6 ♔h6 47.♗xa5

1) 47...♗e5 48.♗b6 ♗c3 49.♗c5 ♔g5 50.♗b4 ♗d4 51.a5 ♔xf5 52.♗c5 ♗e5

53.a6 ♗b8 54.♔c6 ♔e4 55.♔b7+−

2) 47...♗xa5 48.♔xa5 ♔g5 49.♔b6 ♔xf5 50.a5+−

Anton Guijarro – Fedoseev, Durres 2023

Beispiel 58

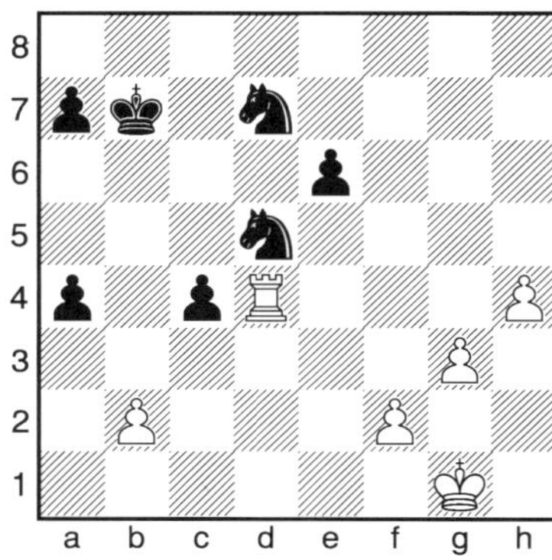

Schwarz am Zug

Der Durchbruch **36...a3!** führt zur Entstehung eines entscheidenden Freibauern.

37.bxa3 c3 38.♖d1

Auf 38.♖e4 folgt 38...♘e5 39.♖e2 ♘f3+ 40.♔f1 ♘d4 41.♖e1 ♔c6 42.h5 c2 43.h6 ♘f6 44.♖c1 ♔d5 45.♔e1 ♔e4−+.

38...♘c5

Dieser Springer wird dem Gegner noch gehörig auf die Nerven gehen.

39.h5 ♘d3! 40.h6

40.♖xd3 c2 41.♖b3+ ♔c6−+

40...c2 41.♖f1 ♘f6 42.g4 ♘h7!

So hält der Springer die Bauern auf.

43.♔g2 c1♕ 44.♖xc1 ♘xc1 45.f4 ♔c6

46.♔f3 ♔d5 47.g5 ♘f8!

Und wieder hält der Springer die Bauern auf.

48.♔g4 ♘d3 49.f5 ♘e5+ 50.♔f4

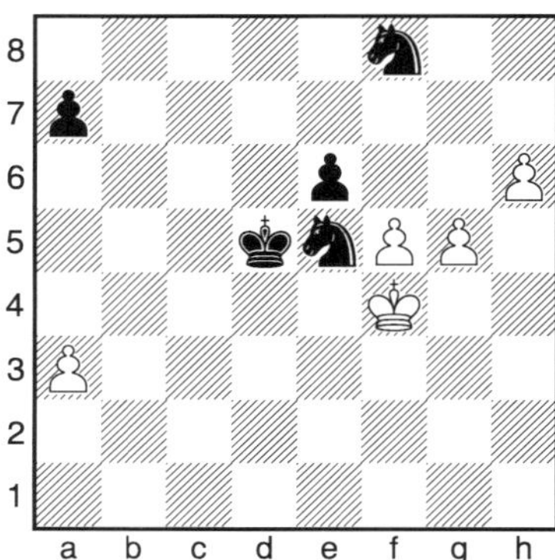

50...♘fg6+

Zwar gewinnt auch 50...exf5!?, allerdings ist es schwieriger zu berechnen: 51.♔xf5 a5 52.♔f6 ♘h7+ 53.♔f5 ♘f7 54.g6 ♘xh6+ 55.♔f4 ♘f6−+.

51.fxg6 ♘xg6+ 52.♔g4 ♔e4

Natürlich nicht 52...e5?? 53.♔f5+−.

53.a4 a5!

Jetzt gewinnt Schwarz durch Einsatz von Zugzwang.

54.h7 ♔e5 55.♔h5 ♔f5 56.♔h6 e5 0-1, Robson – Mishra, USA Championship, Saint Louis 2023

Jeder Übergang zu einem Bauernendspiel muss sehr sorgfältig berechnet werden, weil die Remisbreite in einem solchen nicht sehr groß ist.

Beispiel 59

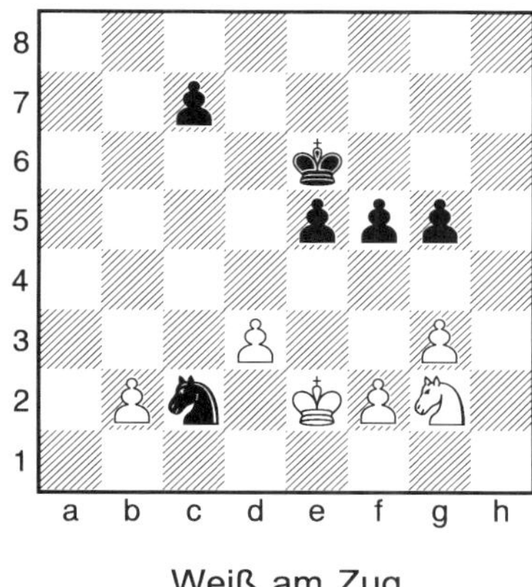

Weiß am Zug

Das Bauernendspiel nach dem Partiezug **39.♘e3?** ist glatt verloren.

Eine Verteidigungsmöglichkeit bestand in 39.♔d2! ♘d4 40.g4 mit den beiden Abspielen:

1) 40...fxg4 41.♘e3 ♘f3+ 42.♔e2 ♘h2 43.b4 ♔d6 44.♔d1 ♔c6 45.♔c2 ♔b5 46.♔c3=

2) Und nach 40...f4 41.♘e1 ♔d5 kann Weiß nunmehr mit 42.♘c2 in ein Bauernendspiel abwickeln, welches Schwarz nach 42...♘xc2 43.♔xc2 ♔d4 44.♔d2 e4 45.dxe4 ♔xe4 46.♔e2 f3+ 47.♔d2 ♔f4 48.♔d3 ♔xg4 49.♔e3= nicht mehr gewinnen kann.

39...♘xe3

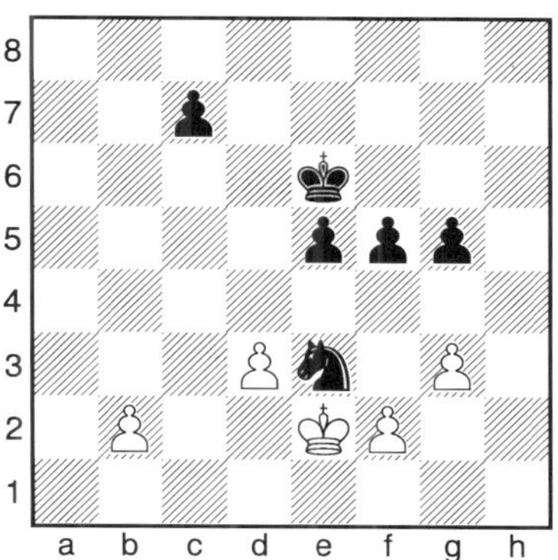

40.♔xe3

Auf 40.fxe3 folgt 40...c5! 41.♔f3 g4+ 42.♔e2 ♔d5 43.♔d2 ♔c6 44.♔c3 f4 45.exf4 exf4 46.♔d2 f3–+.

40...♔d5 41.♔e2

Auf 41.f3 folgt 41...f4+ 42.gxf4 exf4+ 43.♔f2 ♔d4 44.♔e2 ♔c5 45.♔d2 ♔b4 46.♔c2 c6 47.b3 c5 48.♔b2 g4–+.

41...♔d4 42.♔d2 g4 43.♔e2 f4 44.♔d2 fxg3 45.fxg3 e4 46.dxe4 ♔xe4 47.♔e2

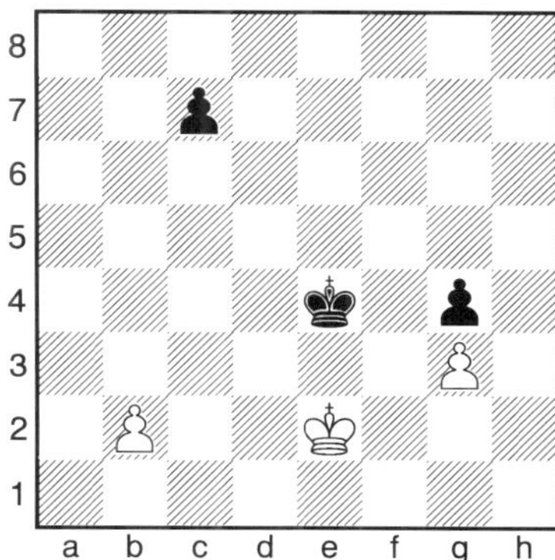

47...c6!

Und nicht etwa 47...c5? 48.b3 ♔d4 49.♔d2=.

0-1 wegen tödlichem Zugzwang:

- 48.b4 ♔d4–+
- 48.♔d2 ♔f3–+
- 48.b3 c5 49.♔f2 ♔d3–+

Huschenbeth – Matlakov, Isle of Man 2023

Beispiel 60

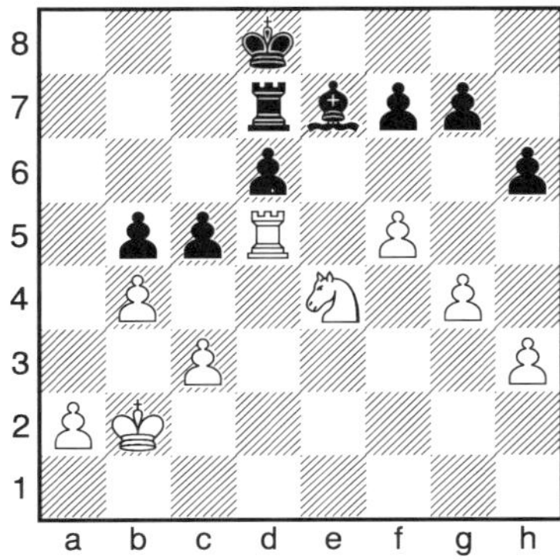

Weiß am Zug

Hier folgte mit **34.c4!!** ein wunderbarer Durchbruch.

34...bxc4

34...cxb4 35.cxb5 ♖a7 36.♘xd6+−

35.bxc5 dxc5 36.♖xd7+ ♔xd7 37.♔c3 ♔c6 38.♔xc4 ♔b6 39.a4 ♔c6 40.♘f2 ♗d8 41.♘e4 ♗e7 42.a5 ♗d8 43.a6 ♗e7 44.♘c3 ♗g5 45.♘b5 ♗e3 46.h4 ♔b6 47.a7 ♔b7 48.h5 ♔a8 49.♔d5 ♔b7

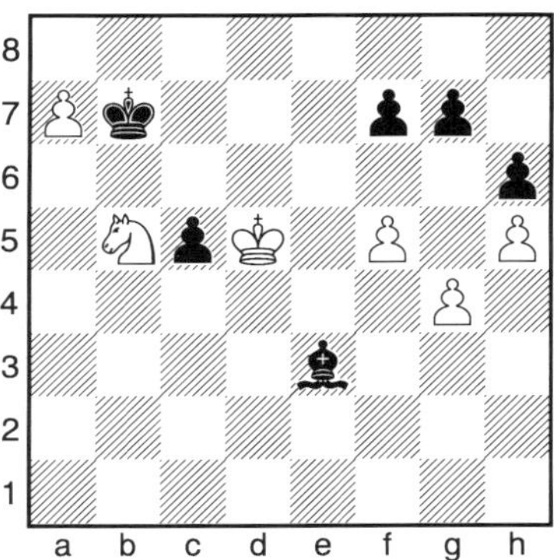

50.♔d6

Mit diesem Königszug leitet Weiß einen geradezu studienartigen Gewinn ein.

Allerdings führte auch 50.♘d6+ nach 50...♔xa7 51.♘xf7 ♗d4 52.♘d8 ♔b6 53.♘e6+− zum Sieg.

50...c4 51.♔d5!

Nach dieser augeblicklichen Rückkehr zeigt sich die Pointe des weißen Königsmanövers: Der c-Bauer ist nicht mehr zu halten.

51...♗xa7

51...c3 52.♘xc3 ♗xa7 53.g5 hxg5 54.f6 gxf6 55.h6 g4 56.h7 g3 57.h8♕ g2 58.♘e2+−

52.♘xa7 c3

Nach 52...♔xa7 53.♔xc4 ♔b6 54.♔d5 ♔c7 entscheidet mit 55.g5! erneut ein wunderbarer Durchbruch:

- 55...f6 56.gxf6 gxf6 57.♔e6+−
- 55...♔d7 56.f6 gxf6 57.gxh6 ♔e7 58.h7+−

53.♘c6! c2

53...♔b6 54.♘d4+−

54.♘a5+ ♔c7 55.♘b3 ♔d7

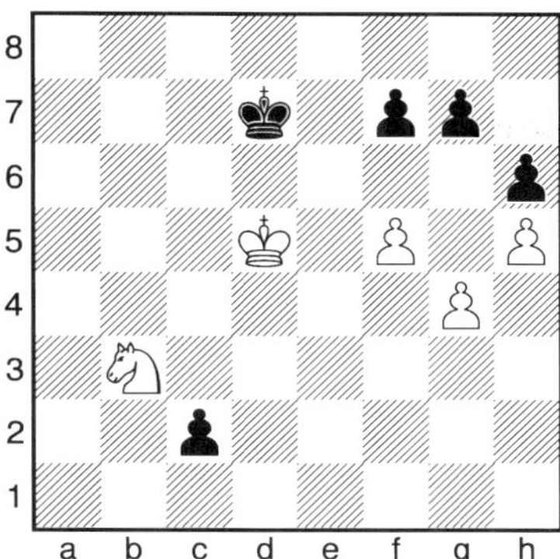

56.g5!

Und auch hier entscheidet wieder ein unparierbarer Durchbruch.

56...♔e7

Auf 56...hxg5 folgt 57.f6 gxf6 58.h6+−.

57.gxh6 gxh6 58.♔e5 f6+ 59.♔d5 ♔d7 60.♘c1!

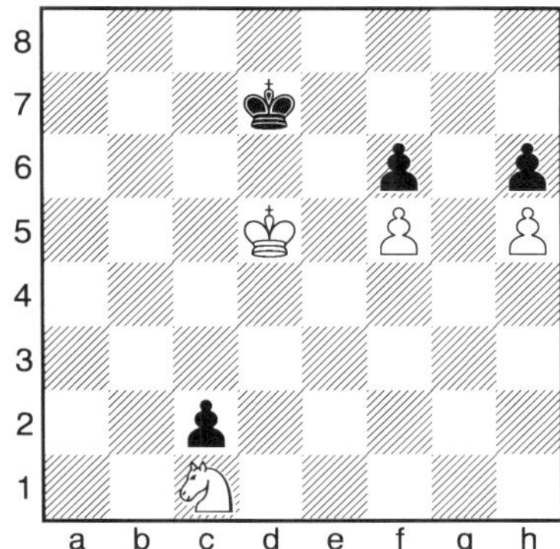

Und **1-0** angesichts des entscheidenden Zugzwangs in folgenden Abspielen:

1) 60...♔c7 61.♔e6 ♔c6 62.♔xf6 ♔d5 63.♔g7 ♔e4 64.f6 ♔e3 65.f7 ♔d2 66.♘a2+−

2) 60...♔e761.♔c6 ♔e8 62.♔d6 ♔f7 63.♔d7 ♔g7 64.♔e6+−

Abdusattorov − Giri, Wijk aan Zee 2024

Kapitel 4

Mattangriff und Mattmotive

Ein 'Mattangriff' wird meistens mit dem Mittelspiel in Verbindung gebracht, aber auch im Endspiel sind nicht selten interessante und lehrreiche Beispiele anzutreffen.

Hier zunächst ein solches aus der Praxis des sechsten Weltmeisters, Michail Botwinnik.

Beispiel 61

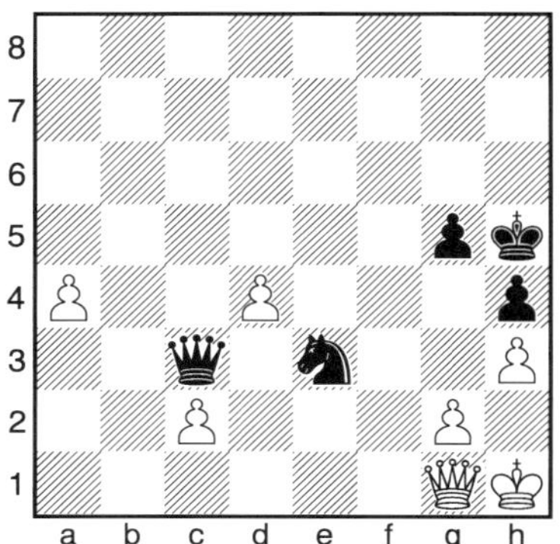

Schwarz am Zug

Schwarz hat einen Springer mehr, aber angesichts der drei gegnerischen Freibauern muss zum Gewinn auch der König herangezogen werden, was nach dem Vorstoß **43...g4!** auch tatsächlich sehr effektiv gelingt.

Nach Eliminierung wenigstens eines der Freibauern mit 43...♕xd4? und der Folge 44.♕e1 g4 45.hxg4+ ♔g5 46.c3 ♕f4 47.♕d2 h3 48.♕d8+ ♔xg4 49.♕g8+ kann Weiß sich hingegen verteidigen.

44.hxg4+

Es verliert auch 44.a5 gxh3 45.gxh3 ♕c6+ 46.♔h2 ♕xc2+ 47.♔h1 ♕e4+ 48.♔h2 ♕f4+ 49.♔h1 ♕f3+ 50.♔h2 ♘f1+ −+.

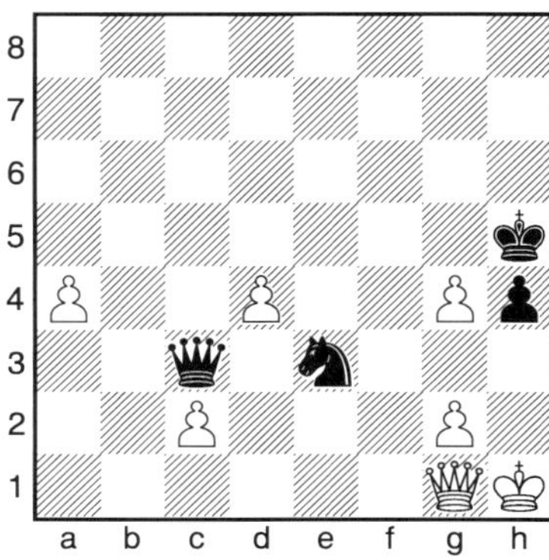

44...♔g5!

Nach dem Fehler 44...♘xg4? und der Folge 45.♕f1! ♕xd4 46.♕f5+ ♔h6 47.♕f8+ würde die Partie mit einem Dauerschach beendet.

45.a5

Auf 45.♕c1 folgt 45...♔xg4 46.a5 ♕xd4 47.a6 h3 48.gxh3+ ♔xh3−+.

45...h3! und **0-1** wegen 46.gxh3 ♕c6+ 47.♔h2 ♕f3 48.h4+ ♔f4−+, Sliwa – Botwinnik, Moskau 1956.

Im folgenden Beispiel nutzt Weiß die gute Zusammenarbeit seiner Figuren für einen vernichtenden Mattangriff.

Beispiel 62

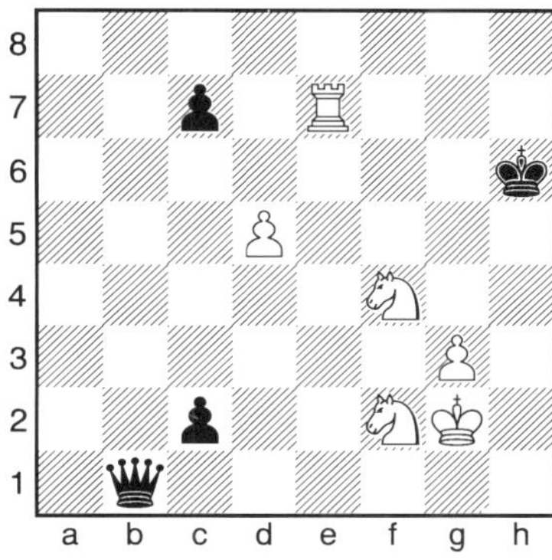

Weiß am Zug

Hier spielt der schwarze Freibauer keine Rolle mehr, da der König nur unter Damenopfer vor dem Matt zu bewahren wäre.

45.♘g4+ ♔g5 46.♖e5+! ♔xg4 47.♘h3

Und nun gibt es gegen die Doppeldrohung 48.♘f2# und 48.♖g5# keine Verteidigung.

47...c1♕

Bei dem ‚Damenopfer zur Verhinderung des direkten Matts' war übrigens von 47...♕h1+ 48.♔xh1 c1♕+ 49.♔g2 ♕b2+ 50.♘f2+ ♕xf2+ usw. die Rede.

48.♘f2#, Huss – Martorelli, Lugano 1986

Beispiel 63

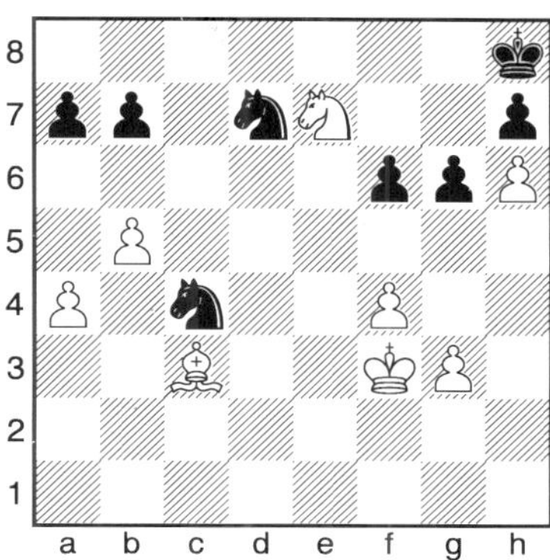

Weiß am Zug

Bekanntlich ist ein *patt* gesetzter König häufig genau einen Zug von einem *matt* gesetzten entfernt. Diesbezüglich müsste offenbar der Bewacher des Bauern f6 eliminiert werden – eine Aufgabe, die hier nur der König übernehmen kann, weil sonst ja die Pattstellung aufgehoben würde.

40.♔e4!

Mit der Drohung 41.♔d5–e6.

40...♘cb6 41.a5 ♘c5+ 42.♔e3 ♘bd7 43.♔d4 ♘e6+ 44.♔d5 ♘c7+ 45.♔c4 a6

Nach 45...♘e6 müsste Weiß einige Tempozüge mit dem Läufer machen: 46.♗a1 ♘c7 47.♗d4 b6 48.a6 ♘e6 49.♗b2 ♘c7 50.♗a1 ♘e8 (50...♘e6 51.♔d5+–) 51.♔d5 ♘c5 52.♗d4 ♘b3 53.♗xb6! axb6 54.♔c6 ♘d4+ 55.♔xb6+–.

46.b6 ♘b5 47.♗b2 ♘d6+ 48.♔d5

Endlich ist der Weg zum angestrebten Reiseziel e6 frei.

48...♘f5

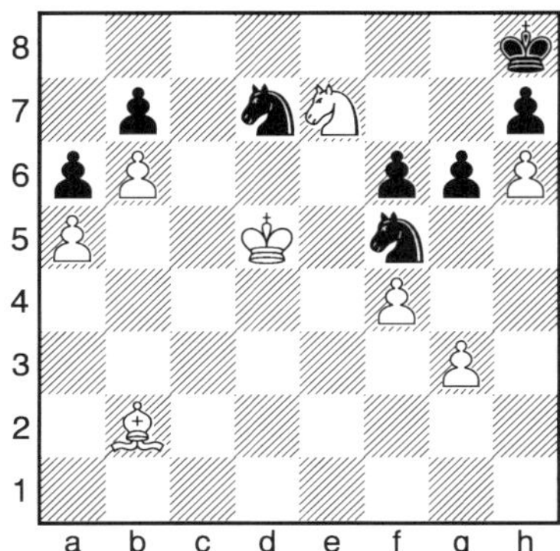

49.♔e6

Auch nach 49.♘xf5 gxf5 50.♔e6 ♘c5+ 51.♔f7 ♘d7 gewinnt Weiß mit dem Tempozug 52.♗c3! ♘c5 53.♗xf6#.

49...♘xe7 50.♔xe7 ♘c5 51.♔f7 und **1-0**, denn nach 51...♘e4 (51...♘d7 52.♗d4 +−) 52.♔f8 g5 53.f5 g4 54.♗d4 gibt es gegen ♗xf6# keine Parade mehr, Pusch – Fuhrmann, Recklinghausen 2001.

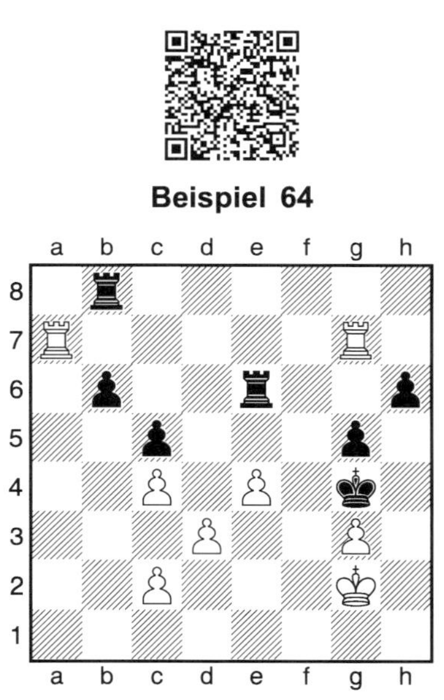

Beispiel 64

Schwarz am Zug

Mit seinem Mehrbauern in Form eines gedeckten Zentrumsfreibauern steht Weiß eigentlich vollkommen auf Gewinn.

1) Allerdings gestattet die aktive schwarze Königsstellung die rettende Nutzung der f-Linie mit 41...♖f6! (oder 41...♖f8) mit der Einbruchsdrohung ♖f3 und der möglichen Folge 42.e5 (42.♖gf7 ♖f8 43.♖xf8 ♖xf8=) 42...♖f3 43.e6 ♖xg3+ 44.♔f2 ♖f3+ 45.♔e2 ♖f6 46.e7 ♖e8 47.♔d2 ♖e6 und Weiß kann keine Fortschritte machen.

2) Stattdessen suchte Schwarz mit **41...b5??** Gegenspiel an der falschen Stelle und übersah dabei außerdem, dass sich seine ‚aktive Königsstellung' nach **42.♖af7!** unversehens in eine Mattfalle verwandelt, die nach den weiteren Zügen **42...bxc4** (42...♔h5 43.♖f1+−) **43.♖f4+ ♔h5** ...

... mit **44.♖h4+! 44...gxh4 45.g4#** zuschnappte, Durao – Catozzi, Dublin 1957.

Beispiel 65

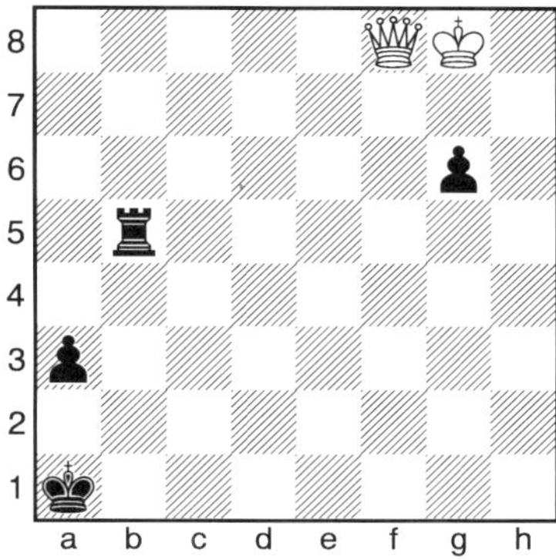

Schwarz am Zug

In diesem ausgeglichenen Endspiel beging Schwarz mit dem überstürzten Vormarsch **64...a2??** einen entscheidenden Fehler.

Zuerst musste mit 64...♔b2! die nun mögliche Einsperrung des Königs verhindert werden. Denn nach dem Partiezug kann Weiß unter Einsatz von Zugzwang ein Matt in spätestens elf Zügen erzwingen.

65.♕f1+ ♖b1 66.♕f6+ ♖b2

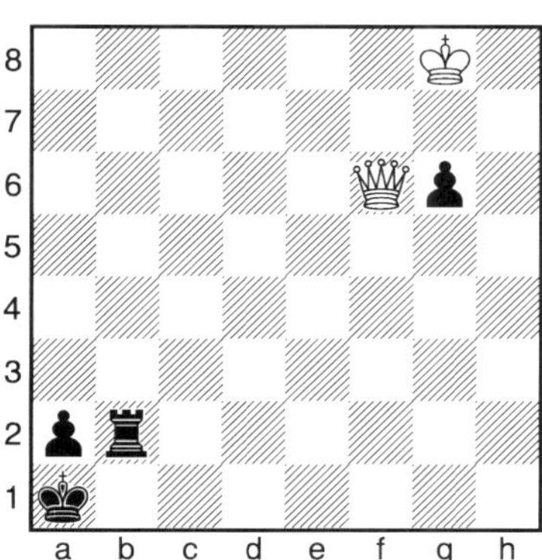

67.♕d4!

Nach diesem Schlüsselzug ist der Gewinn kinderleicht.

67...g5 68.♔h8 g4 69.♔g8 g3 70.♔h8 g2 71.♔g8 g1♕+ 72.♕xg1+ ♖b1 73.♕d4+ ♖b2 74.♔h8 ♔b1 75.♕d1#, Hector – Carstensen, Kopenhagen 2003

Beispiel 66

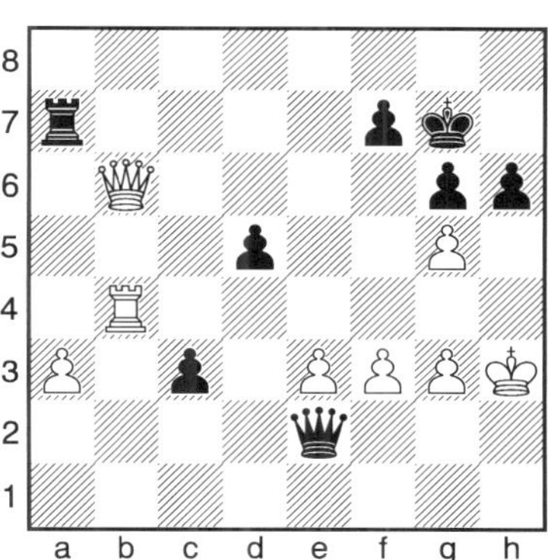

Schwarz am Zug

In krassem Gegensatz zum Materialbestand ist die Stellung alles andere als ausgeglichen, denn beide Könige stehen höchst unsicher und außerdem verfügt Schwarz über einen gewaltigen Freibauern. Allerdings hängt ja zunächst einmal sein Turm.

Mit der fantastischen, ebenso weit wie präzise berechneten Kombination **47...♕xf3!!** schenkte Schwarz dem letztgenannten Detail jedoch keine Beachtung, weil er allerlei Mattmotive rund um den gegnerischen König erspäht hatte.

Mit **48.♕xa7** nahm Weiß das Opfer an,

wohl weil er der Ansicht war, dass der König der Mattgefahr entkommen konnte. Außer Acht gelassen hatte er dabei jedoch die langfristige Bedeutung des erwähnten ‚gewaltigen Freibauern'.

Allerdings bieten auch die Alternativen keine Rettung mehr:

1) So führt 48.♕f6+ ♕xf6 49.gxf6+ ♔xf6−+ zu einem hoffnungslosen Turmendspiel.

2) Nach 48.gxh6+ ♔h7 (mit der Mattdrohung 49...♕h1+ 50.♔g4 ♕h5+ 51.♔f4 ♕f5#) und der Folge 49.♖b1 ♖a4! (mit der Mattdrohung 50...♖h4+! 51.♔xh4 ♕h5#) 50.♔h2 ♖xa3−+ verschafft auch der Turm sich Zutritt zum gegnerischen König.

48...♕h1+ 49.♔g4 h5+

Hier besteht ein kleiner Schönheitsfleck darin, dass 49...hxg5 sogar zwangsläufig zum Matt geführt hätte; z.B. 50.♕d4+ f6 51.♖b7+ ♔h6 usw.

50.♔f4 ♕f1+ 51.♔e5 ♕f5+ 52.♔d6

52.♔d4 c2−+

52...♕e6+ 53.♔c7

53.♔c5 ♕xe3+ 54.♖d4 c2−+

53...♕e7+ 54.♔b6 ♕xa7+ 55.♔xa7 c2 0-1, Winants – Kasparow, Brüssel 1987

Beispiel 67

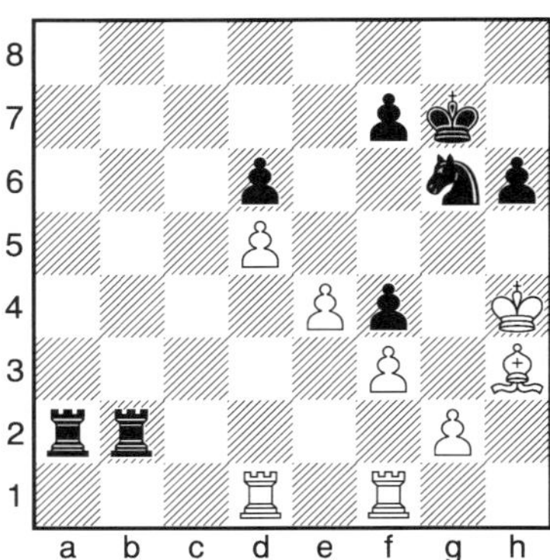

Weiß am Zug

Hier schwebt der weiße König in höchster Gefahr, denn auf den unbedachten Zug 32.♔h5? verschafft sich mit 32...♖xg2! 33.♗xg2 ♖xg2 (mit der Mattdrohung ♖g5#) ein schwarzer Turm Zutritt zum patt gesetzten gegnerischen König, was nach 34.♖g1 ♖h2+ 35.♔g4 ♔f6 nebst 36...h5# unerbittlich zum Matt führt.

Nach der richtigen Wahl **32.♔g4** und der Antwort **32...♔f6** folgte mit **33.♖b1?** ein insofern skurriler Fehler, weil diesmal 33.♔h5! der einzige Rettungszug war, zumal 33...♖xg2 34.♗xg2 ♖xg2 diesmal mit 35.♖h1= pariert werden könnte.

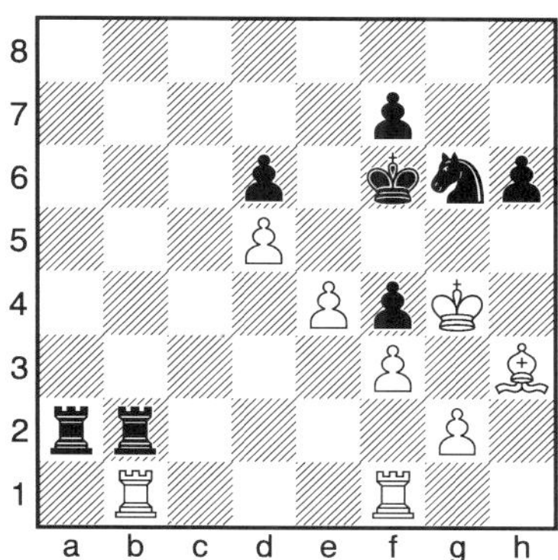

Nach dem fehlerhaften Textzug führte das Räumungsopfer **33...h5+!** zwangsläufig zum Gewinn.

Hingegen hätte 33...♖xg2+? zum Ausgleich geführt: 34.♗xg2 ♖xg2+ 35.♔h3 ♖g3+ 36.♔h2 ♘e5 37.♖b3 ♘g4+ 38.fxg4 (38.♔h1 ♖h3+=) 38...♖xb3 39.♖xf4+ ♔e5 40.♖xf7 ♔xe4 41.♖f6 ♔xd5 42.♖xh6 ♔e5=.

34.♔xh5

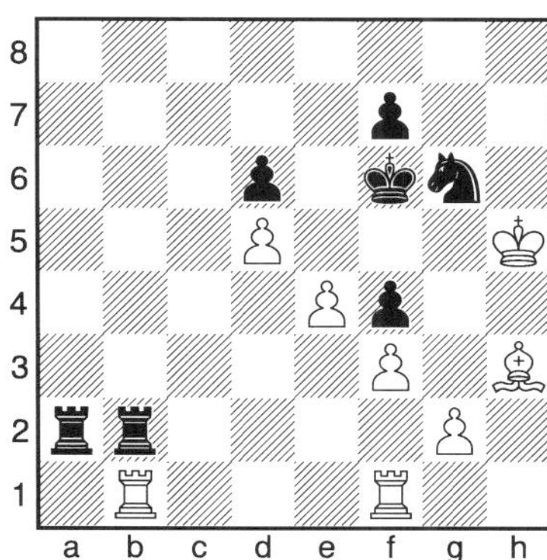

34...♖a8!

Nach diesem Rückzug nebst Schwenk auf die nunmehr geöffnete h-Linie ist dem weißen König nicht mehr zu helfen.

35.♔g4

35.♖xb2 ♖h8+ 36.♔g4 ♖h4#

35...♖h8 36.g3 ♖h2 37.♖h1 ♖8xh3 38.♖xh2 ♖xh2 39.gxf4 ♖g2+ 40.♔h3 ♘xf4+ 41.♔h4 ♔e5 42.♖b7 ♔d4 43.♖xf7 ♔e3 und **0-1**, denn das Matt ist nicht zu parieren, Kamsky – Kasparow, New York 1994.

Beispiel 68

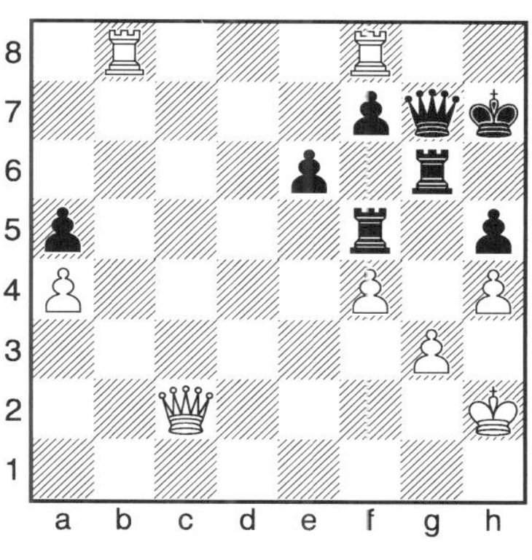

Weiß am Zug

Mit **51.♕c8!** brachte Weiß auch seine dritte Schwerfigur auf der gegnerischen Grundreihe in Stellung. Und da es ‚nach weiter vorne' jede Menge Epauletten gibt, sollte Weiß bestimmt die allerbesten Mattaussichten haben.

51...♕d4

So räumt Schwarz das Feld g7 für die Königsflucht nach f6.

52.♖h8+ ♔g7 53.♕g8+ ♔f6

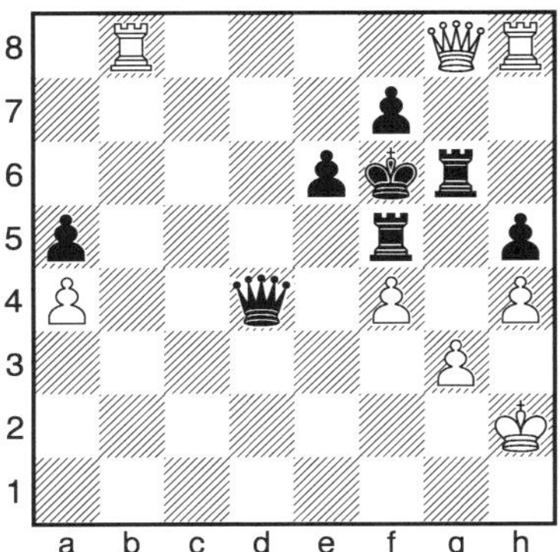

54.♕xf7+!

Dieses Damenopfer führt zwangsläufig zum Matt. Denn wenn in anderen Bereichen der Satz gilt ‚Viele Hunde sind des Hasen Tod' – so gilt im Schach ‚Viele Epauletten sind des Königs Sarg'.

54...♔xf7 55.♖b7+ und **1-0** wegen 55...♔f6 56.♖f8#, Arvola – Skotheim, Fagernes 2020.

Beispiel 69

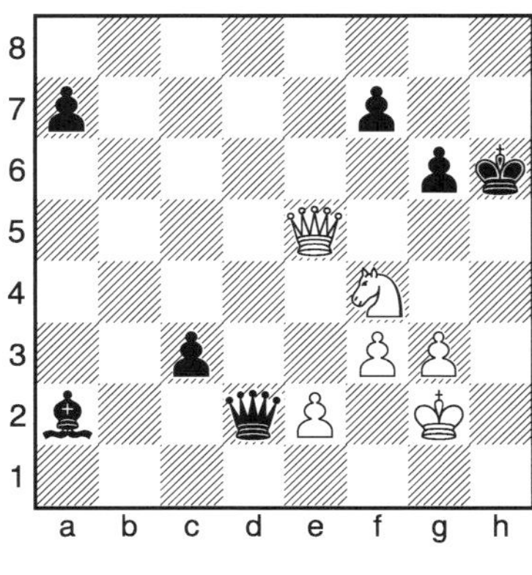

Weiß am Zug

Mit **44.♕h8+! ♔g5 45.♘e6+!** leitete Weiß einen Mattangriff ein, der nur unter Damenopfer zu parieren wäre. Entsprechend strich Schwarz sogleich die Segel angesichts der folgenden Möglichkeiten:

1) 45...fxe6 46.f4+ ♔g4 47.♕h3# bzw. 46...♔f5 47.♕e5+ ♔g4 48.♕g5#

2) 45...♗xe6 46.f4+ ♔f5 47.♕e5+ ♔g4 48.♕g5#

3) Also bleibt nur 45...♔f5 46.♘d4+ ♕xd4, denn auch 46...♔g5 47.♕h4#' führt wieder zum Matt.

Goganov – Khairullin, Jekaterinburg 2013

Beispiel 70

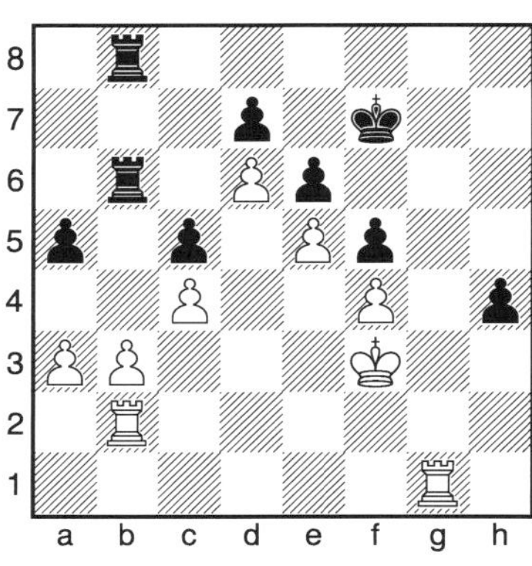

Weiß am Zug

Wenn die Schwäche b3 nicht wäre, wüsste man genau, was zu tun ist. Also …

37.b4!!

Weg mit diesem Klotz am Bein! Denn ohne diesen weiß man ja – wie gesagt – genau, was zu tun ist: Der zweite Turm muss zwecks Mattangriff auf die g-Linie!

37...axb4 38.♖bg2 ♖f8 39.♖g7+ ♔e8 40.axb4 cxb4

40...♖xb4 ist zäher, rettet aber letztlich auch nicht; z.B. 41.♖a1 ♖b8 42.♖e7+ ♔d8 43.♖a7 ♖b3+ 44.♔e2 ♖b2+ 45.♔d3 ♔c8 46.♖exd7 ♔b8 47.♔c3 ♖b1 48.♖h7 ♖g8 49.♖ac7 ♖c8 50.♖cg7 ♖f8 51.♖xh4+-.

41.♖a1 ♖b8 42.♖e7+ ♔d8 43.♖a7 h3 44.♖exd7+ ♔e8 45.♖e7+ ♔d8

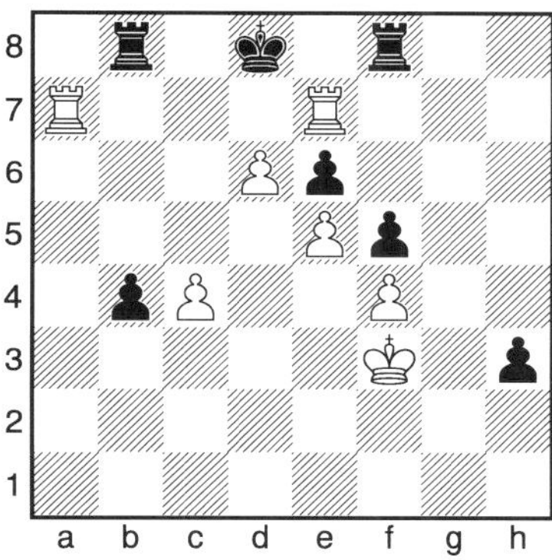

46.c5!

Der Vormarsch des zweiten Freibauern ist nicht mehr zu verkraften.

46...h2 47.♔g2 und **1-0** wegen 47...♖h8 48.♔h1 b3 49.c6 b2 50.c7+ ♔c8 51.d7#, Ivic - Vaishali, Wijk aan Zee 2023.

Beispiel 71

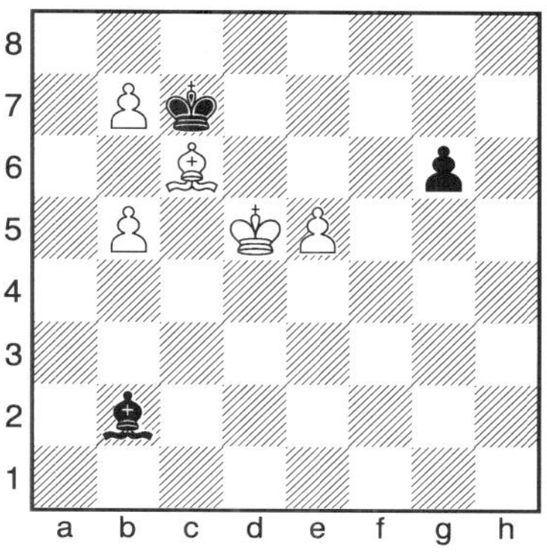

Weiß am Zug

Der einzige Gewinnplan besteht darin, sich zunächst mit **76.♔e6!** um den letzten gegnerischen Bauern zu kümmern.

1) Zunächst wäre 76.e6? übereilt wegen 76...♗a3 mit den Remis-Abspielen:

a) 77.b6+ ♔b8 78.♔e5 g5 79.♔f6 g4=

b) 77.♔e5 ♗b2+ 78.♔f4 ♗f6=

2) In der Partie geschah 76.b6+?, aber damit wird kein Matt-, sondern ein *Patt*-kasten gebaut; es folgte 76...♔b8 77.♔d6 g5 78.e6 g4 79.♗g2

(Nach 79.e7 lautet die Pointe 79...♗a3+ 80.♔e6 ♗xe7 81.♔xe7 g3 82.♔d6 g2 83.♗xg2 patt.)

79...♗a3+ 80.♔e5 ♗e7 81.♔f5 g3 82.♔g4 ♗d6 83.♔h4 ♗f8 84.♔xg3 ♗e7 85.♔g4 ♗c5 86.♔f5 ♗e7 87.♔g6 ♗d6 88.♔f7 ♗c5 89.♔e8 ♗b4 90.♔d7 ♗a3 91.♔c6 ♗f8 92.♗f3 ♗a3 93.♗e2 ♗f8 94.♗c4 ♗a3 95.♗d5 ♗f8 96.♔d7 ♗a3 97.♗g2 ♗b4 98.♔e8 ♗a3 99.♔f7 ♗b4 100.♔f6 ♗a3 101.♔e5 ♗b4 102.♔d4 ♗a3 103.♔c4

♗e7 104.♔b5 ♗f8 105.♗f1 ♗e7 106.♔c6 ♗f8 107.♗a6 ♗a3 108.♔d5 ♗e7 109.♔e5 ♗a3 110.♔f6 ♗c5 111.♔f7 ♗a3 112.♔e8 ♗b4 113.♔d7 ♗a3 114.♔c6 ♗e7 115.♗e2 ♗a3 116.♔b5 ♗e7 117.♔a4 ♗f8 118.♔a5 ♗e7 119.♗f3 ♗f8 120.♗c6 ♗e7 121.♗d7 ♗f8 122.♗c8 ♗e7 123.♔b5 ♗f8 124.♔c6 ♗e7 125.♔d7 ♗a3 126.♔e8 ♗e7 127.♔xe7 mit Remis durch Patt, Fedoseev – Nakamura, Internet 2023

76...♗c3

76...g5 77.♔f5 ♗c3 78.e6 ♗b4 79.♔xg5 ♗e7+ 80.♔g6+–

77.♗e4 ♗b2

77...g5 78.♔f5 g4 79.e6 ♗b4 80.♔f6+–

78.♗xg6 ♔xb7

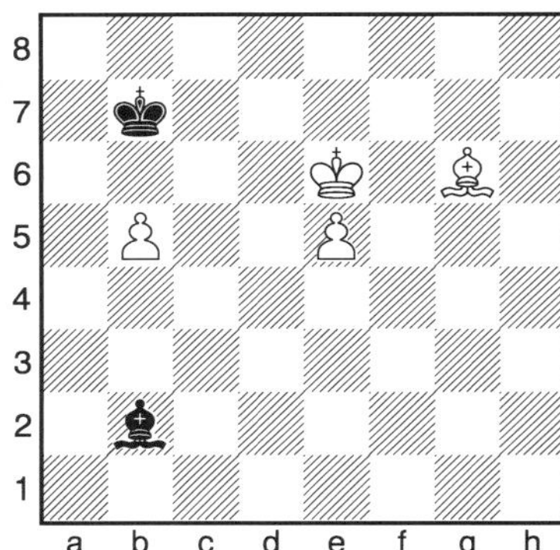

79.♔d6!

Die Freibauern sind nur durch zwei Linien voneinander getrennt, was oft remis ist, aber hier sind sie schon zu weit vorgerückt.

Hingegen würde der Fehler 79.♔f6? nach 79...♔b6 80.♗d3 ♔c7 81.♔f5 ♗d4 82.e6 ♔d6= zu einer typischen Remisstellung führen.

79...♔c8 80.♗f5+ ♔d8

80...♔b8 81.e6 ♗a3+ 82.♔d7+–

81.b6 ♗d4

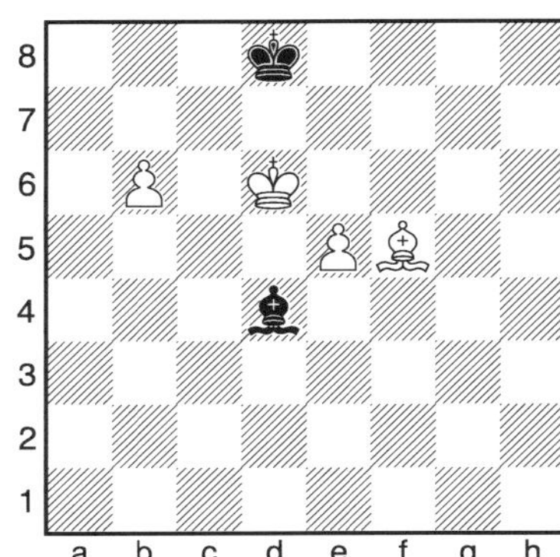

82.e6!

Nach diesem nunmehr zum rechten Zeitpunkt erfolgten Vorstoß wäre das zweizügige Matt nur noch durch Preisgabe des Läufers abzuwenden.

82...♗xb6 83.e7+ ♔e8 84.♗g6#

Beispiel 72

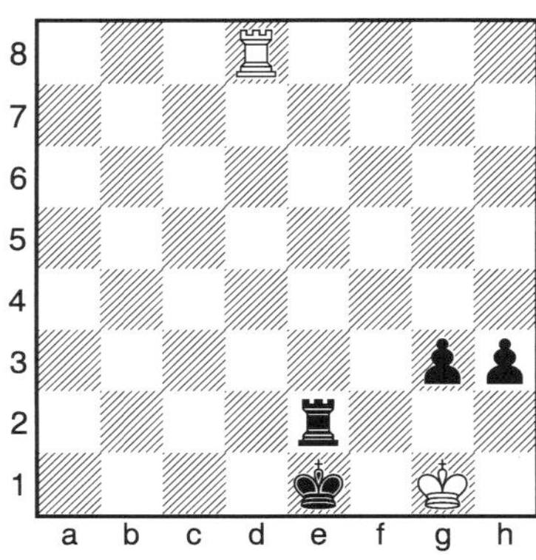

Weiß am Zug

Nach der Fehlentscheidung **76.♖h8?** wird Weiß zwangsläufig matt gesetzt.

Ungeachtet seiner vollkommen hoffnungslos erscheinenden Lage hätte er sich jedoch mit 76.♖d3! retten können, wie es folgende Varianten beweisen:

1) 76...♖g2+ 77.♔h1 ♔f1 78.♖f3+ ♔e2 79.♖e3+! ♔xe3 patt

2) 76...h2+ 77.♔h1

a) 77...♔f2 78.♖f3+ ♔xf3 patt

b) 77...g2+ 78.♔xh2 ♔f1 79.♖d1+ ♔f2 80.♖g1 ♔f3 81.♖a1=

76...h2+ 77.♔h1

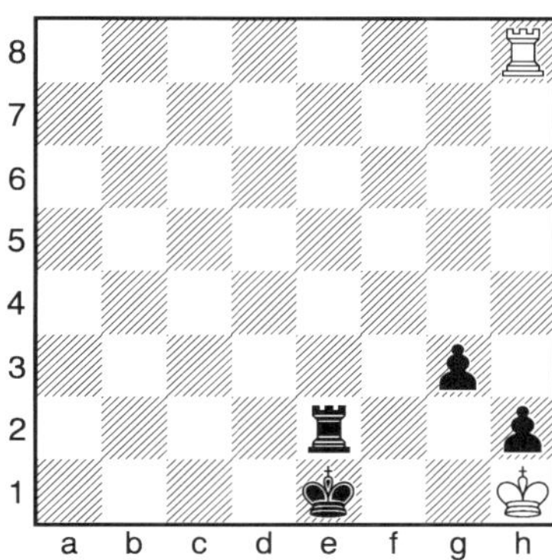

77...g2+!

Unter Bauernopfer wird die drohende Pattstellung des weißen Königs aufgehoben.

78.♔xh2 ♔f1! 0-1, Bae – Grubert, Gausdal 2001

Das Phänomen ‚Unterverwandlung' kommt in der Praxis nur äußerst selten vor.

Beispiel 73

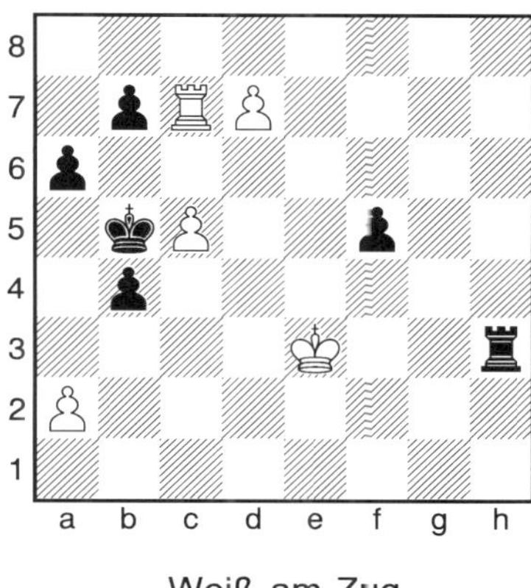

Weiß am Zug

Nur mit **67.♔d4!** kann Weiß gewinnen, während die Alternativen zum Remis führen.

1) Nach 67.♔f4? ♖d3 68.♔xf5 ist der Wechsel auf die zweite Reihe mit 68...♖d2! der einzige Zug, weil nach der Folge 69.♔e6 ♖e2+ 70.♔d6 ♖d2+ 71.♔e7 ♖e2+ 72.♔d8 mit 72...♖xa2 der Bauer a2 geschlagen und dadurch das Remis sichergestellt werden kann: 73.♔c8 ♖d2 74.d8♕ ♖xd8+ 75.♔xd8 b3 76.♖xb7+ ♔xc5 77.♖xb3 a5=.

2) 67.♔d2? ♖h2+ 68.♔e3 (68.♔d3 ♖h1=) 68...f4+ 69.♔xf4 ♖d2 70.♔e5 a5=

67...♖h1

Nach 67...♖h8 gewinnt Weiß am einfachsten mit 68.♖c8 (68.♔d5+ +-) 68...♖h1 69.d8♕ ♖d1+ 70.♔e3 ♖xd8 71.♖xd8 ♔xc5 72.♔d3 usw.

68.♖xb7+ ♔c6

Nach 68...♔a4 69.c6+− setzen sich die verbundenen Freibauern durch.

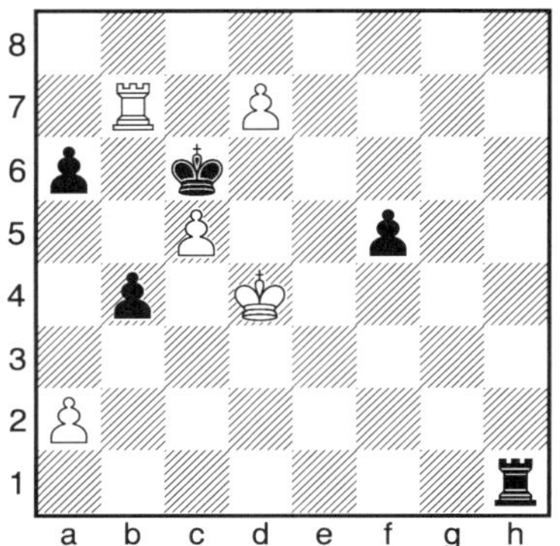

69.d8♘#, Jones – Raznikov, Douglas 2014

Beispiel 74

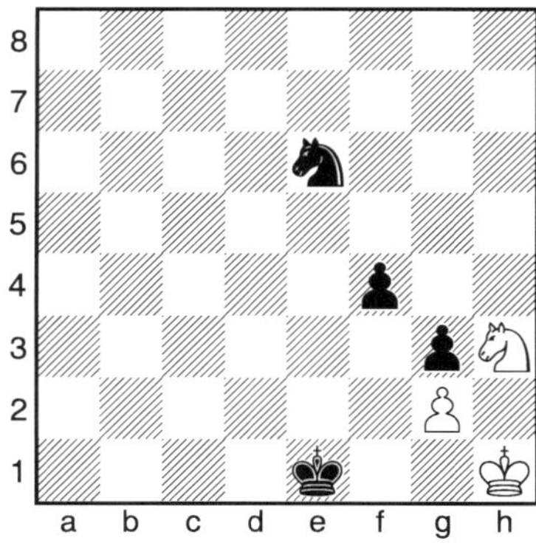

Schwarz am Zug

In diesem Beispiel musste Schwarz ziemlich lange an einem Mattnetz knüpfen.

135...f3!

Aber nicht 135...♔f1? wegen 136.♘xf4 ♘xf4 patt!

136.gxf3

136.♘g1 f2 137.♘f3+ ♔d1 138.♘d2 ♘f4! (138...♔xd2? patt) 139.♘f1 ♔e1 140.♘e3 (140.♘xg3 ♘e2−+) 140...♘h3! 141.gxh3 f1♕+ 142.♘xf1 ♔xf1 143.h4 g2+ 144.♔h2 g1♕+ 145.♔h3 ♔f2 146.h5 ♕g3#

136...♔f1 137.♘f4

137.f4 g2+ 138.♔h2 ♘xf4! 139.♘g1 ♔f2−+ bzw. 139.♘xf4 g1♕+ 140.♔h3 ♕g5−+

137...♘d4

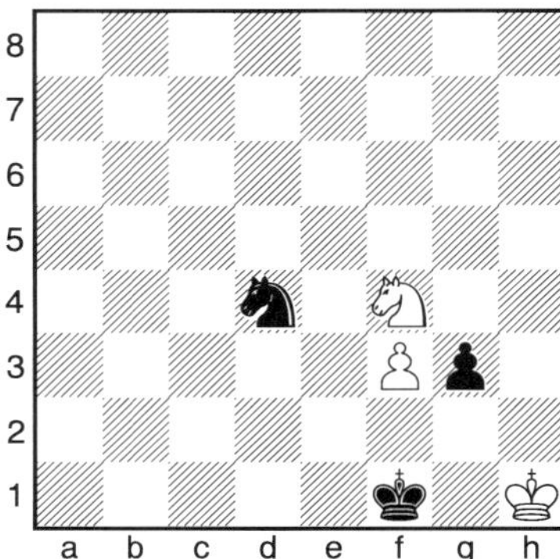

138.♘g2

Nach 138.♘h3 g2+ 139.♔h2 ♘xf3+ 140.♔g3 ♘g5−+ tritt wieder Reuben Fines Faustregel in Kraft: Im Endspiel '♘+♙ ↔ ♘' gewinnt ein vom König unterstützter Freibauer auf der 7. (bzw. 2.) Reihe immer – es sei denn, der Verteidiger verfügt über eine forcierte Remismöglichkeit.

138...♘f5 139.♘f4 ♘e3 140.♘h3 ♘d1 und **0-1** angesichts der Mattfolge 140...♘d1 141.f4 ♘f2+ 142.♘xf2 ♔xf2 143.f5 g2+ 144.♔h2 g1♕+ 145.♔h3 ♕g3#, M. Petrosyan – Kovalenko, Dubai 2015.

In Endspielen mit Türmen und Springern gilt oft das geflügelte Wort: Eine leichte Initiative wiegt schwer.

Beispiel 75

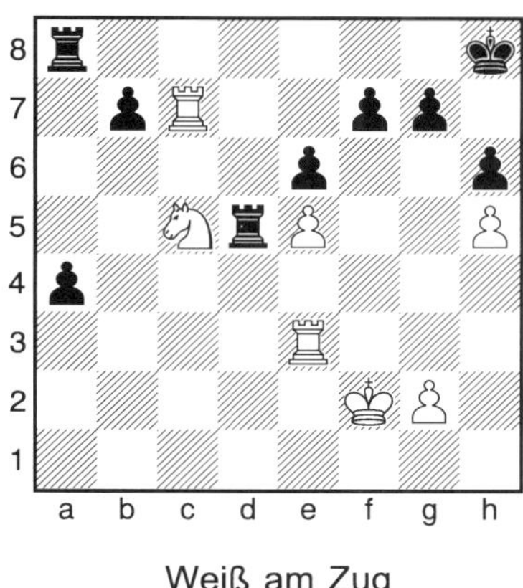

Weiß am Zug

Es leuchtet ein, dass Schwarz mit drei Bauern (davon zwei verbundene Freibauern mit Turmunterstützung) genügend Material für die abhanden gekommene bzw. geopferte Leichtfigur hat. Allerdings nahm Weiß mit **36.♘d7!** noch einen nicht ungiftigen Anlauf und wurde dafür nach dem höchst unnötigen Königszug **36...♔h7?**augenblicklich mit einer Gewinnstellung belohnt.

Besser war z.B. 36...b5 mit der möglichen Folge 37.♖f3 ♔g8 38.♘b6 ♖d2+ 39.♔e1 (39.♔g3 ♖f8=) 39...♖ad8 40.♖fxf7 ♖xg2=.

37.♖f3!

Eine nicht minder starke Alternative besteht in 37.♘b6 ♖d2+ 38.♔g3 ♖a6 39.♘d7 mit der Drohung ♖c8 und der möglichen Folge 39...♖c6 40.♖xb7 ♖cc2 41.♘f8+ ♔g8 42.♖b8! ♖xg2+ 43.♔f3 usw.

37...a3

Das verliert direkt, aber Schwarz war sowieso verloren; z.B. 37...♔g8 38.♘b6 ♖d2+ 39.♔g3 ♖f8 40.♖e7+−.

38.♖xf7 ♔h8

Auf 38...a2 folgt 39.♘f6+ ♔h8 40.♖xg7 a1♕ 41.♖h7#.

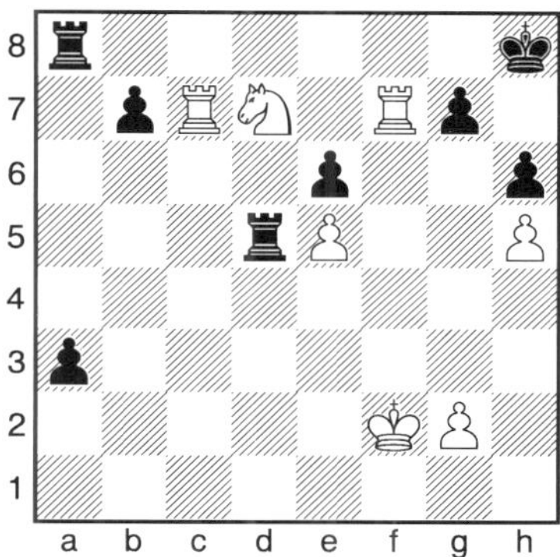

39.♘f8!

Nun greift der Springer mit entscheidender Wirkung in den Kampf ein.

Natürlich nicht 39.♖xb7? ♖xd7 40.♖bxd7 a2=.

39...a2 40.♘g6+ und **1-0** wegen 40...♔g8 41.♖xg7#, Firouzja – Gukesh, FIDE Candidates Toronto 2024.

Beispiel 76

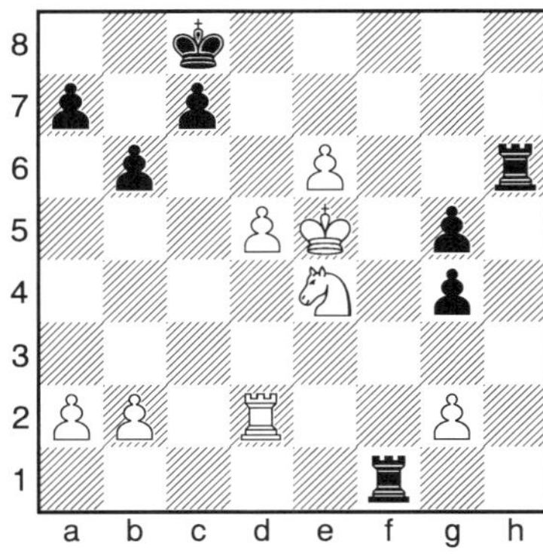

Weiß am Zug

Es ist klar, dass Weiß ungeachtet seiner Minusqualität dank seines von allen Figuren (inklusive König) unterstützten Zentrumsangriffs vollkommen auf Gewinn steht.

Und mit dem Vorstoß **35.d6!** wurde das gesamte in dieser Kraftzusammenballung schlummernde Potential schlagartig freigesetzt.

35...cxd6+

Nach 35...♖e1 stürmt mit 36.d7+ ♔d8 37.e7+! ♔xe7 38.d8♕+ nebst baldigem Matt der d-Bauer ans Ziel.

36.♘xd6+ ♔c7

Danach ist Schwarz direkt verloren.

Allerdings ist die Stellung auch nach dem zäheren 36...♔b8 auf Dauer nicht zu halten; z.B. 37.♖e2 ♖ff6 (37...♖h7 38.♘f5+-) 38.♔d5 g3 39.♖e5 ♖f2 40.e7 ♖d2+ 41.♔c4 ♖h8 42.e8♕+ ♖xe8 43.♖xe8+ ♔c7 44.♘b5+ ♔d7 45.♖e3+-.

37.♖c2+ und **1-0** wegen der Mattfolge 37...♔b8 38.♖c8# bzw. 37...♔d8 38.♖c8+ ♔e7 39.♖e8#, Abasov - Gelfand, Gabala 2023.

Beispiel 77

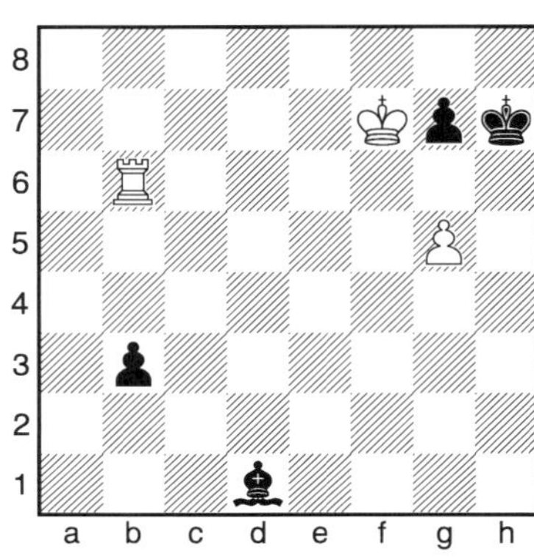

Weiß am Zug

In einer Blitzpartie kann es schon mal vorkommen, dass sogar ein absoluter Weltspitzenspieler ein zwangsläufiges Matt wie 65.♖h6+! gxh6 66.g6+ ♔h8 67.g7+ ♔h7 68.g8♕# übersieht.

Stattdessen geschah **65.g6+? ♔h6 66.♖b8 ♗c2 67.♖b6**

67.♖h8+ ♔g5 68.♔xg7 ♗xg6=

67...b2 68.♖xb2 ♗xg6+ mit Remisschluss nach 30 weiteren Zügen, Caruana - Sevian, Saint Louis 2023.

Beispiel 78

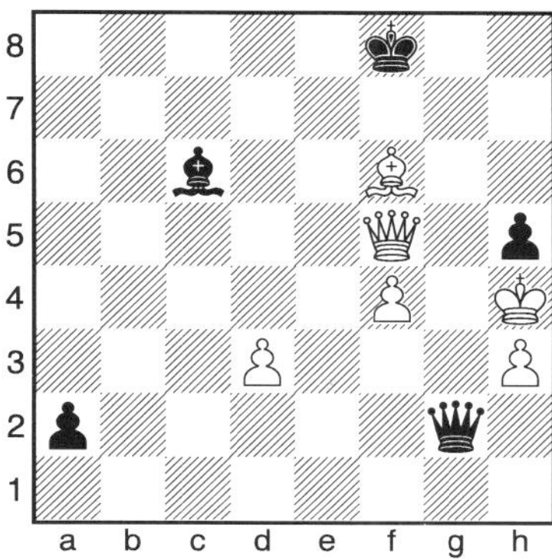

Schwarz am Zug

Nach dem fehlerhaften Rückzug **55...♗e8?** stellte sich der weiße Angriff als zu stark heraus.

Stattdessen hätte mit 55...♕d5! die Dame die Verteidigung unterstützen sollen; z.B. 56.♕h7 ♕d7 57.♕xh5 ♕d6 58.♕g5 ♗b5 59.f5 ♗xd3 60.♕g7+ ♔e8 61.♕g8+ ♔d7 62.♕d8+ ♔c6 63.♕xd6+ ♔xd6=.

56.♗d4+ ♗f7

Auch nach dem zäheren 56...♔e7 ist die Stellung nicht zu halten; z.B. 57.♕c5+ ♔d7 58.♕a7+ ♔d6 59.♗f6 ♕g6 60.♗e5+ ♔e6 61.♕xa2+ +−.

57.♕c5+ ♔e8 58.♕c8+ ♔e7 59.♗c5+ ♔f6 60.♕h8+ ♔f5

Nun wird Schwarz sogar matt gesetzt.

Nach 60...♔e6 würde Weiß mit 61.♕e5+ ♔d7 62.♕d6+ ♔c8 63.♕f8+ ♔c7 64.♕xf7+ ♔c6 65.♗d4+− den Läufer und somit auch die Partie gewinnen.

61.♕e5+ ♔g6 62.♗d4!

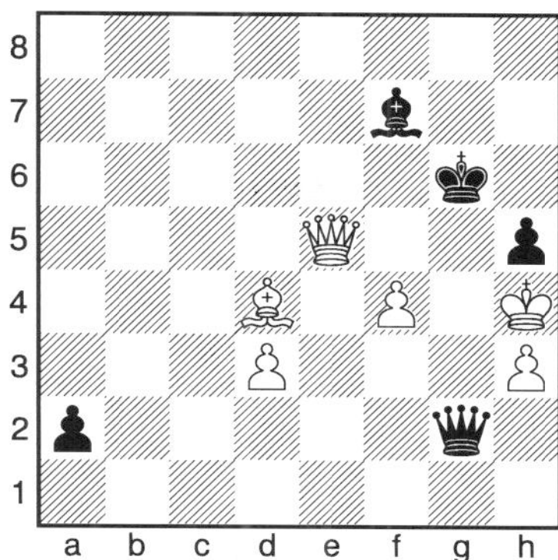

1-0 wegen der Mattfolge 62...♕c6 63.♕xh5# bzw. 62...♕f3 63.f5+! ♕xf5 64.♕g7#, Nepomniachtchi – So, Saint Louis 2023.

Beispiel 79

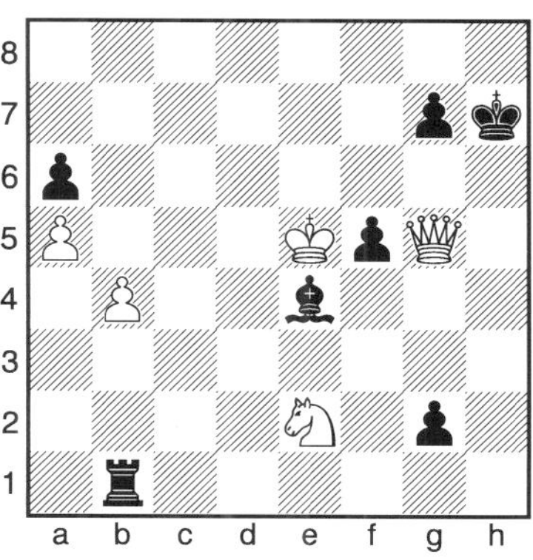

Weiß am Zug

Mit **52.♔e6!** griff der König entscheidend in den Angriff auf seinen schwarzen Kollegen ein.

52...♖xb4

52...♖h1 53.♔f7 ♗d5+ 54.♔f8 g6 55.♕f4 ♗e6 56.♕e5 ♔h6 57.♕xe6+−

Nun wird der gegnerische König mit präzisen Zügen an die gewünschte Stelle bugsiert.

53.♕h4+ ♔g8 54.♕d8+ ♔h7 55.♔f7 ♖b7+ 56.♔f8 f4 57.♕h4+ ♔g6 58.♘xf4+ ♔f5 59.♘xg2 g5

Auch mit dem zäheren 59...♗xg2 ist die Stellung nicht mehr zu halten; z.B. 60.♕f2+ ♔e6 61.♕xg2 ♖f7+ 62.♔g8 ♖f6 63.♔xg7 ♖f7+ 64.♔g8 ♖f6 65.♕g5 ♖f5 66.♕e3+ ♖e5 67.♕b6+ +−.

60.♘e3+ ♔f6 61.♕h6+ ♔e5

Auf 61...♗g6 folgt 62.♘d5+ ♔f5 63.♘e7+ +−.

62.♕xg5+ ♔d4 63.♕f4 ♖b5

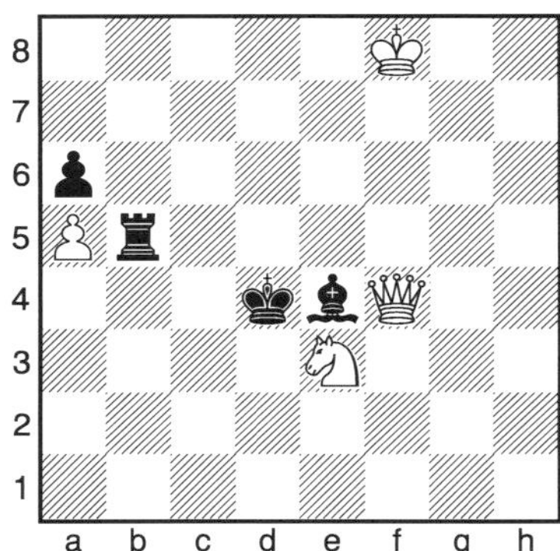

64.♔e7

Laut Zoran Petronijevic war der Gewinn mit 64.♘c2+ ♔d3 65.♘e1+ ♔d4 66.♘f3+ ♔d3 67.♕d2+ ♔c4 68.♕d4+ sogar etwas schneller zu erreichen.

64...♔d3 65.♘g4 ♗d5 66.♘e5+ ♔c3 67.♕e3+ ♔b4 68.♔d6 ♖xa5 69.♘d3+ ♔c4 70.♘b2+ ♔b4 71.♕d2+ und nach diesem weiteren präzisen Damenzug hieß es sogleich **1-0** angesichts der Mattfolge 71...♔b5 72.♕d4 (72.♕xd5+ +−) 72...♗h1 73.♕c5#, Erigaisi – Predke, Chennai 2023.

Beispiel 80

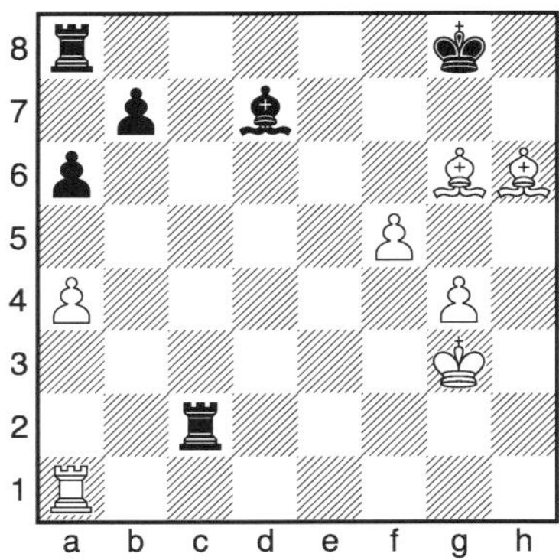

Weiß am Zug

Mit **33.♖e1!** greift der Turm mit entscheidender Wirkung in den Mattangriff ein, während dem eigenen König absolut nichts anzuhaben ist.

33...♖c6 34.♖e7 ♗e8 35.♗h7+ ♔h8 36.♗f4 ♖c5 37.f6

Schließlich sind nicht nur Figuren, sondern auch verbundene Freibauern an diesem Angriff beteiligt.

37...♗xa4 38.♗g6 ♖f8 39.g5 ♖c3+ 40.♔f2 ♗c2 41.♗xc2 ♖xc2+ 42.♔g3 ♖c5 43.♖xb7 ♖b5 44.♖a7

Natürlich nicht 44.♖xb5?? axb5 45.♗d6 ♖d8 46.♗e7 ♖a8=.

44...♔g8 45.♖g7+ ♔h8 46.♔g4

Durch die Hinzuziehung des Königs wird die Verteidigung endgültig überfordert.

46...a5 47.♗d6 ♖d8

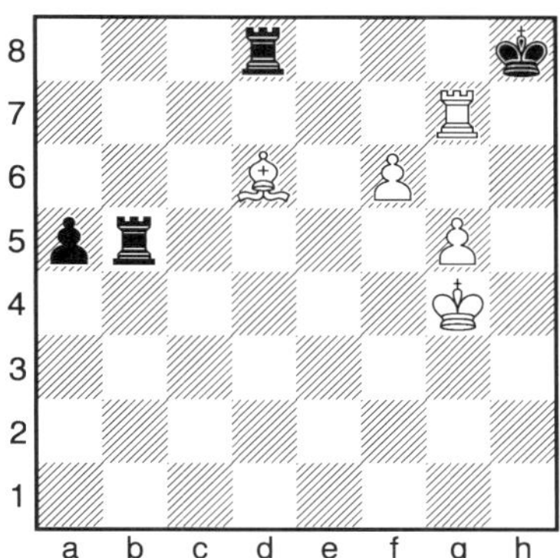

48.♗e7

48.g6! hätte nach 48...♖xd6 49.♖h7+ ♔g8 50.f7+ ♔f8 51.♖h8+ +− direkt gewonnen.

48...♖c8

Auf 48...♖g8 folgt 49.♖xg8+ ♔xg8 50.g6 ♖b4+ 51.♔f5 ♖b5+ 52.♔e6 ♖b6+ 53.♗d6+−.

49.♔h5

Der König dringt einfach immer weiter vor.

49...♖g8

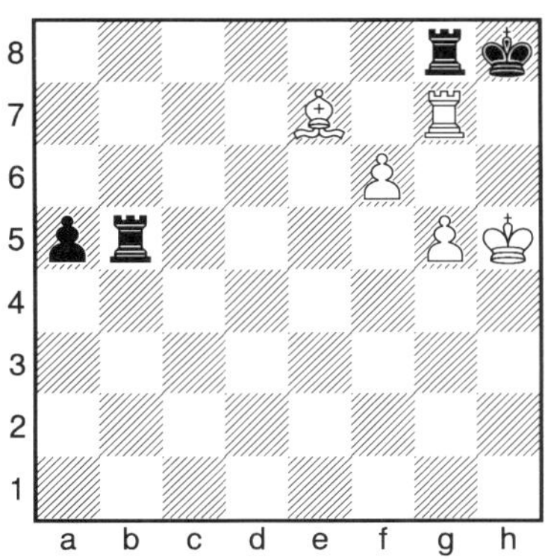

50.♖g6!

Denn 50.♖xg8+? wird mit 50...♔xg8 51.♔h6 ♖f5 52.g6 a4= pariert.

50...♖xg6 51.♔xg6 ♖b6 52.♔h6

Der König gibt den Weg für den Damenkandidaten frei.

52...a4 53.g6 ♖b1 54.f7 ♖h1+ 55.♔g5 ♖g1+ 56.♔h5 ♖h1+ 57.♔g4 ♖g1+ 58.♔h3 ♖f1

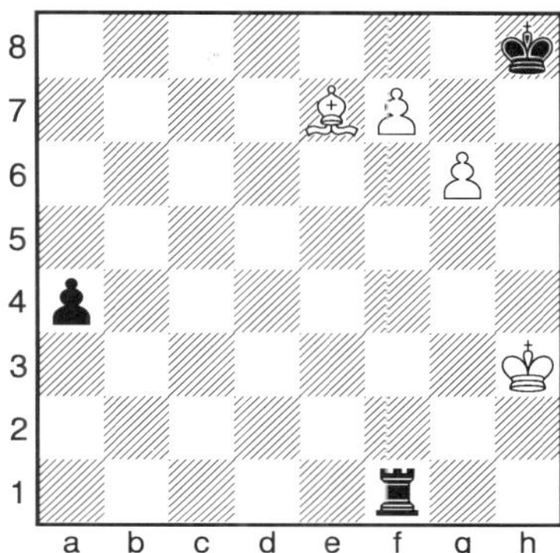

59.♗f8!!

Ein letzter Stolperstein bestand in 59.f8♕+?? ♖xf8 60.♗xf8 a3 61.♗xa3 ♔g7=.

59...♖g1 60.♗c5 und **1-0** angesichts der möglichen Folge 60...♖xg6 61.f8♕+ +− oder 60...♖f1 61.♗d4+ ♖f6 62.♗xf6#, Tabatabaei − Vitiugov, London 2023.

Kapitel 5

Verschiedene taktische Motive

In diesem Kapitel stellen wir Ihnen den gezielten Einsatz weiterer Taktikmotive vor, die einem speziell auch in der Endspiel-Praxis begegnen und mit deren Mechanismen man unbedingt vertraut sein sollte, wie z. B. Durchbruch, Pattrettung, Dauerschach, Bodycheck usw.

Der Ausdruck *Durchbruch* bezieht sich auf die gewaltsame Öffnung eines Bereichs, der mit herkömmlichen Mitteln nicht zu öffnen wäre. Mit einem Durchbruch zielt man auf einen konkreten Vorteil ab, beispielsweise auf Raumgewinn oder auch die Kontrolle über eine Linie oder Diagonale. Dieses Motiv geht zumeist mit einem Bauernopfer einher und gewinnt im Endspiel besondere Bedeutung, wenn eine Seite auf die Schaffung eines Freibauern abzielt, auf den Zutritt zu Schlüsselfeldern oder die Schwächung der gegnerischen Stellung.

Beispiel 81

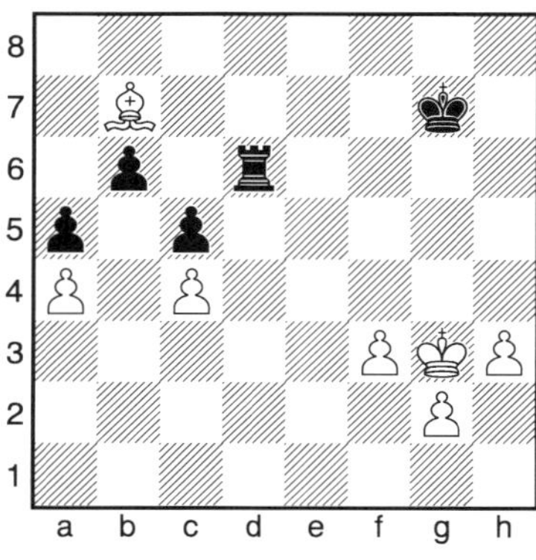

Schwarz am Zug

Statt des typischen Durchbruchs **62...b5!** hätte 62...♔f8? nicht zum Ziel führt, denn nach 63.♗a6= wäre das Thema ‚Durchbruch‘ vom Tisch und Schwarz könnte nicht mehr gewinnen.

63.cxb5

63.axb5 a4−+

63...c4 64.♗e4 c3 65.♔f4 ♖d2 und **0-1** angesichts der möglichen Folge 66.♔e5 c2 67.♗xc2 ♖xc2 68.♔d6 (68.b6 ♖b2−+) 68...♖c4 69.b6 ♖xa4 70.b7 ♖b4−+, Wojtaszek − Ding, Wijk aan Zee 2015.

Beispiel 82

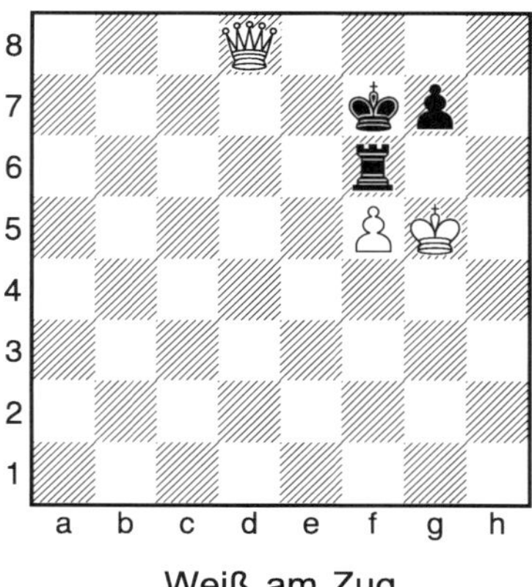

Weiß am Zug

Bekanntlich glaubt Magnus Carlsen nicht an Festungen, und im gegebenen Beispiel hätte er vollkommen recht, denn mit **106.♕xf6+! gxf6+ 107.♔h6!** erzwingt Weiß den Übergang in ein einfach gewonnenes Bauernendspiel.

107...♔f8 108.♔g6 ♔e7 109.♔g7 ♔e8 110.♔xf6 ♔f8 111.♔e6 ♔e8 112.f6 ♔f8 113.f7 und **1-0** wegen 113...♔g7 114.♔e7+–, Krasteva – Lahav, Chennai 2022.

Beispiel 83

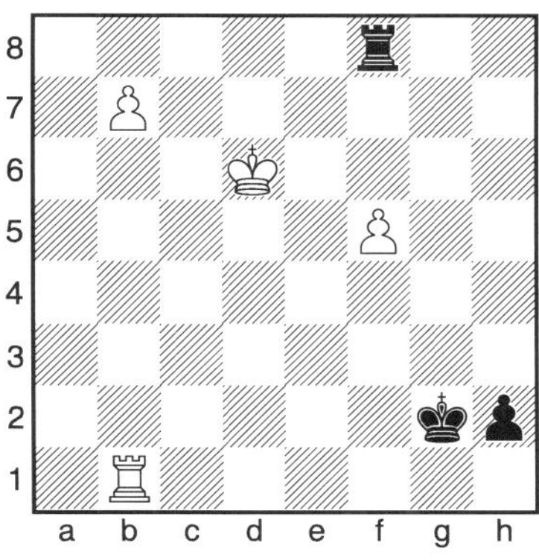

Weiß am Zug

Im Endspiel sind Geduld und Präzision erforderlich und genau daran ließ Weiß es bei seinem überstürzten Ansatz **76.f6?** fehlen.

– Auch 76.♔e7? ♖b8 77.f6 ♖xb7+ 78.♖xb7 h1♕= wäre verfehlt.

– Zum Gewinn führte hingegen 76.♖b2+! (oder auch 76.♔c7+–) mit der möglichen Folge 76...♔g3 77.♖xh2! ♔xh2 78.♔c7 ♖f7+ 79.♔b6 ♖f6+ 80.♔a7 ♖f7 81.♔a8 ♖xf5 82.b8♕+ +–

76...♖xf6+ 77.♔e7 ♖f1

Auch 77...h1♕ führt nach 78.♖xh1 ♖b6= oder 78.b8♕ ♕h4 79.♕b7+ ♖f3+ 80.♔e8= zum Remis.

78.♖b2+ ♖f2 79.b8♕

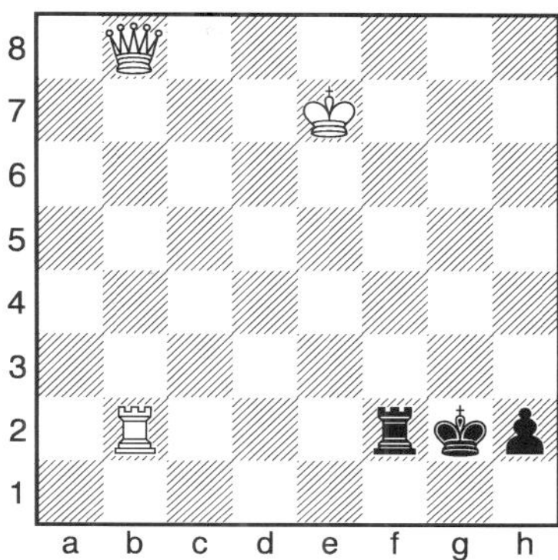

79...♖xb2!

Natürlich nicht 79...h1♕?? 80.♕a8+

– 80...♔g3 81.♕g8+ ♔h3 82.♖xf2 ♕e1+ 83.♕e6+ +–

– 80...♔g1 81.♖b1+ ♖f1 82.♖xf1+ ♔xf1 83.♕xh1+ +–

80.♕xb2+ ♔g1

Da sich der weiße König nun außerhalb der Gewinnzone befindet, endete die Partie nach wenigen Zügen remis, De Gondo – Michaelides, Chennai 2022.

Beispiel 84

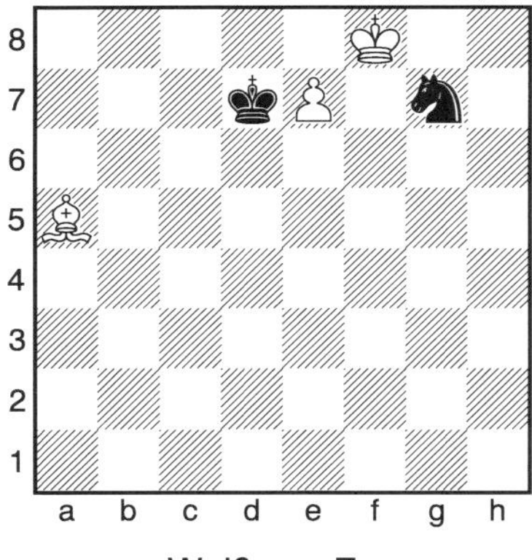

Weiß am Zug

Hier geht es offenbar um die Frage, ob Schwarz durch gezielten Läufereinsatz in Zugzwang gebracht werden kann.

110.♗b4?

So funktioniert es allerdings nicht, weil jetzt der Springer ins Freie gelangt.

Nach dem richtigen Vorgehen 110.♔f7! ♘e8 111.♗b4 ♘c7 112.♗c3 ♘e8 113.♗e5+– wird Schwarz dominiert und Zugzwang entscheidet die Angelegenheit zu Gunsten von Weiß.

110...♘e6+ 111.♔f7

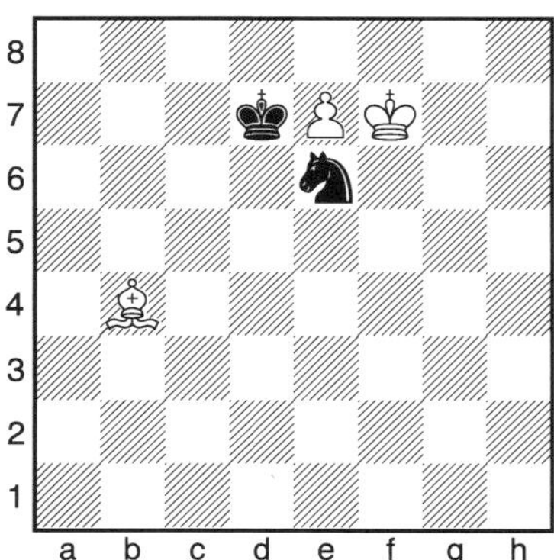

111...♘d8+!

Mit diesem bekannten taktischen Trick, den man sich merken sollte, kann Schwarz sich retten.

112.♔f8 ♘e6+ 113.♔g8 ♔e8 114.♗d6 ♘d4

114...♘d8!? 115.♔g7 ♘c6=

115.♗c5 ♘f5 116.♗b4 ♘xe7+ 117.♗xe7 ♔xe7 ½-½, Hakimifard – Vanduyfhuys, Chennai 2022

Beispiel 85

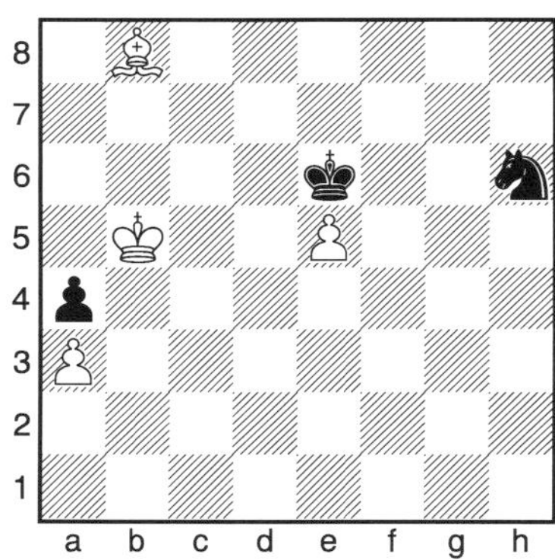

Schwarz am Zug

Hier geht es darum, dass Weiß angesichts des ‚falschen' Randbauern nicht gewinnen könnte, wenn es Schwarz gelingt, den Springer für den e-Bauern zu opfern und mit dem König das Eckfeld a8 zu erreichen.

89...♘f7?

Nach diesem Fehler gewinnt Weiß auch mit dem ‚falschen' Randbauern.

Mit 89...♔d5! war die Partie zu retten; z.B. 90.♔xa4 ♔c6 91.e6 ♘f5 92.♔b4

♘d4 93.e7 ♔d7 94.♗d6 ♘c6+ 95.♔b5 ♘xe7 96.♗xe7 und jetzt natürlich nicht 96...♔xe7?? 97.♔c6 ♔d8 98.♔b7+-, sondern 96...♔c7! 97.♔a6 ♔b8=.

90.♔xa4 ♔d7

90...♘xe5 91.♗xe5

1) 91...♔d7 92.♔b5 ♔c8 93.♔c6+-

2) 91...♔xe5 92.♔b5 ♔d6 93.♔b6 ♔d7 94.♔b7 ♔d6 95.a4 ♔c5 96.a5 ♔b5 97.a6+-

91.♔b5

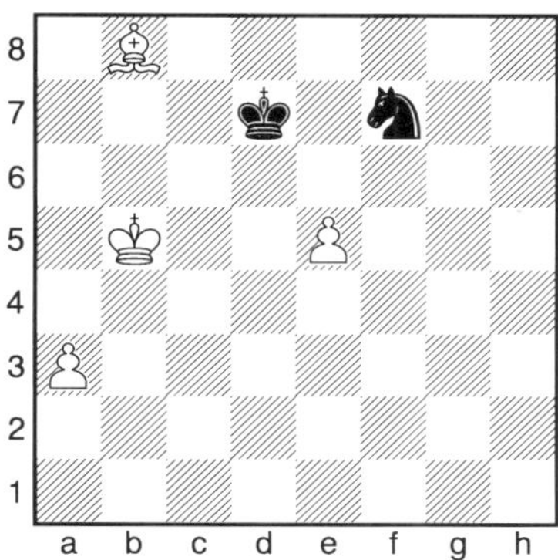

91...♘d8

Auf 91...♔c8 gewinnt 92.e6 mit folgenden Abspielen:

1) 92...♘g5 93.e7 ♔d7 94.a4 ♘e6 95.a5 ♘d4+ 96.♔b6 ♘c6 97.e8♕+! ♔xe8 98.♔xc6+-

2) 92...♘h6

a) 93.e7? ♔d7 94.♗d6 ♘f5 95.♗c5 ♘xe7 96.♗xe7 ♔c7!=

b) 93.♗f4! ♘f5 94.♗e5 ♔d8 95.♗f6+ ♔c8 96.♔c6 ♔b8 97.a4 ♔a7 98.♔d5 ♔b6 99.♔e5+-

92.♔b6 ♔c8 93.♗d6 ♘e6 94.a4 ♘f4 95.a5 ♘d5+ 96.♔c5 ♘f4 97.a6 ♘e6+ 98.♔b6 ♘f4 99.a7 ♘d5+ 100.♔a6 1-0, Zhemba - Isam, Chennai 2022

Beispiel 86

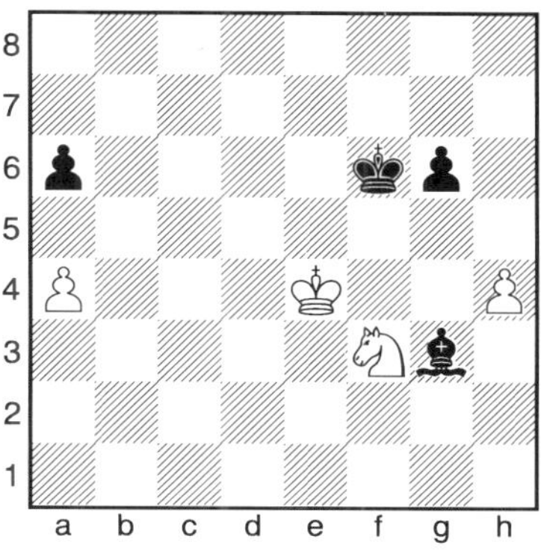

Weiß am Zug

Dieses Beispiel ist thematisch gewissermaßen mit dem vorherigen verwandt, denn wieder geht es um einen eventuell verbleibenden Randfreibauern, der quasi nicht mit dem vorhandenen Läufer kompatibel ist.

63.h5?

Allerdings ist dieses Herangehen hier verfehlt, da der Springer nicht in der Lage sein wird, sich rechtzeitig für den a-Bauern zu opfern.

Zum Remis führte 63.♘d4! mit der möglichen Folge 63...♗xh4 64.a5 g5 65.♔f3 ♔e5 66.♘c6+ ♔d6 67.♘b8 ♔c5 68.♘xa6+ ♔b5 69.♘c7+ =.

63...gxh5 64.♘d4 ♗c7 65.♘b3

Auch 65.♘c2 hilft nicht wegen 65...♔g5 66.♘b4 ♔g4 67.♘xa6 h4 68.♘xc7 h3-+.

65...♗d6 66.♘d4 h4 67.♔f3 h3 68.♘b5

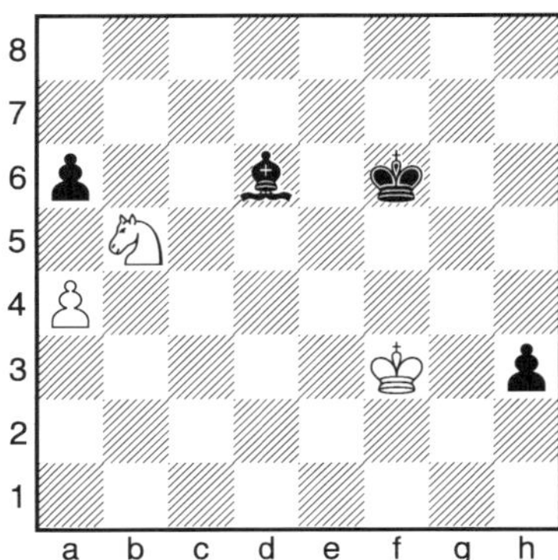

68...♗e5!

Auf keinen Fall 68...axb5?, denn darauf führt 69.axb5 ♗c7 70.♔f2 ♗h2 71.b6 ♔f5 72.b7 ♔g4 73.b8♕! ♗xb8 74.♔g1 zu einem theoretischen Remis.

69.♘a7 ♔e6 70.♘c6 ♗d6 71.♘d4+ ♔d5 72.♘f5 ♔c5 73.a5 ♗c7 74.♘e3 ♔b5 75.♘d5 ♗b8 76.♘e7 ♗c7 77.♘d5 ♗e5

77...♗xa5!? 78.♔g3 ♔c4 79.♘e3+ ♔b3 80.♔xh3 ♗c3–+ gewinnt ebenfalls.

78.♘e3 ♗d6 79.♘f5 ♗c7 80.♘e7 ♔xa5 81.♘d5 ♗d6 82.♔f2 ♔a4 83.♔g1 ♔b3

Für diese Distanz, mit der der König hier den Springer dominiert (auf einer Diagonale mit einem Feld Abstand), gibt es in der Fachsprache den etwas sperrigen Ausdruck ‚Springerschachschatten', weil der König vor einem störenden Springerschach sicher ist.

84.♔h1 a5 85.♘b6 ♗c5 86.♘d7 ♗d4 87.♘b8 a4 88.♘c6 ♗c3 89.♘a7 a3 90.♘b5 a2 0-1, Terbe – Mungunzul, Chennai 2022

Beispiel 87

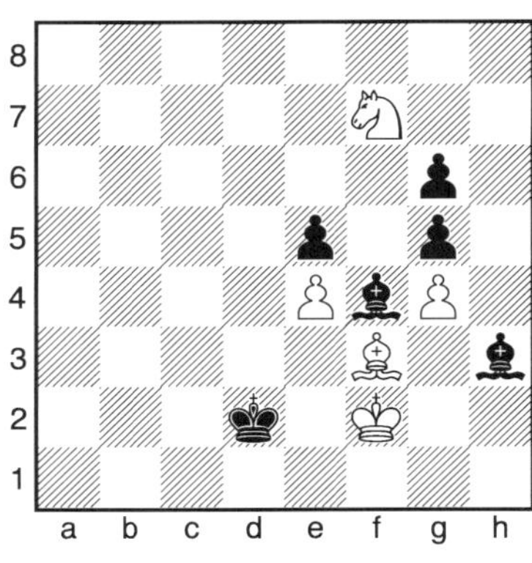

Weiß am Zug

Offenbar ist Weiß sich der Gefahr für den König nicht bewusst, denn das Spiel auf Materialausgleich **83.♘h8?** führt zwangsläufig zum Verlust.

Nach 83.♗e2! kann die weißfeldrige Festung nicht geknackt werden, wie aus folgenden Abspielen hervorgeht:

1) 83...♗g2 84.♗f3 ♗xf3 85.♔xf3 ♔d3 86.♘h8=

2) 83...♗e3+ 84.♔f3!

a) 84...♗g2+ 85.♔xg2 ♔xe2 86.♘xe5=

b) 84...♗xg4+ 85.♔xg4 ♔xe2 86.♘xe5=

83...♗e3+ 84.♔g3 ♗f1

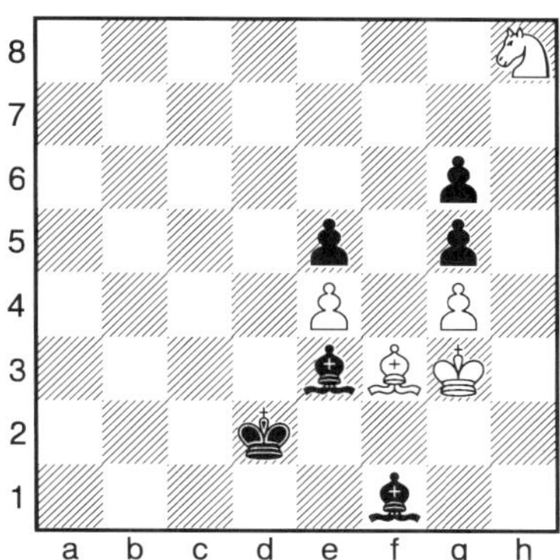

85.♘xg6

Auch 85.♘f7 bietet nach 85...♔e1 86.♗g2 ♗f4+ 87.♔h3 ♗d3 88.♘h8 ♔f2 89.♘xg6 ♗e2 keine Rettung mehr:

1) 90.♘f8 ♗f3 91.♗xf3 ♔xf3 92.♘d7 ♔xe4–+

2) 90.♘xf4 exf4 91.e5 f3 92.♗h1 ♔g1 93.♔g3 f2 94.♗g2 f1♕ 95.♗xf1 ♔xf1 96.e6 ♔g1 97.e7 ♗b5 98.♔f3 ♔h2 99.♔e4 ♔g3 100.♔f5 ♔h4–+

85...♚e1

Der König ist eingedrungen und der Rest ist nur noch eine Frage der Technik.

86.♗g2 ♝c4 87.♔h3 ♝f4 88.♘e7 ♚e2 89.♘d5 ♚f2 90.♘c3 ♚e3 91.♘d1+ ♚d2 92.♘f2 ♚e2 93.♘h1 ♝d3 94.♘g3+ ♝xg3 95.♔xg3 ♚e3 96.♗f3 ♝xe4 97.♗d1 ♝d3 98.♗f3 ♚d2 99.♔f2 e4 100.♗xe4 ♝xe4 101.♔g3 ♚e3 102.♔h2 ♚f4 103.♔h3 ♝d5 0-1, Saidova – Sachdev, Chennai 2022

Beispiel 88

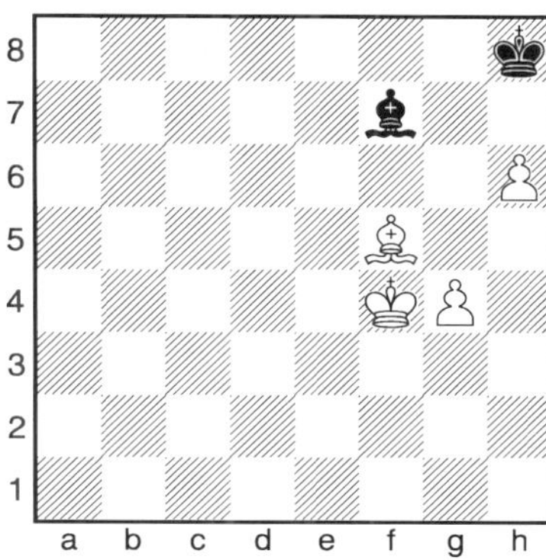

Schwarz am Zug

Hier spielt das Motiv des ‚falschen Randbauern' sogar bei noch *zwei* weißen Bauern die Hauptrolle.

64...♝h5 65.g5!

So wäre 65.gxh5??= ein schrecklicher Fehler, schließlich sind *zwei* falsche Randbauern letztlich genauso nutzlos wie ein einzelnes Exemplar. (Und strenggenommen würde dies sogar für das theoretisch denkbare Maximum von *sechs* falschen Randbauern gelten.)

65...♚g8 66.♗e6+ ♚h7 67.♔f5 ♝g6+ 68.♔f6

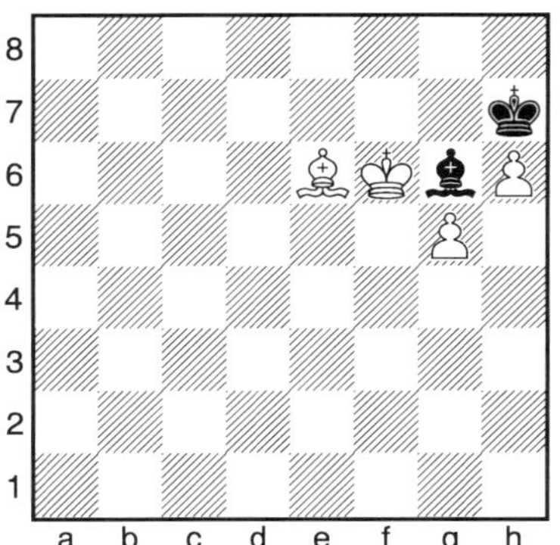

68...♔h8!?

Schwarz versucht noch einen letzten Trick.

69.♗d7

Natürlich nicht 69.♔xg6?? patt!

69...♗h5 70.♗c6 ♔h7 71.♗d5 ♗g6

71...♗e8 72.♗f7+-

72.♗g8+! und **1-0** wegen 72...♔xg8 73.♔xg6 ♔h8 74.♔f7 ♔h7 75.g6+ +-, Carlsen – Kramnik, Moskau 2013.

Beispiel 89

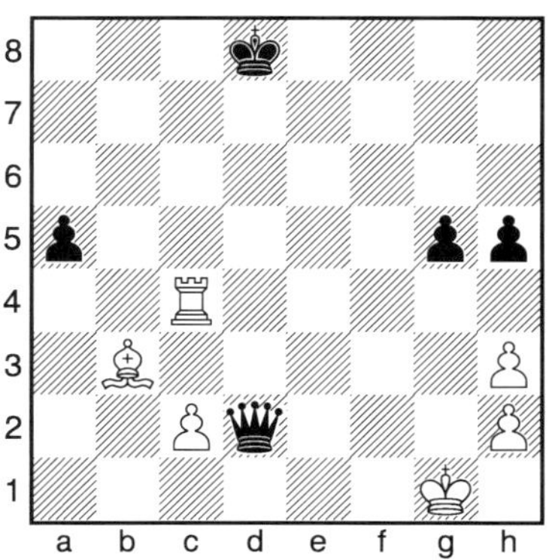

Schwarz am Zug

Auch bei diesem Beispiel sei noch einmal an Magnus Carlsens Unglauben bezüglich der Existenz von *Festungen* erinnert sein.

48...g4!

Auch die Zugumstellung 48...♕e3+ 49.♔g2 g4 50.hxg4 h4 führt zum Ziel.

49.hxg4 h4! und **0-1**, denn der nach h3 strebende h-Bauern verleiht dem Angriff die entscheidende Durchschlagskraft, um auch diese vermeintliche *Festung* aus den Angeln zu heben, Howell – Bacrot, Antwerpen 2009.

Beispiel 90

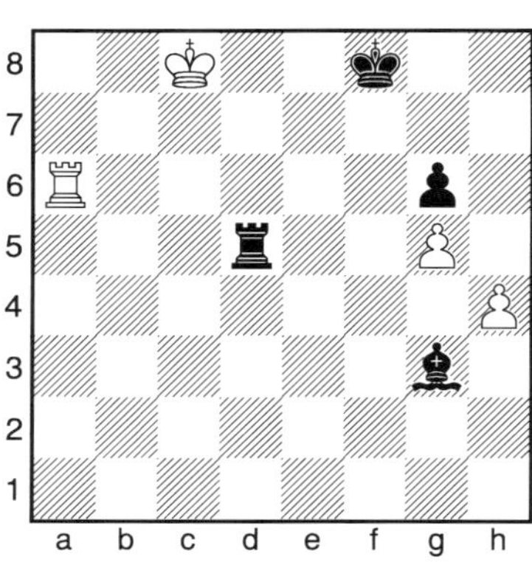

Schwarz am Zug

Hier muss Schwarz zwecks Gewinn seinen letzten Bauern am Leben erhalten.

78...♖d6?

So allerdings nicht, denn nun kann der weiße König mit Siebenmeilenstiefeln in seine angestammte Residenz zurückeilen.

Zum Gewinn führte 78...♔f7! mit der möglichen Folge 79.♖a7+ ♔e6 80.♖g7 (80.♖a6+ ♖d6–+) 80...♔f5 81.♖f7+ ♔g4 82.♖g7 (82.♖f6 ♖d6–+) 82...♖d6 83.♖h7 ♗xh4–+.

79.♖xd6 ♗xd6 80.♔d7! ♗g3 81.♔e6 ♔g7

81...♗xh4 82.♔f6=

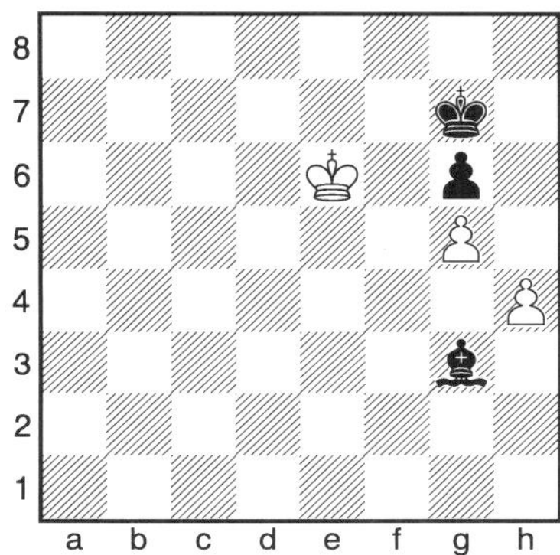

82.h5!

Und nach diesem rettenden Bauernopfer sind wir wieder beim Thema ‚falscher Randbauer' angelangt.

82...gxh5 83.♔f5 ♗c7 84.g6 ♔h6

84...h4 85.♔g4 ♗g3 86.♔h3=

85.g7 ♔xg7 86.♔g5 ½-½, Burg – Peralta, Wijk aan Zee 2013

Beispiel 91

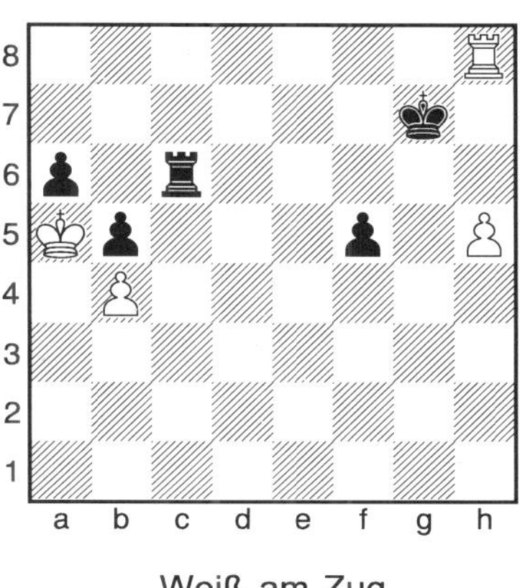

Weiß am Zug

Hier sticht zuerst die Pattsituation des weißen Königs ins Auge und tatsächlich wollte Weiß diese mit dem Turmopfer **47.♖h6?** zu seiner Rettung nutzen. Um es vorwegzunehmen: Mit **47...♖f6!** konnte Schwarz das Angebot auch dankend ablehnen; **0-1** wegen 48.♖xf6 ♔xf6 49.h6 f4, Dusthageer – Sethuraman, Indien 2014.

Korrekterweise musste Weiß zuerst seinen h-Bauern loswerden und erst danach den sinnvoll suizidalen Desperado-Turm ins Remis-Rennen schicken; z.B. 47.♖d8!

1) 47...f4 48.h6+ ♔h7 49.♖d7+ ♔xh6 50.♖d6+ ♖xd6 patt

2) 47...♖f6 48.h6+

a) 48...♔xh6 49.♖h8+ ♔g5 50.♖g8+ ♖g6 51.♖f8 ♖g7 52.♔xa6 f4 53.♔xb5=

b) 48...♔h7 49.♖d6 ♖xh6 50.♖d7+ ♔g6 51.♖g7+ ♔h5 52.♖g5+ = (Baburin in Chess Today 4945)

Beispiel 92

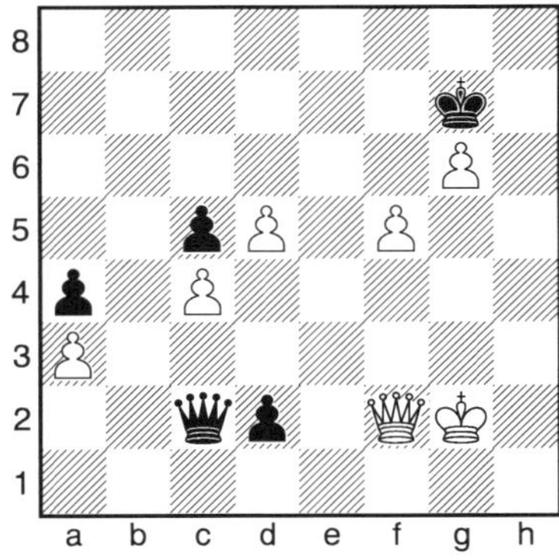

Weiß am Zug

Da die Geburt einer zweiten schwarzen Dame nicht mehr zu verhindern ist, bleibt Weiß nur die Möglichkeit, mit **47.f6+!** seine Bauern loszuwerden, um den gegnerischen König für einen Dauerschachangriff erreichbar zu machen.

47...♔xg6 48.♕g3+!

48.f7? d1♕ 49.f8♕ ♕g4+ 50.♔h2 ♕h4+ 51.♔g2 ♕ce4+ 52.♕8f3 ♕hg4+ 53.♕2g3?! ♕exf3+ −+

48...♔xf6 49.♕d6+ ♔g5

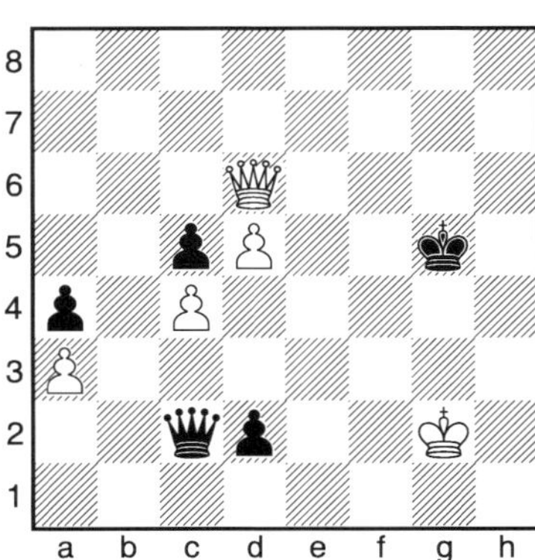

50.♕g3+!

Das einzig richtige Schach, denn 50.♕e5+? ♕f5 51.♕e3+ ♕f4 52.♕e7+ ♔g4 53.♕e6+ ♔h4 54.♕e7+ ♕g5+ −+ führt zum Damentausch und somit zum Verlust.

50...♔h6

50...♔f5 51.♕h3+ ♔e5 52.♕h8+ ♔f4 53.♕h6+ ♔g4 54.♕g7+ ♔h5 55.♕e5+ =

51.♕f4+ ♔g6 ½-½, Mamedov – Onischuk, Antalya 2013

Beispiel 93

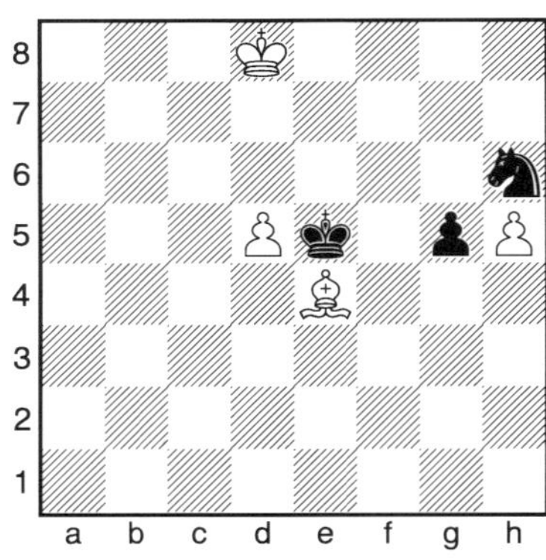

Weiß am Zug

Bei energischem Spiel sind die beiden weißen Freibauern so stark, dass man mit **65.♔e7!** auf den Läufer verzichten kann.

65.♔e8! gewinnt ebenfalls, wie aus folgenden Varianten hervorgeht:

1) 65...g4 66.♗g2+−

2) 65...♔xe4 66.d6 ♘g4 67.h6 ♘f6+ 68.♔e7 ♘d5+ 69.♔f7+− Springerschachschatten (siehe Beispiel 86)

3) 65...♔d6 66.♔f8 g4 67.♔g7 ♔e5 68.♗h1 (68.♔xh6? ♔xe4=) 68...♘f5+ 69.♔f7 g3 70.♗g2 ♘h4 71.h6 ♘xg2 72.h7 ♘f4 73.h8♕+ ♔xd5 74.♕h7 g2 75.♕f5+ +−

65...♔xe4 66.d6 ♘f5+

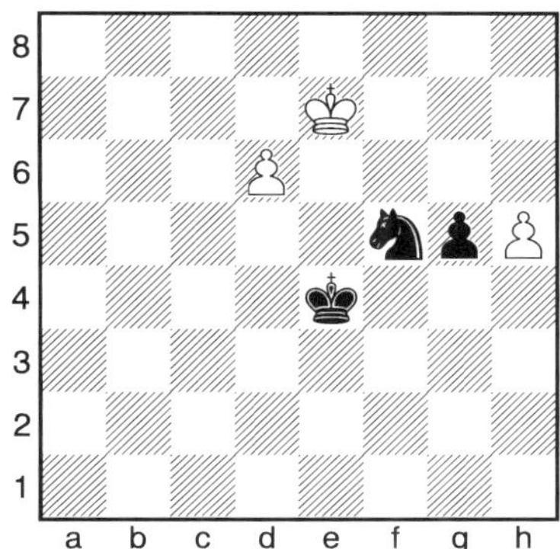

67.♔f6!

Das ist das einzig richtige Feld, denn 67.♔f8? führt nach 67...♘xd6 68.h6 g4 69.h7 g3 70.h8♕ g2 71.♕h2 ♔f3 zum Remis.

67...♘xd6

67...g4 68.d7 g3 69.d8♕ ♘e3 (69...g2 70.♕a8+ +−) 70.h6 g2 71.♕g8 ♔f3 72.h7 ♘g4+ 73.♕xg4+ ♔xg4 74.h8♕ g1♕ 75.♕g7+ +−

68.h6

Jetzt ist dieser Bauer nicht mehr zu stoppen.

68...g4

Nach 68...♘e8+ kann Weiß sogar 69.♔xg5 ♘d6 70.♔g6+− mit Dominanz spielen.

69.h7 ♔f3

69...♘e8+ 70.♔g6+−

70.h8♕

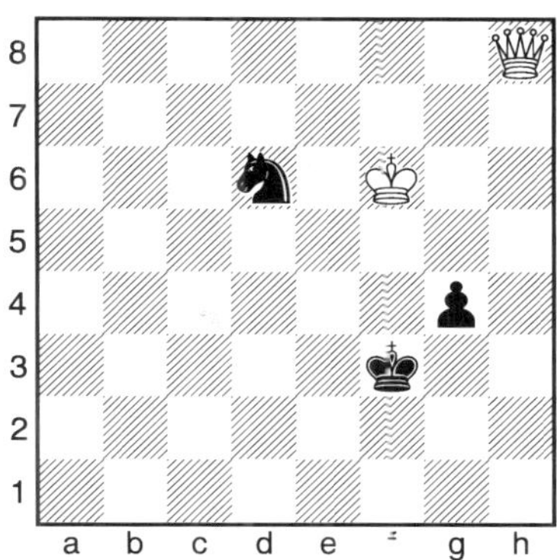

70...♘e4+

Nach 70...g3 71.♕h5+ ♔f2 72.♕c5+ ♔f1 73.♕xd6 g2 74.♕f4+ gewinnt die Damenpartei, denn gegen einen Springerbauern ist es ganz egal, wie weit ihr Gemahl vom Schuss ist: 74...♔e2 75.♕g3 ♔f1 76.♕f3+ ♔g1 77.♔g5 ♔h2 78.♔h4 g1♕ 79.♕h3#.

71.♔e5 ♘f2 72.♕a8+ 1-0, Blübaum – Tabatt, Osterburg 2012

Bodycheck (oder zu Deutsch: Abdrängung) ist ein technischer Kniff im Endspiel, bei dem ein König dem des Gegners den Zugang zu wichtigen Feldern verwehrt.

Beispiel 94

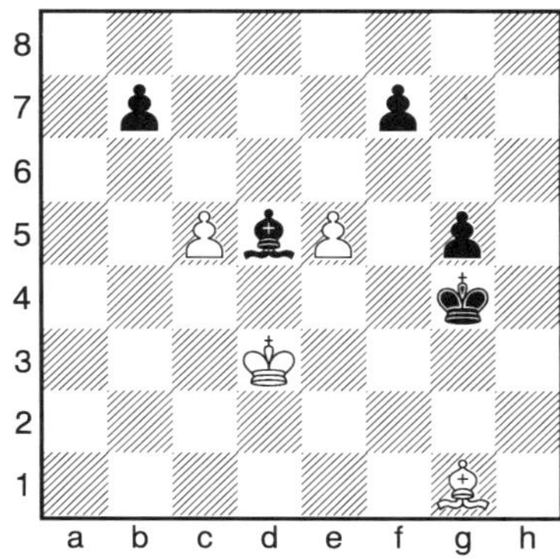

Schwarz am Zug

58...♔f3!

Mit diesem entscheidenden Bodycheck hindert Schwarz den gegnerischen König daran, sich über e2 dem Feld g1 anzunähern, um den Läufer bei der Blockade des Einzugsfeldes des schwarzen g-Bauern zu unterstützen.

59.♔d2 g4 60.♗d4 g3 61.♔e1 ♗c4 62.e6

62.♔d2 ♔g2 63.e6 ♗xe6 64.♗e5 ♔f2-+

62...♗xe6 63.♗f6 ♗c4

63...g2 gewinnt ebenfalls, weil Weiß nach 64.♗d4 f5 65.♗g1 ♔g3 66.♔e2 f4 67.♔e1 f3-+ in Zugzwang gerät.

64.♔d2 ♔f2 65.♗h4 f5 66.♔c3

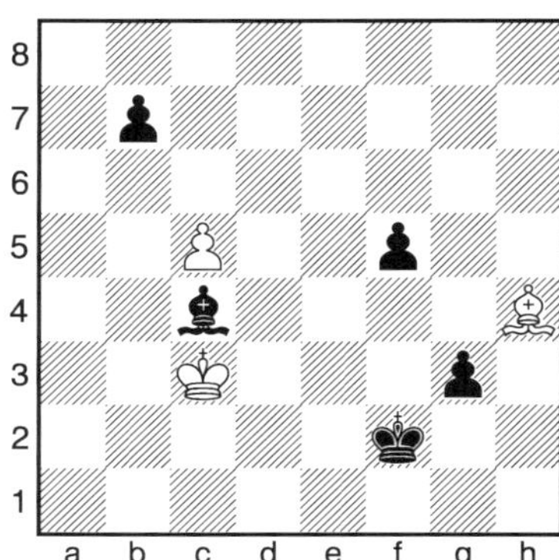

66...f4!

Mittlerweile wird der Läufer nicht mehr gebraucht.

67.♔xc4 ♔e2 und **0-1**, wegen der möglichen Folge 68.♗f6 g2 69.♗d4 f3 70.♔b5 f2 71.♗xf2 ♔xf2 72.♔b6 g1♕ 73.♔xb7 ♕g7+ 74.♔b6 ♕d4 75.♔b5 ♔e3 76.c6 ♕a7-+, Giri - Kramnik, Rapid Monaco 2011.

Beispiel 95

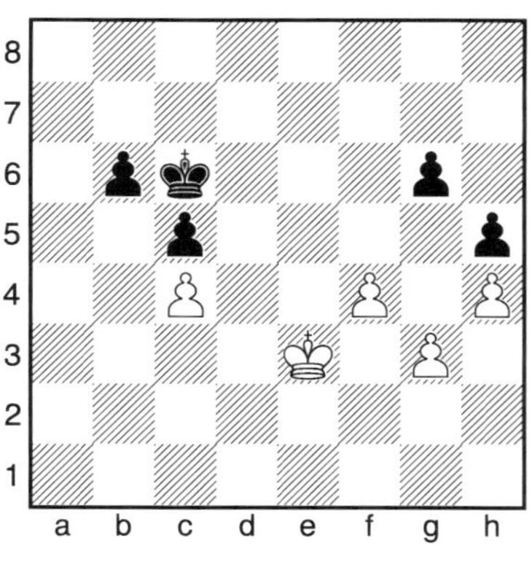

Weiß am Zug

Mit dem Durchbruch **56.g4!** verschafft Weiß sich einen entscheidenden Freibauern.

56...♔d6

Nach 56...hxg4 57.f5 ♔d6 58.fxg6 ♔e6 59.♔f4 und dem Wettrennen 59...b5 60.cxb5 c4 61.g7 ♔f7 62.b6 c3 63.b7 c2 entscheidet das Lenkungsopfer 64.g8♕+ ♔xg8, mit dem sichergestellt wird, dass 65.b8♕+ mit Schach erfolgt.

57.gxh5 gxh5 58.♔e4 ♔e7 59.♔e5 ♔f7 60.f5 ♔e7 61.f6+ ♔f7 62.♔f5 1-0, Anand - Nakamura, (Blitz) Zürich 2015.

Beispiel 96

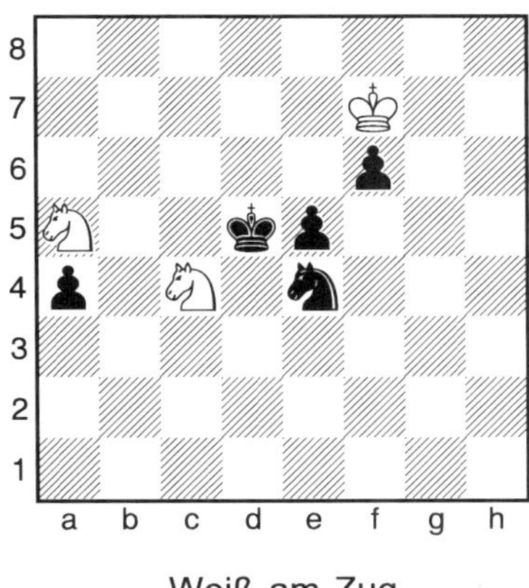

Weiß am Zug

Auf den ersten Blick steht Weiß auf Verlust, aber nach genauerem Hinsehen fand er eine forcierte Möglichkeit, unter Opfer beider Springer sämtliche gegnerischen Bauern zu eliminieren.

65.♘b6+! ♔c5 66.♘xa4+ ♔b5 67.♘b2 ♔xa5 68.♘c4+ ♔b4

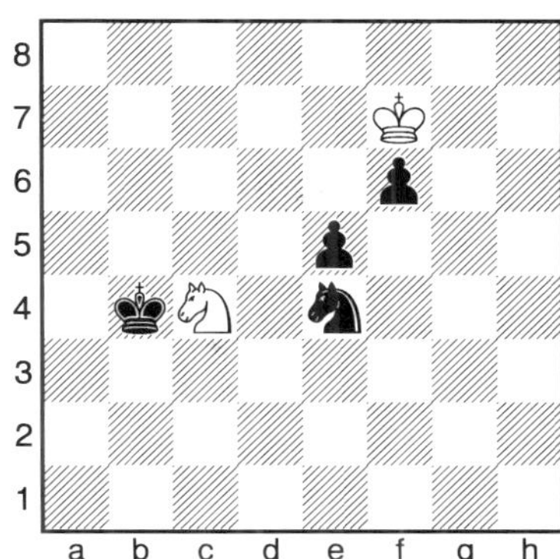

69.♘xe5! fxe5 70.♔e6 ♘d6 71.♔xe5 ½-½, Korobov - Le, Khanty-Mansiysk 2019

Beispiel 97

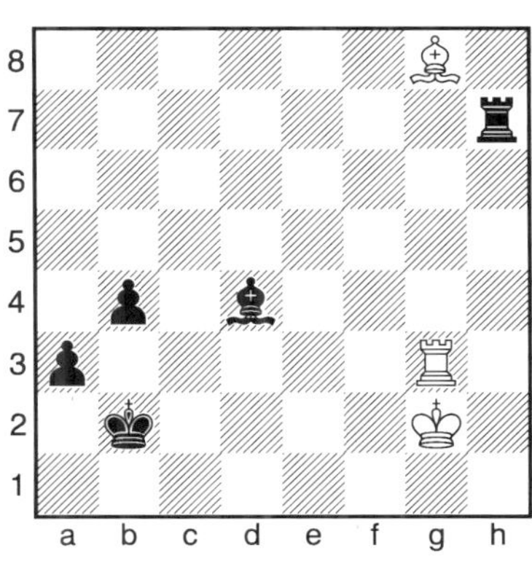

Weiß am Zug

Bei diesem Beispiel verschenkte Weiß einen halben Punkt, weil er gleich zu Beginn ein rettendes Zwischenschach vergaß.

63.♗xh7?

Mit der Feinheit 63.♖b3+! war das Endspiel zu retten, wie aus folgenden Varianten hervorgeht:

1) 63...♔c2 64.♖xa3! bxa3 65.♗xh7+ ♔b2 66.♗g8=

2) 63...♔c1 64.♗xh7 a2 65.♖xb4 a1♕ 66.♖b1+ ♕xb1 67.♗xb1=

63...a2 64.♖d3 a1♕ 65.♖xd4 b3 66.♗e4 ♕e1 67.♔f3 ♔c3 68.♖d3+ ♔c4 69.♖d7 ♕h1+ 70.♔f4 ♕h2+ 71.♔g4 ♕g1+ 72.♔f5 ♕c5+ 73.♔g4 b2 74.♖d1 ♕e5 75.♗d3+ ♔c3 0-1, Artemiev – Ding, Internet 2022

Je weniger Figuren auf dem Schachbrett unterwegs sind, desto größer ist die Wahrscheinlichkeit, dass es zu einem Patt kommt. Dem Motiv 'Patt-Rettung' (häufig auch in der Form einer 'Patt-Falle') kommt im Endspiel sehr große und oft sogar entscheidende Bedeutung zu, wenn eine Seite in eine kritische Lage gerät.

Bei dem mit ‚Desperado-Turm' bezeichneten Sonderfall geht es darum, eine letzte noch bewegungsfähige Figur (in diesem Fall einen Turm) durch oft über mehrere Züge wiederholte Opferangebote ‚loszuwerden' und so ein Patt zu erreichen.

Beispiel 98

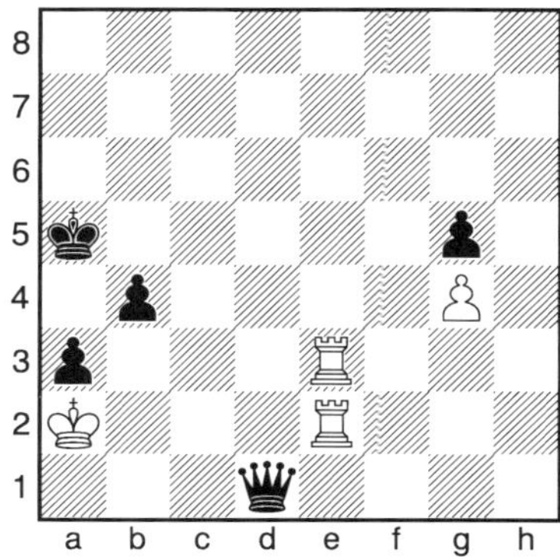

Weiß am Zug

Hier müsste Weiß offenbar beide Türme loswerden, um ein Remis durch Pattsetzung zu erreichen. Zu diesem Zweck ist **80.♖e5+!** der richtige Auftakt.

Der ehrgeizige Versuch, nach 80.♖e6? mit ♖1e5+ usw. mattzusetzen, scheitert an 80...♕d5+ 81.♔b1 ♕b3+ 82.♔a1 ♕c4 83.♔b1 ♕xg4–+, denn nun könnte der schwarze König auf Schachgebote nach b3 entkommen.

80...♔a4

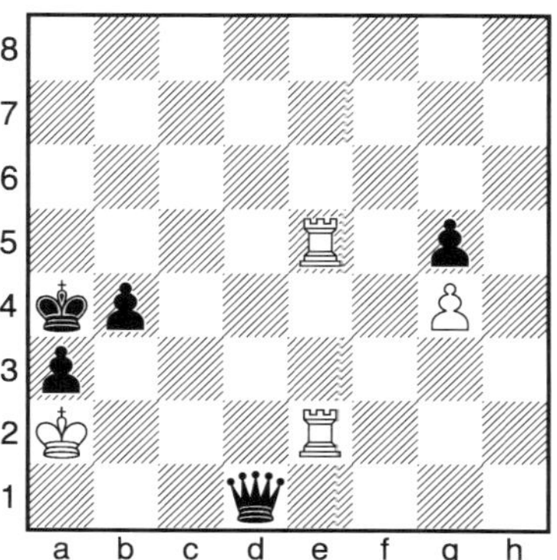

81.♖5e4?

Für diesen sinnlosen Zug hatte Weiß allerdings keine Zeit.

Wie bereits eingangs erwähnt, musste er stattdessen beide Türme opfern – und zwar mit 81.♖a5+! ♔xa5 82.♖e5+ ♔b6 (82...♔a4 83.♖a5+ ♔xa5 patt) 83.♖b5+ ♔c6

1) Jetzt jedoch nicht 84.♖c5+? ♔d6 85.♖c6+ (85.♖d5+ ♕xd5+ –+) 85...♔e5 86.♖e6+ ♔f4 87.♖e4+ ♔g3 88.♖e3+ ♕f3 –+.

2) Das richtige Schach ist 84.♖b6+! mit der Folge 84...♔c7 (84...♔c5 85.♖c6+ =) 85.♖b7+ ♔c8 86.♖b8+ ♔c7 87.♖c8+ ♔d7 88.♖d8+ ♔xd8 patt.

81...♕b3+ 82.♔a1 ♕c3+ 83.♔a2 ♕b3+ 84.♔a1 ♕d3 85.♔a2 ♕d1

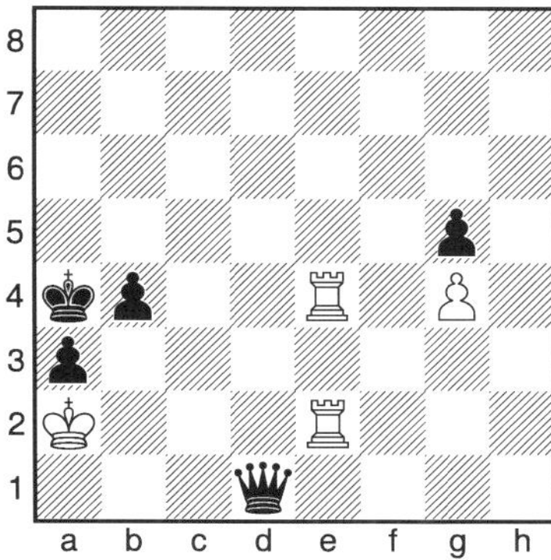

86.♖e8

86.♖xb4+ ♔xb4 87.♖e4+ ♔c3 88.♖e3+ ♔c2 89.♖c3+ ♔xc3 90.♔xa3 ♕a1#

86...b3#, Trost – Basso, Cattolica 2022

Beispiel 99

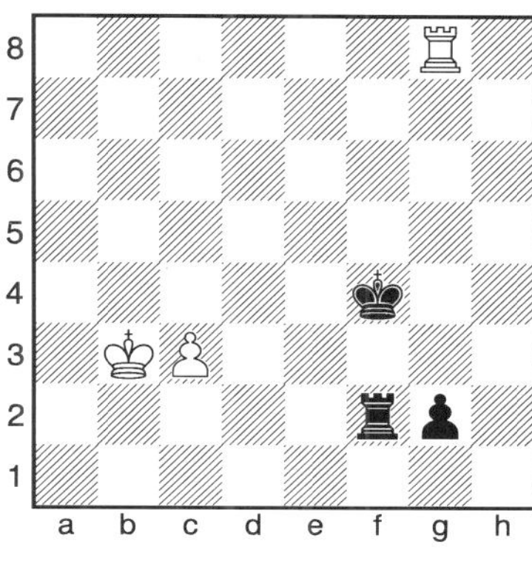

Weiß am Zug

Der Bodycheck ist eines der wichtigsten Motive im Endspiel '♖ ↔ ♙', welches hier bald entstehen wird.

71.♔b4?

Der Versuch, beim bevorstehenden Bauernvormarsch ein Tempo einzusparen, führt zum Verlust.

1) Ebenso wie auch der sofortige Vormarsch 71.c4? ♖f3+ 72.♔b4 ♖g3 73.♖f8+ ♔e5 74.♖e8+ ♔d6 75.c5+ ♔d7 76.♖e1 g1♕–+.

2) Richtig war 71.♔c4!, um den König auf die andere Seite des Bauern zu bringen und somit die Annäherung des gegnerischen Königs zu verhindern. 71...♔f3 72.♔d5 ♖f1 73.♖xg2 ♔xg2 74.c4 ♔f3 75.c5 Der weiße König gibt dem schwarzen einen Bodycheck. 75...♔f4 76.c6 ♔f5 77.c7 Erneut gibt der weiße König dem schwarzen einen Bodycheck. 77...♖c1 78.♔d6=

71...♔f3 72.♔c5 ♖f1 73.c4 g1♕+ 74.♖xg1 ♖xg1 und **0-1** wegen 75.♔d6

♔e4 76.c5 ♖g6+ 77.♔d7 ♔d5−+, Hansen − Ju, Internet 2022.

Mit ‚Dreiecksmanöver' wird ein technischer Endspielkniff bezeichnet, bei dem ein bestimmtes Königsmanöver dem Zweck dient, freiwillig ein Tempo zu verlieren, weil der Gegner dadurch in Zugzwang gebracht werden kann.

Beispiel 100

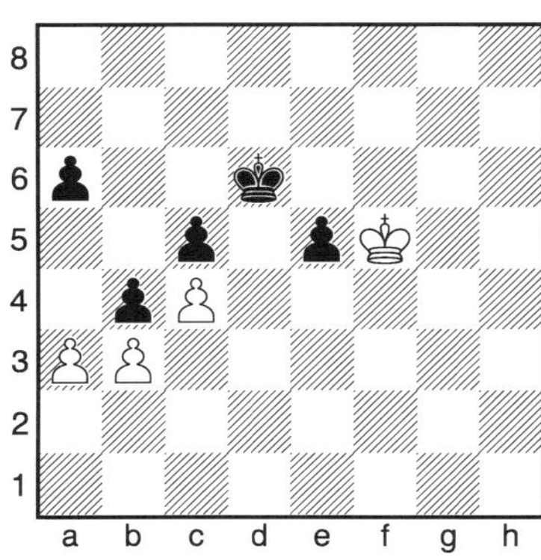

Weiß am Zug

Der Partiezug **47.axb4?** verliert, weil Schwarz nun am Damenflügel einen Freibauern bilden kann.

Allerdings kann einem die richtige Verteidigung mit 47.a4! in einer Blitzpartie leicht entgehen, zumal man bereits ein dazugehöriges Dreiecksmanövers des weißen Königs vorhersehen muss; und zwar 47...a5 48.♔g4 (48.♔g5? ♔e6−+) 48...♔e6 49.♔g5! Diese Vervollständigung des Dreiecksmanövers ist der einzige Remiszug, wie aus folgenden Abspielen hervorgeht, in denen auch verschiedene Formen von *Opposition* eine bedeutende Rolle spielen:

− 49...e4 50.♔f4 e3 51.♔xe3 ♔e5 52.♔d3 ♔f4 53.♔d2 Diagonalopposition 53...♔e4 54.♔e2 Opposition 54...♔d4 55.♔d2=

− 49...♔e7 50.♔f5 ♔d6 51.♔g4!! ♔e6 52.♔g5 e4 53.♔f4 e3 54.♔xe3 ♔e5 55.♔d3 ♔f4 56.♔d2 Diagonalopposition 56...♔e4 57.♔e2 ♔d4 58.♔d2= Opposition

47...cxb4 48.c5+

48.♔e4 a5 49.♔f5 a4! 50.bxa4 b3 51.♔e4 b2−+

48...♔xc5 49.♔xe5 a5 50.♔e4

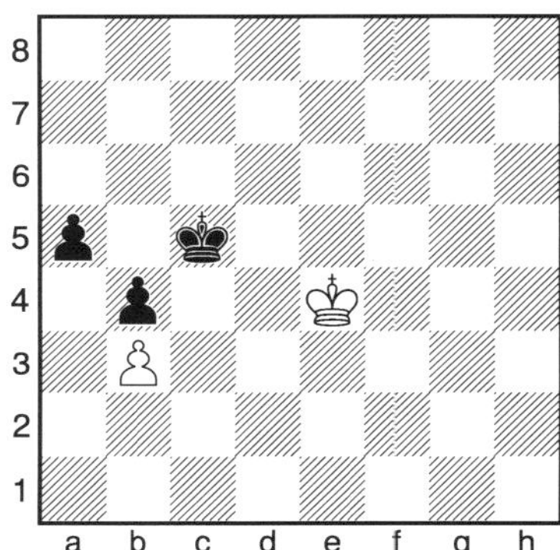

50...♔b5

Auch der direkte Durchbruch 50...a4! gewinnt nach 51.bxa4 b3 52.♔d3 ♔b4 53.♔d2 ♔a3 54.♔c1 ♔a2−+.

51.♔d3 a4 52.♔c2

52.bxa4+ ♔xa4 53.♔c2 ♔a3 Der schwarze König hat ein Schlüsselfeld erreicht. 54.♔b1 ♔b3−+.

52...a3 53.♔c1 ♔c5 54.♔c2 ♔d4 55.♔b1 ♔c3 und **0-1** angesichts der möglichen Folge 56.♔a2 ♔c2 57.♔a1 ♔xb3 58.♔b1 ♔c3 59.♔a2 b3+ 60.♔b1 b2 61.♔a2 ♔c2 62.♔xa3 b1♕−+, So − Van Foreest, (Blitz) Zagreb 2022.

Teil II

Übung macht den Meister

Übung 1

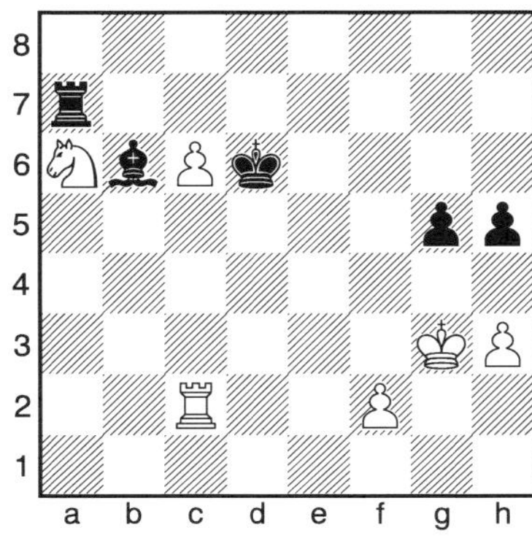

Weiß am Zug

a) Weiß kann auch ohne Verwandlung des Freibauer gewinnen.

b) Das Endspiel ist ausgeglichen.

Übung 2

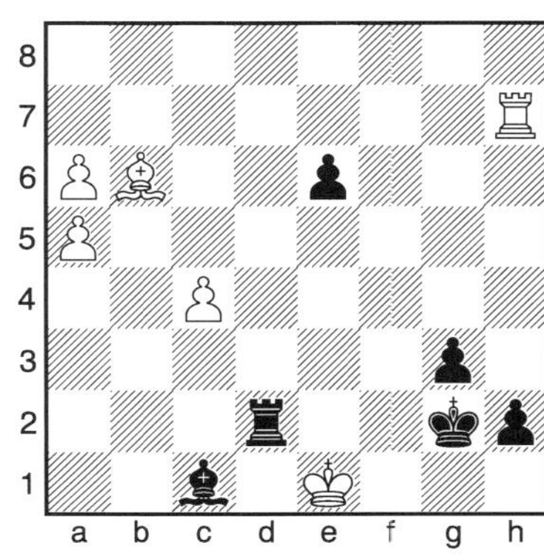

Schwarz am Zug

a) Die sofortige Bauernumwandlung auf h1 gewinnt.

b) Sie führt nur zum Remis, aber ein anderer Zug gewinnt.

Übung 3

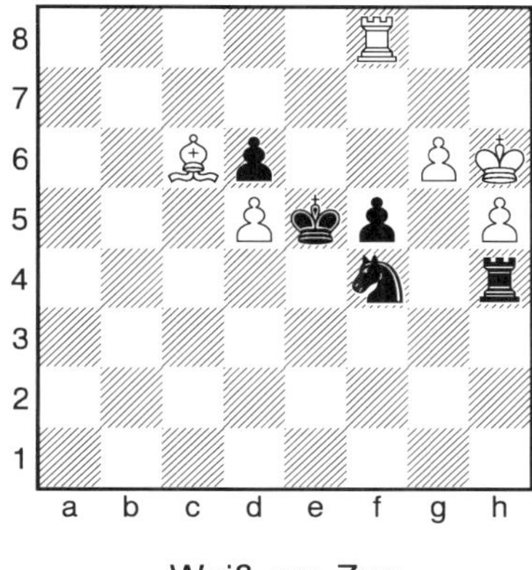

Weiß am Zug

a) ♔g7 gewinnt.

b) ♔g7 reicht nur zum Remis, aber ein anderer Zug gewinnt.

Übung 4

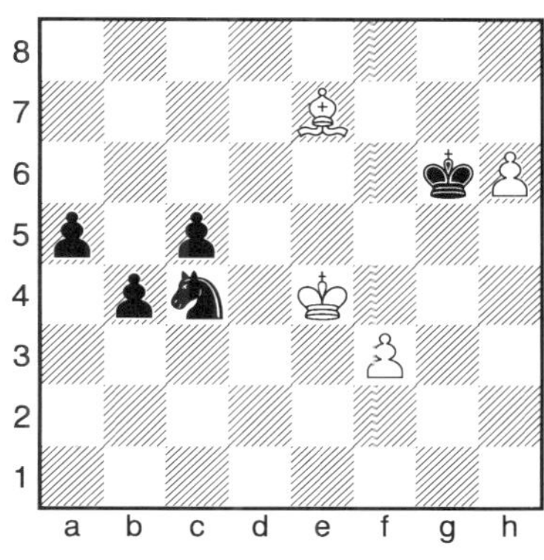

Schwarz am Zug

a) Nur ♘d2+ gewinnt.

b) Nur b3 gewinnt.

c) Beide Züge gewinnen

Übung 5

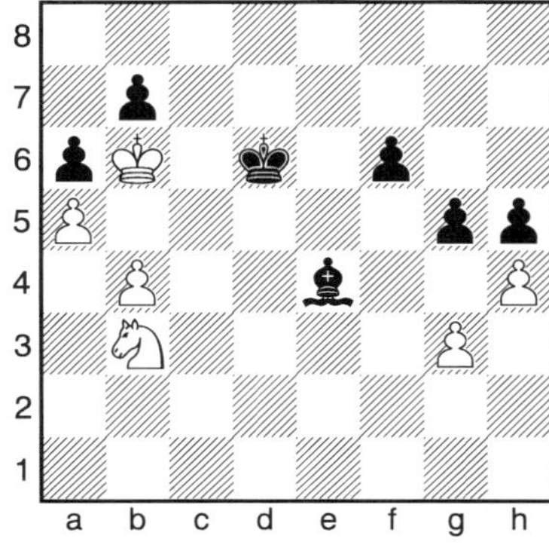

Schwarz am Zug

a) Nur g4 gewinnt.

b) Nur gxh4 gewinnt.

c) Beide Züge gewinnen.

Übung 6

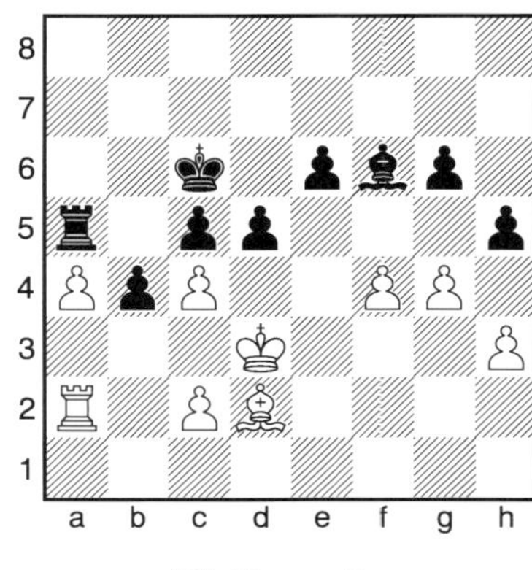

Weiß am Zug

a) Mit ♗e1 ist die Stellung zu halten.

b) Mit einem anderen Zug ist die Stellung zu halten.

c) Die weiße Stellung ist nicht mehr zu halten.

Übung 7

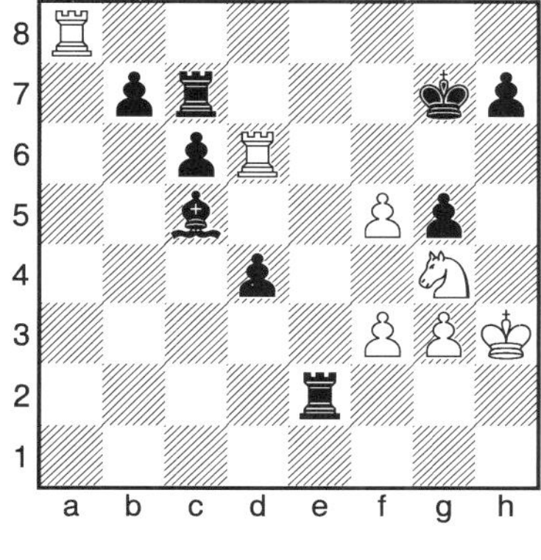

Weiß am Zug

a) Der Vorstoß f6+ gewinnt.

b) Statt f6+ gewinnt ein anderer Zug.

Übung 8

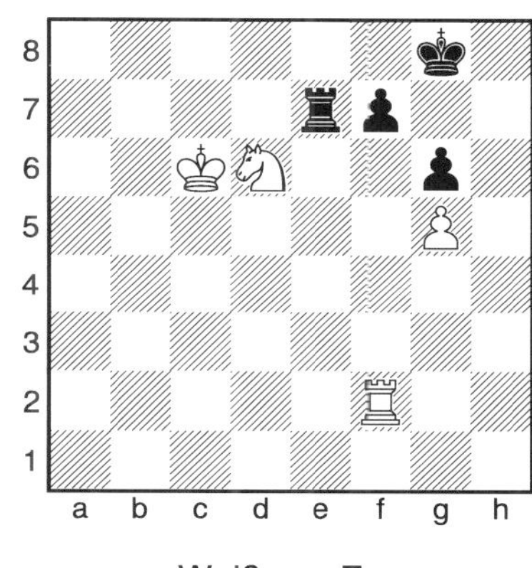

Weiß am Zug

a) Nur ♘xf7 gewinnt.

b) Nur ♖xf7 gewinnt.

c) Beide Züge gewinnen.

Übung 9

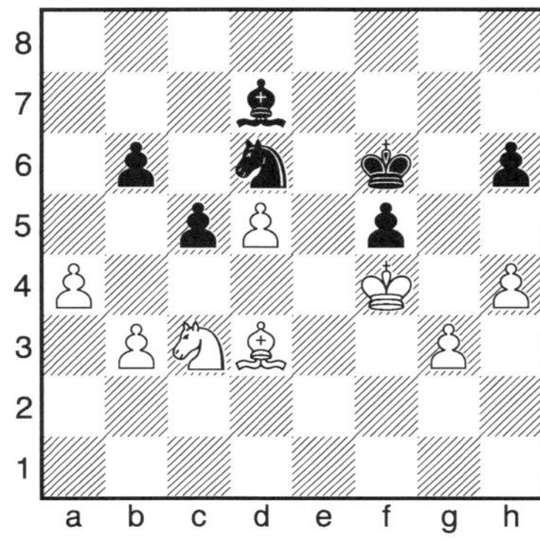

Schwarz am Zug

a) Nur ♗e8 remisiert.

b) Nur ♘f7 remisiert.

c) Beide Züge verlieren.

Übung 10

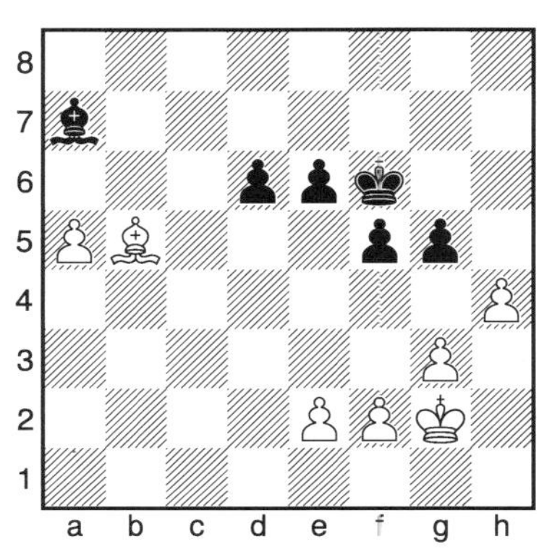

Schwarz am Zug

a) Mit e5 kann Schwarz sich ins Remis retten.

b) Schwarz ist rettungslos verloren.

Übung 11

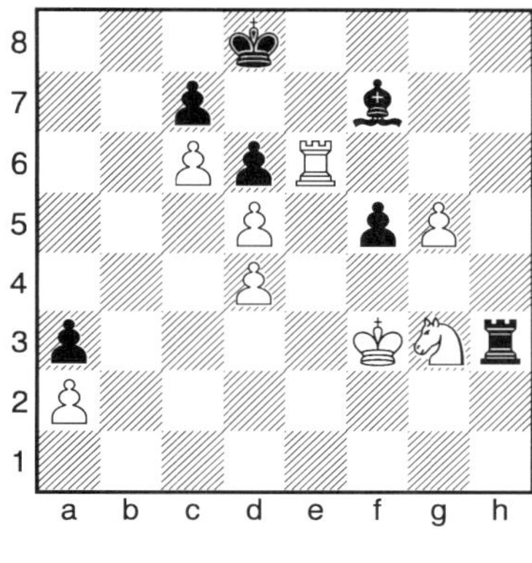

Weiß am Zug

a) Der Vorstoß g6 gewinnt.

b) Statt g6 gewinnt ein anderer Zug.

Übung 12

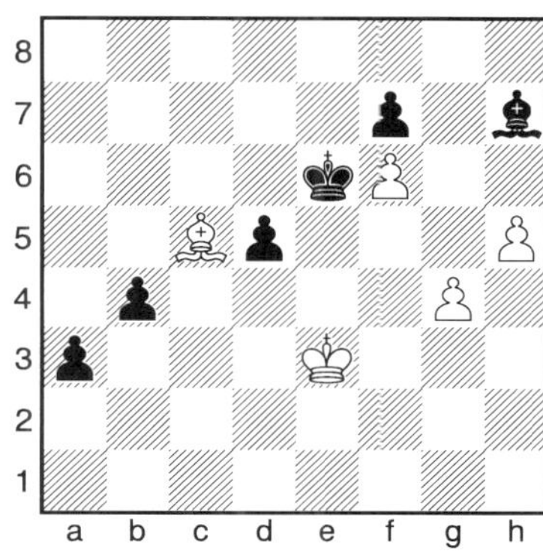

Schwarz am Zug

Hier gab Weiß auf.

a) Diese Entscheidung war angemessen, denn er steht auf Verlust.

b) Sie war verfehlt, denn er konnte die Stellung halten.

Übung 13

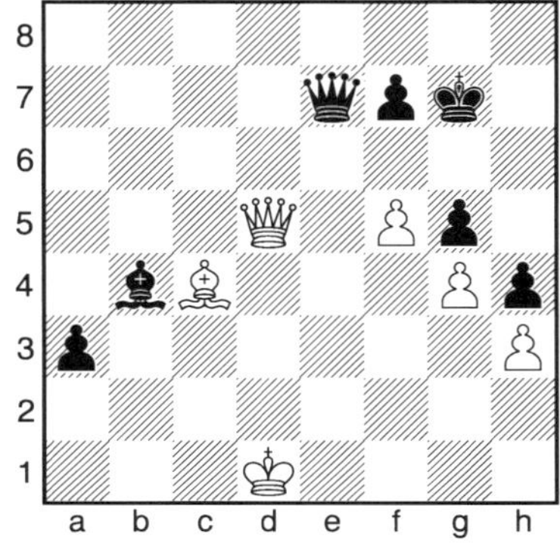

Schwarz am Zug

a) ♔h6 führt zum Gewinn.

b) ♔h6 reicht nur zum Remis.

Übung 14

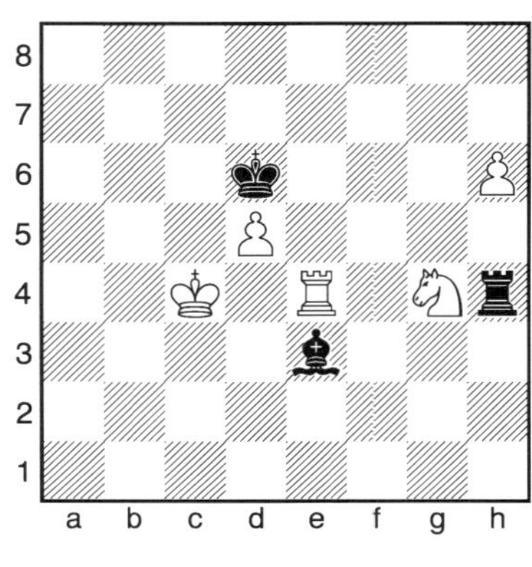

Weiß am Zug

a) Nur ♖xe3 gewinnt.

b) Nur♘xe3 gewinnt.

c) Nur ♘f6 gewinnt.

Übung 15

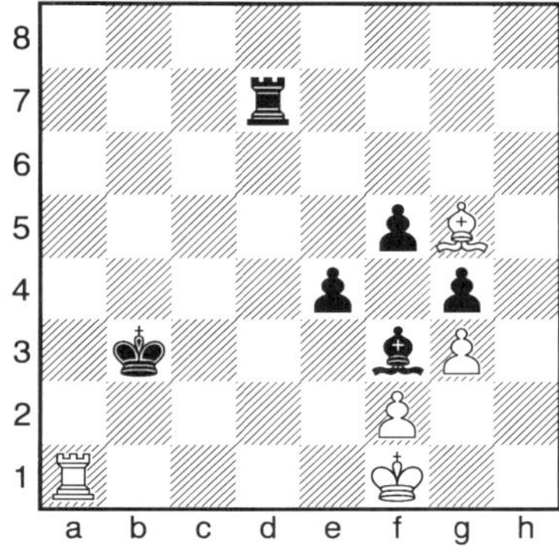

Schwarz am Zug

a) Schwarz kann gewinnen.

b) Schwarz kann nicht gewinnen.

Übung 16

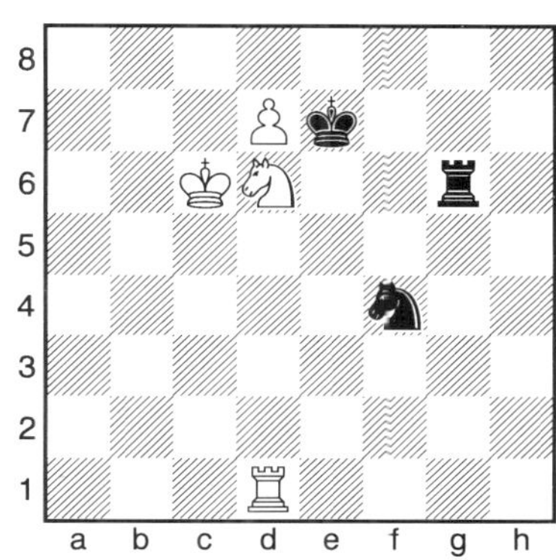

Schwarz am Zug

a) Mit ♘d3 ist die Stellung zu retten.

b) Mit ♖g8 ist die Stellung zu retten.

c) Die schwarze Stellung ist nicht zu retten.

Übung 17

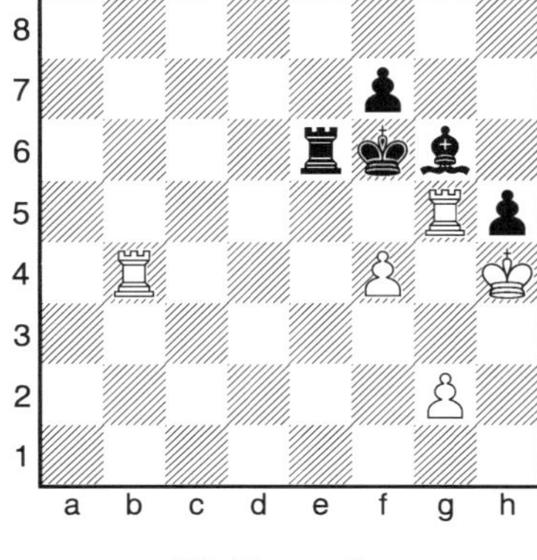

Weiß am Zug

a) ♖xh5 gewinnt.

b) f5 gewinnt.

Übung 18

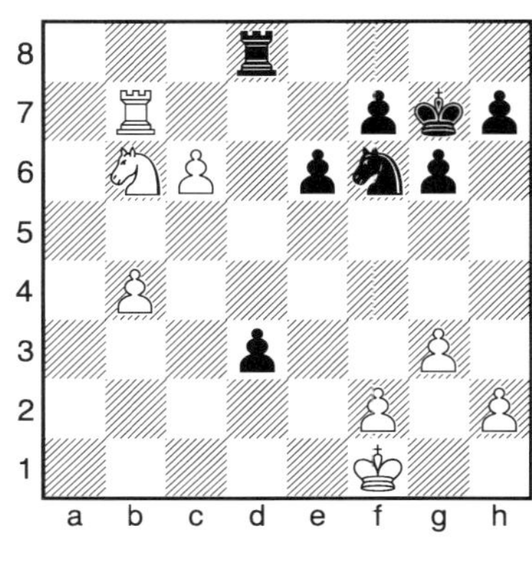

Weiß am Zug

a) ♘d7 gewinnt.

b) c7 gewinnt.

c) Beide Züge gewinnen.

Übung 19

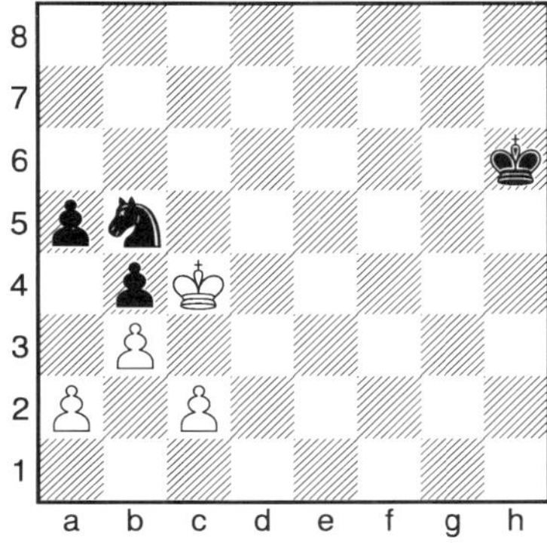

Schwarz am Zug

a) ♘c3 gewinnt.

b) ♘a3 gewinnt.

c) Die Stellung ist remis.

Übung 20

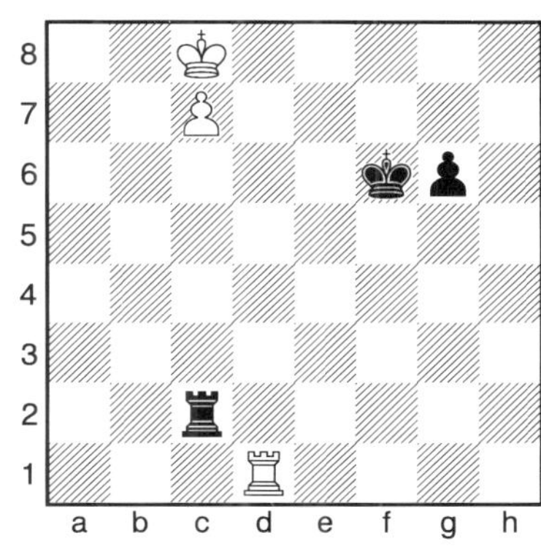

Weiß am Zug

a) ♔d7 gewinnt.

b) Ein anderer Zug gewinnt.

c) Die Stellung ist remis.

Übung 21

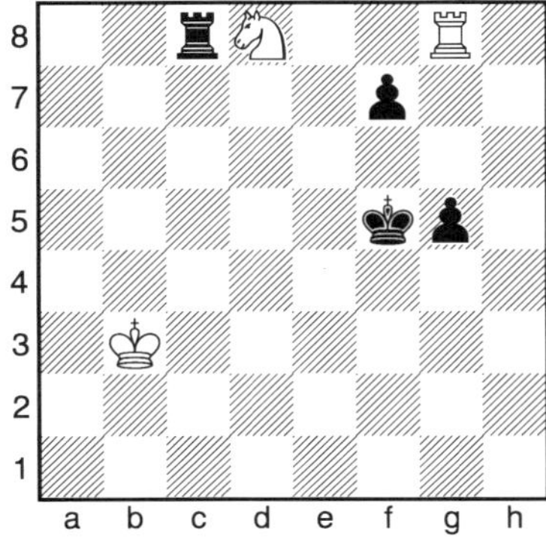

Weiß am Zug

a) ♘xf7 remisiert.

b) ♘xf7 verliert, aber ein anderer Zug remisiert.

Übung 22

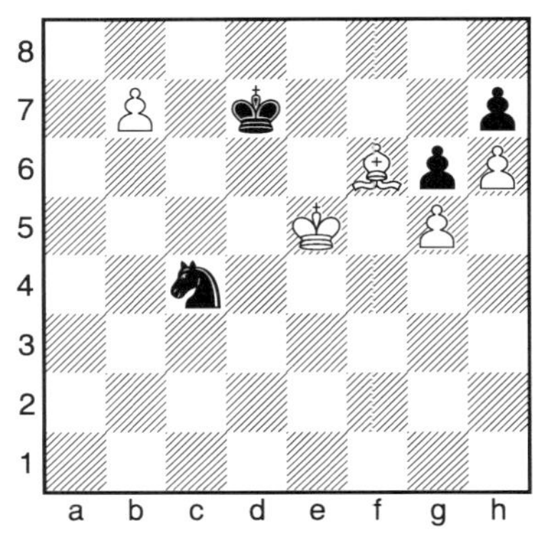

Weiß am Zug

a) Nur ♔d5 gewinnt.

b) ♔d4 gewinnt.

c) Beide Züge gewinnen.

Übung 23

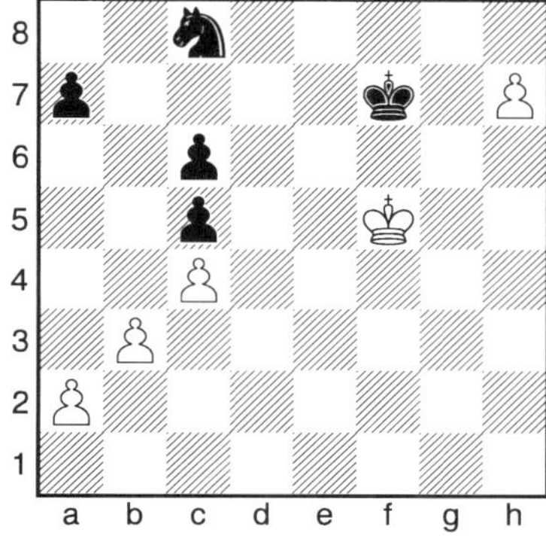

Schwarz am Zug

a) Der Freibauer muss mit ♘e7+ bekämpft werden.

b) Er muss mit ♔g7 bekämpft werden.

c) Er muss mit ♘d6+ bekämpft werden.

Übung 24

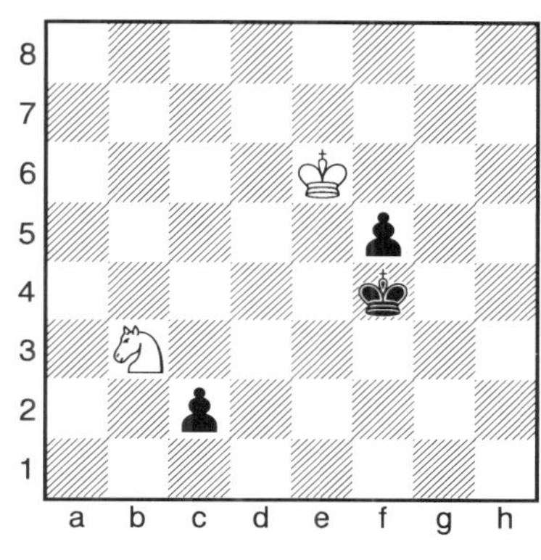

Weiß am Zug

a) Nur ♘d4 remisiert.

b) Nur ♔d5 remisiert.

c) Nur ♔f6 remisiert.

Übung 25

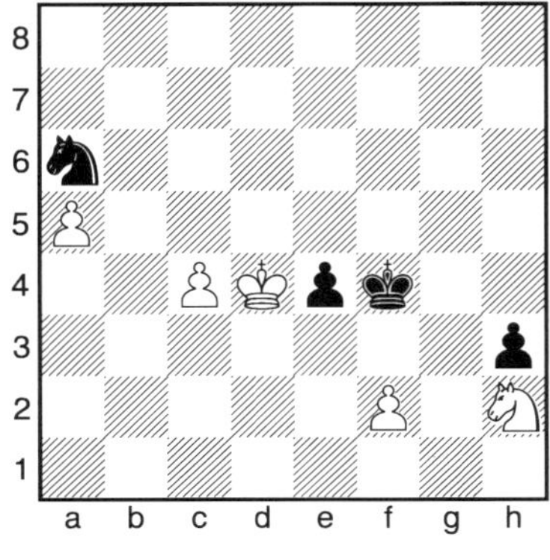

Schwarz am Zug

a) Schwarz gewinnt.

b) Weiß gewinnt.

Übung 26

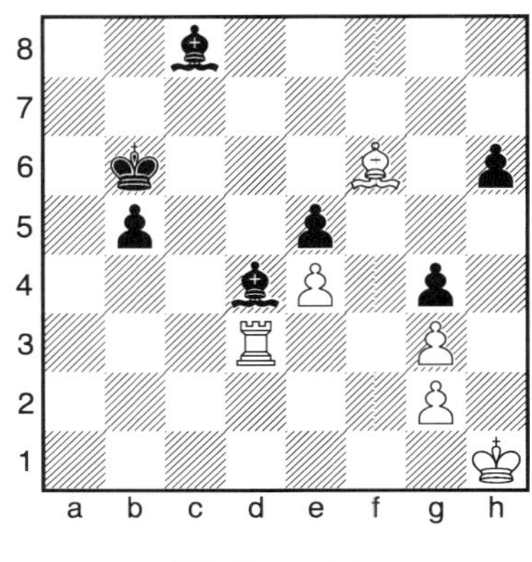

Weiß am Zug

a) ♗e7 rettet die Partie.

b) ♖xd4 rettet die Partie.

c) Weiß ist rettungslos verloren.

Übung 27

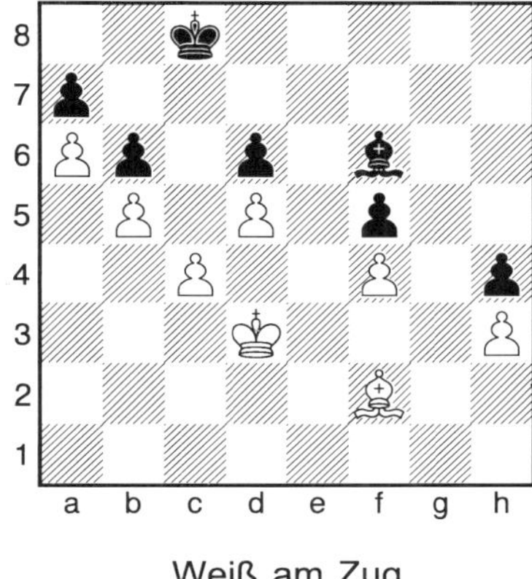

Weiß am Zug

a) Die Stellung ist ausgeglichen.

b) Weiß gewinnt mit ♗xb6.

c) Weiß gewinnt mit einem anderen Zug.

Übung 28

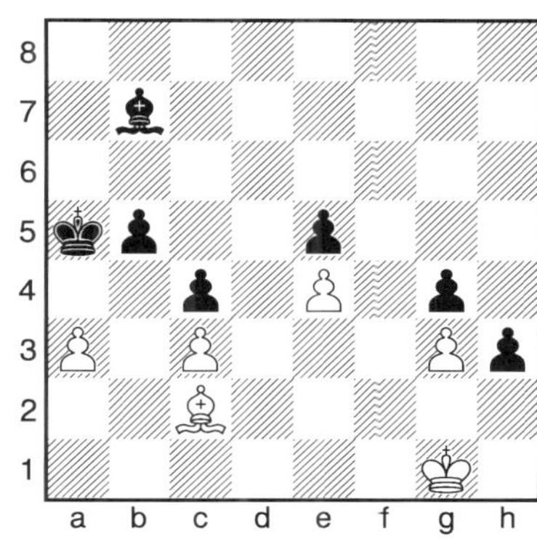

Schwarz am Zug

a) Schwarz kann gewinnen.

b) Schwarz kann nicht gewinnen.

Übung 29

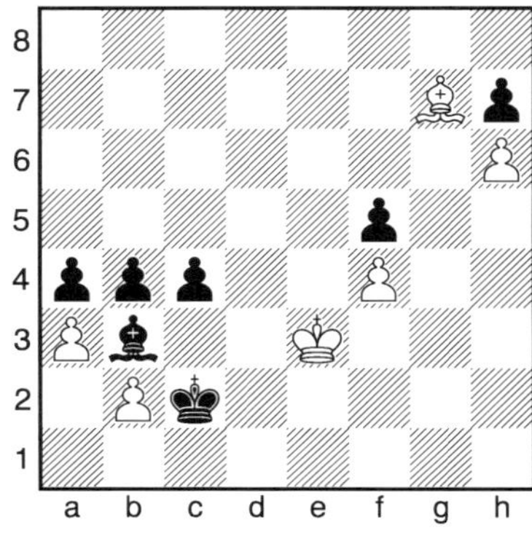

Weiß am Zug

a) Nur ♔d4 remisiert.

b) Nur axb4 remisiert.

c) Beide Fortsetzungen verlieren.

Übung 30

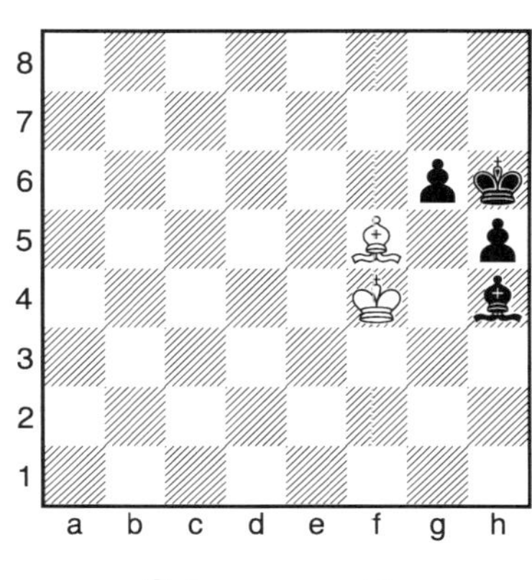

Schwarz am Zug

a) Schwarz kann nicht gewinnen.

b) Schwarz kann gewinnen.

Übung 31

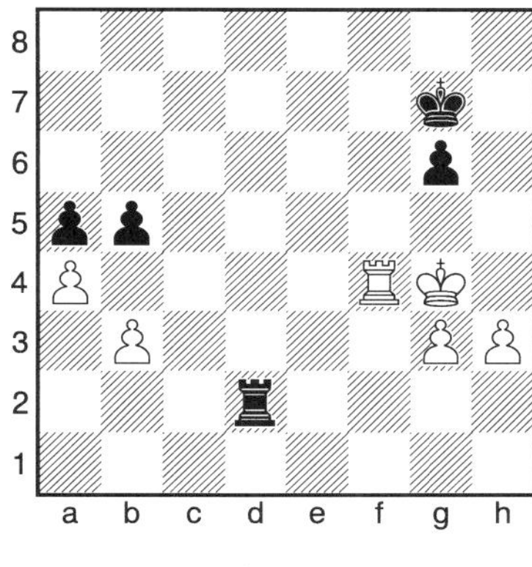

Weiß am Zug

a) Nur axb5 gewinnt.

b) Nur ein anderer Zug gewinnt.

c) Das Endspiel ist nicht zu gewinnen.

Übung 32

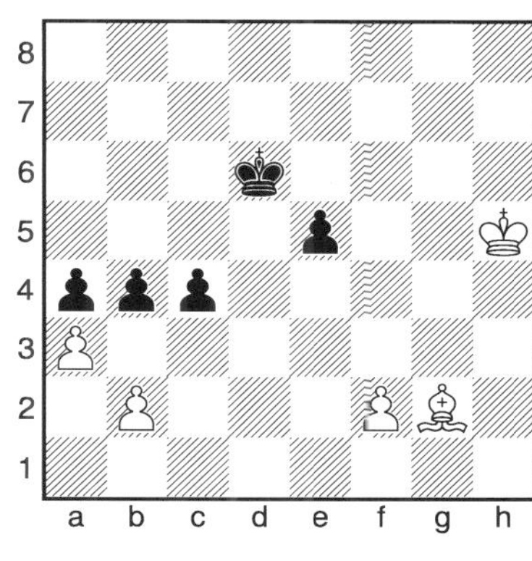

Weiß am Zug

a) Nur axb4 gewinnt.

b) Nur ♗f1 gewinnt.

c) Nur ein anderer Zug gewinnt.

Übung 33

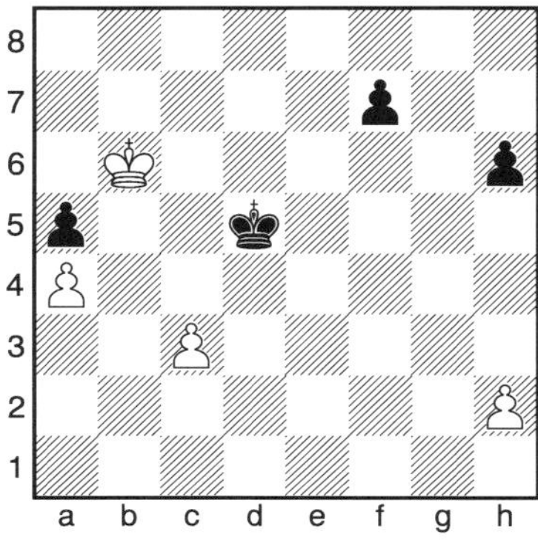

Weiß am Zug

a) ♔xa5 gewinnt.

b) ♔xa5 ist nur remis.

c) ♔xa5 verliert, aber ein anderer Zug remisiert.

Übung 34

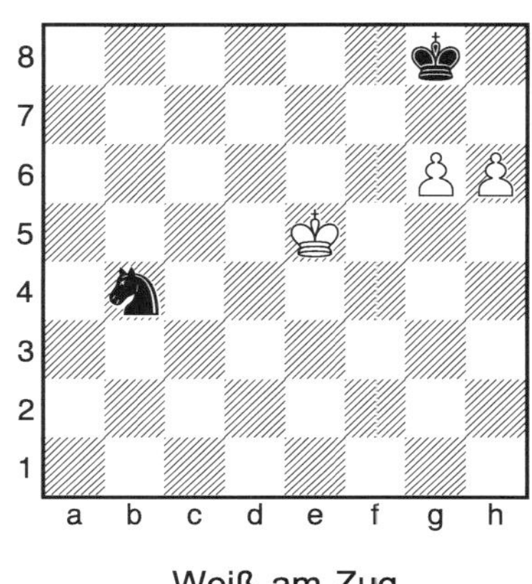

Weiß am Zug

a) Nur ♔e6 gewinnt.

b) Nur ♔f6 gewinnt.

c) Die Stellung ist nicht zu gewinnen.

Übung 35

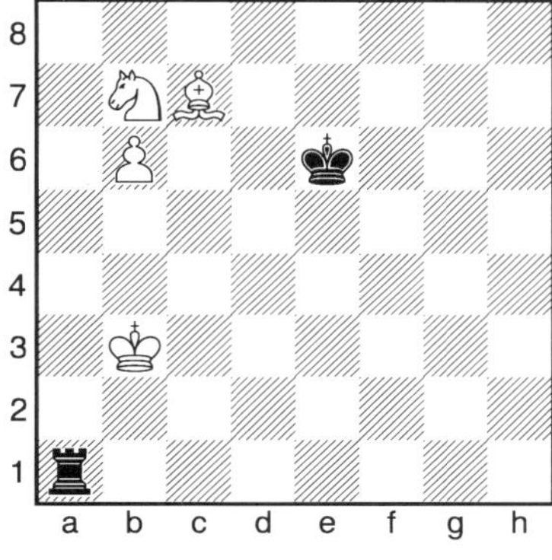

Schwarz am Zug

a) Nur ♖c1 remisiert.

b) Nur ♔d7 remisiert.

c) Beide Fortsetzungen remisieren.

Übung 36

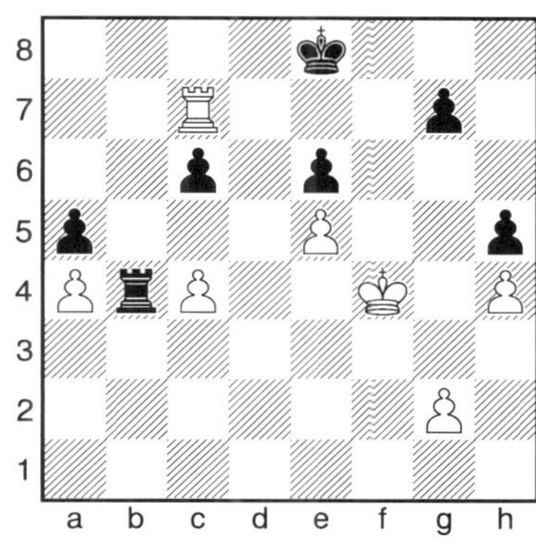

Weiß am Zug

a) Nur ♔g5 gewinnt.

b) Nur ♖xc6 gewinnt.

c) Nur ♖xg7 gewinnt.

Übung 37

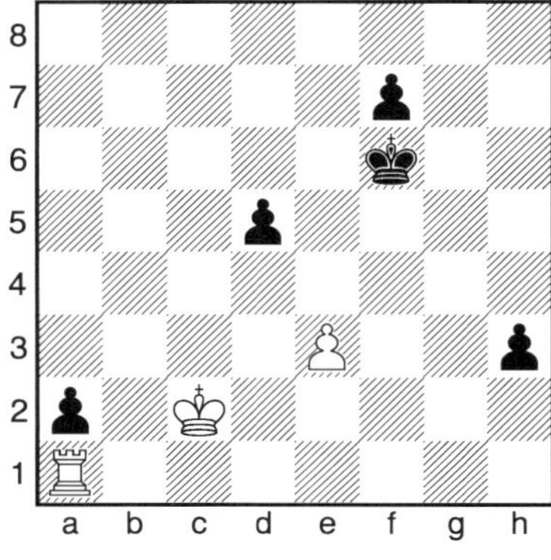

Schwarz am Zug

a) Nur ♔g5 remisiert.

b) Nur h2 remisiert.

c) Nur ein anderer Zug remisiert.

Übung 38

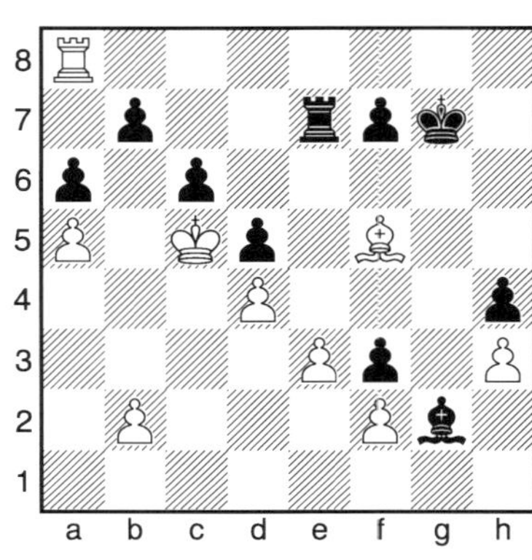

Schwarz am Zug

a) Weiß kann gewinnen.

b) Schwarz kann gewinnen.

c) Die Stellung ist völlig ausgeglichen.

Übung 39

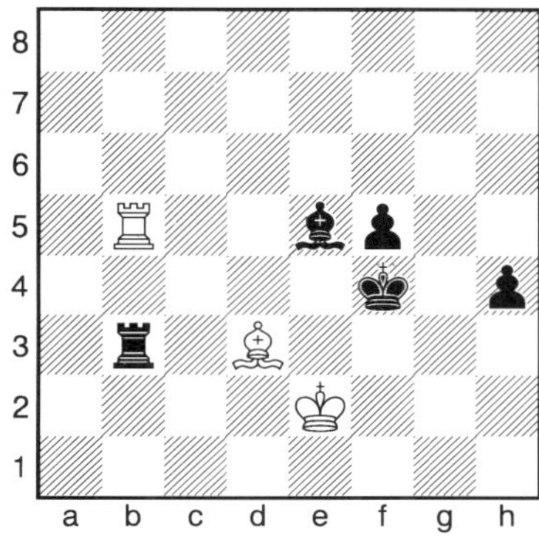

Schwarz am Zug

a) Schwarz kann gewinnen.

b) Schwarz kann nicht gewinnen.

Übung 40

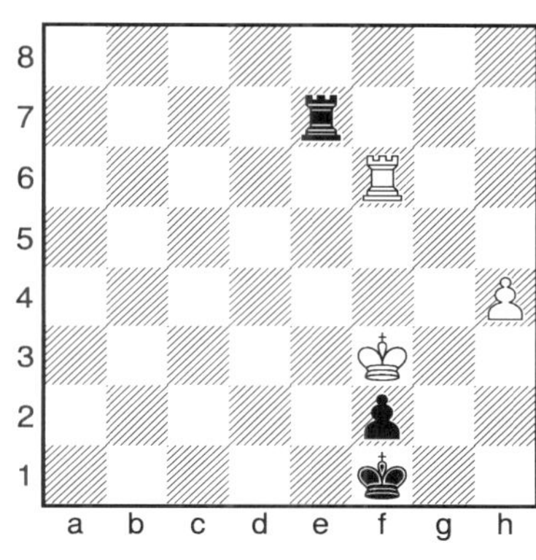

Schwarz am Zug

a) Nur ♔e1 gewinnt.

b) Nur ein anderer Zug gewinnt.

Übung 41

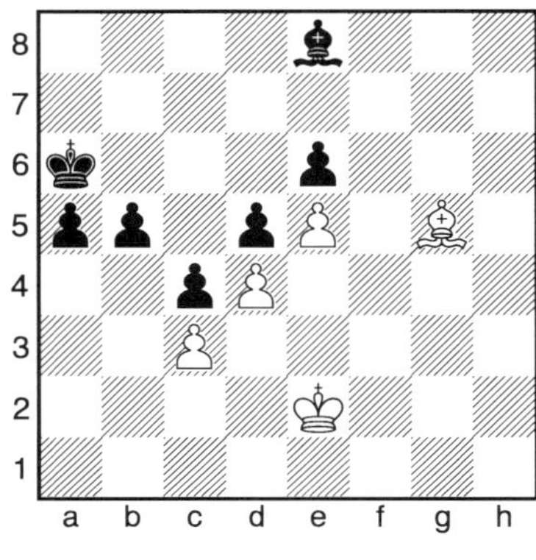

Schwarz am Zug

a) Schwarz kann nicht gewinnen.

b) Schwarz gewinnt.

Übung 42

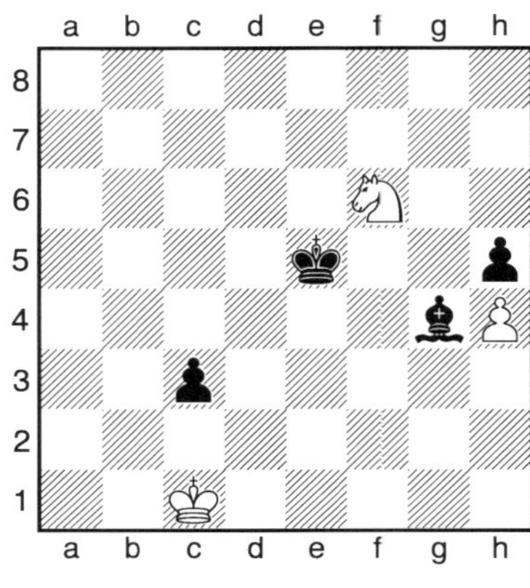

Weiß am Zug

a) Weiß ist verloren

b) Nur Se8 remisiert.

c) Nur Sh7 remisiert.

Übung 43

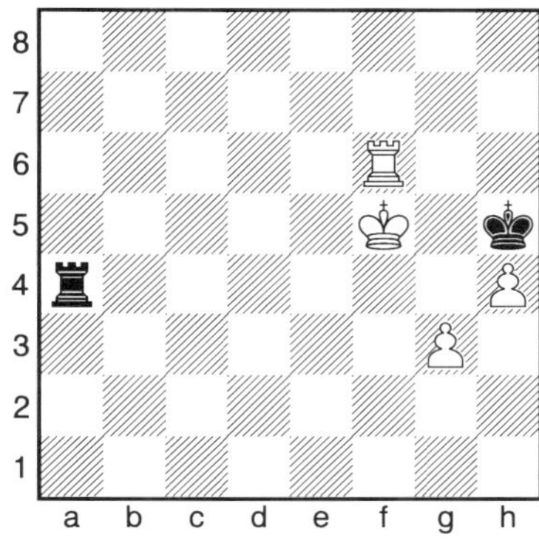

Schwarz am Zug

a) Nur ♖a5+ remisiert.

b) Nur ♖a3 remisiert.

c) Beide Züge remisieren.

Übung 44

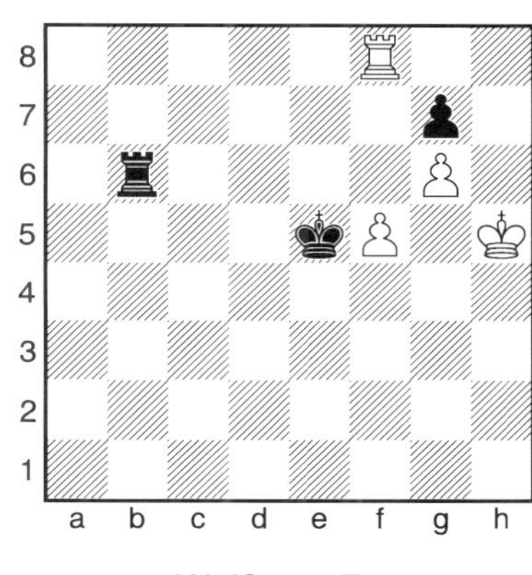

Weiß am Zug

a) Nur ♔g5 gewinnt.

b) Nur ♖f7 gewinnt.

c) Nur ein anderer Zug gewinnt.

Übung 45

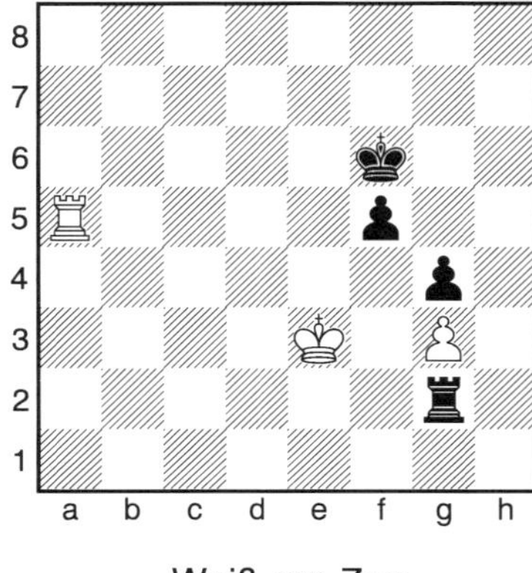

Weiß am Zug

a) Weiß ist verloren.

b) Weiß kann remisieren.

Übung 46

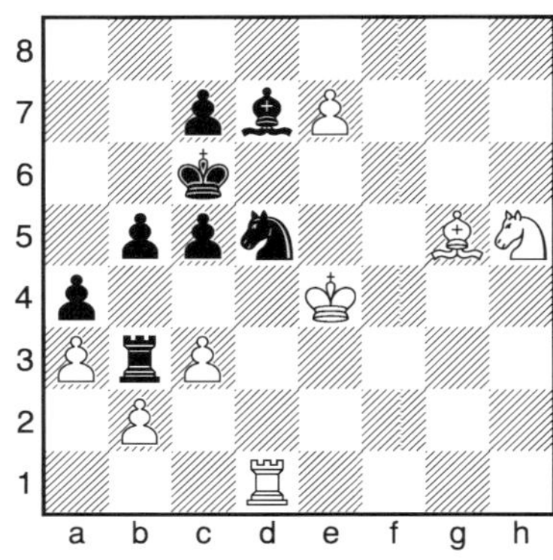

Schwarz am Zug

a) Mit ♘xe7 kann Schwarz sich retten.

b) Mit ♗e8 kann Schwarz sich retten.

c) Schwarz ist rettungslos verloren.

Übung 47

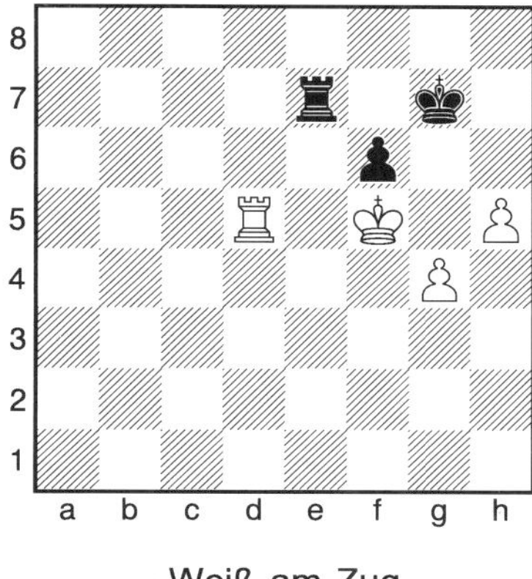

Weiß am Zug

a) Weiß gewinnt.

b) Weiß kann nicht gewinnen.

Übung 48

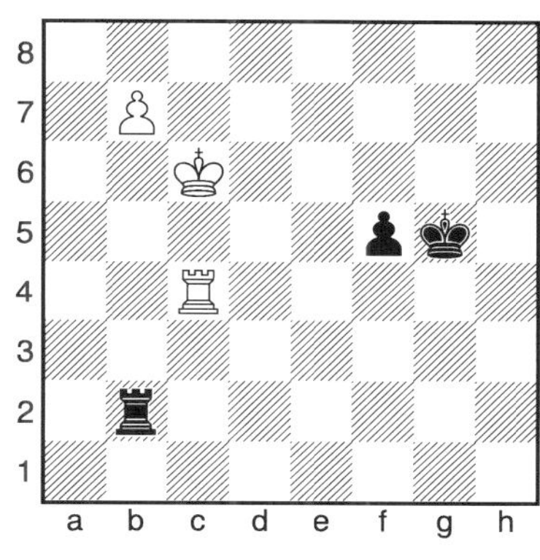

Schwarz am Zug

a) Nur ♖xb7 remisiert.

b) Nur ♖b1 remisiert.

c) Nur ein anderer Zug remisiert.

Übung 49

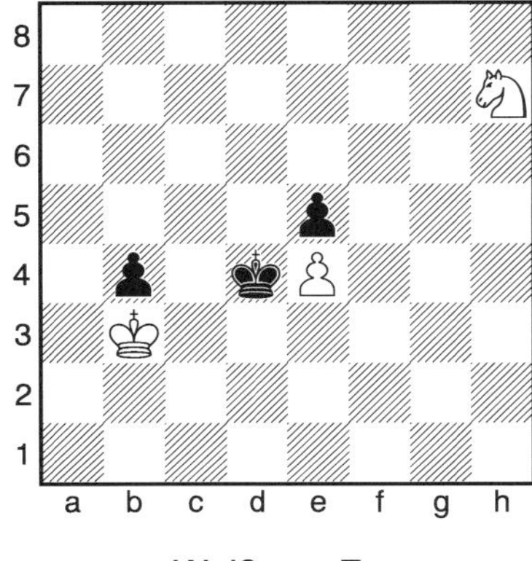

Weiß am Zug

a) Nur ♘f6 gewinnt.

b) Nur ♘g5 gewinnt.

c) Weiß kann nicht gewinnen.

Übung 50

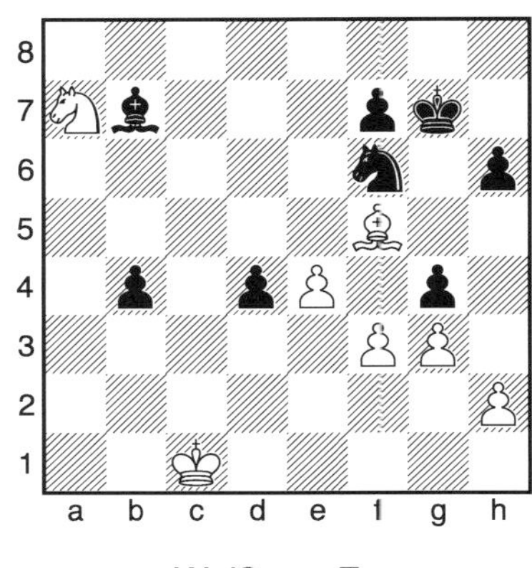

Weiß am Zug

a) Weiß ist verloren.

b) fxg4 remisiert.

c) e5 remisiert.

Teil II

Lösungen der Übungen

Lösung 1: a)

Nach **50.c7!** wickelt Weiß in ein gewonnenes Bauernendspiel ab: **50...♗xc7 51.♘xc7 ♖xc7 52.♖xc7 ♔xc7 53.h4!** und **1-0** angesichts der folgenden Gewinnvarianten:

1) 53...g4 54.♔f4 ♔d6 55.♔g5 ♔e6 56.♔xh5 ♔f5 57.♔h6 ♔f4 (57...♔f6 58.h5+-) 58.h5 ♔f3 59.♔g5+-

2) 53...gxh4+ 54.♔xh4 ♔d6 55.♔xh5 ♔e5

a) 55...♔e7 56.♔g6 ♔f8 57.f4 ♔g8 58.f5 ♔f8 59.♔f6+-

b) 55...♔e5 56.♔g5 ♔e6 57.f4 ♔f7 58.♔f5!+-

Nepomnjaschtschi – Khismatullin, Russland 2018

Lösung 2: b)

Wettrennen von Freibauern können sehr scharf sein und manchmal ist die schnellstmögliche Umwandlung nicht der richtige Weg.

1) So würde hier **46...h1♕+?? 47.♖xh1 ♔xh1 48.a7 g2 49.a8♕**+- sogar zum Verlust führen.

2) Der richtige Turmzug, um das Problem mit dem weißen Freibauern in den Griff zu kriegen, ist **46...♖f2!**, denn danach könnte 47.a7 mit 47...♖f8 aufgefangen werden, was nach 48.♗c7 ♖a8 49.♗b8 ♗e3 50.♔e2 ♗f2 51.a6 h1♕ 52.♖xh1 ♔xh1-+ zum Sieg führt.

47.♗c5 ♖a2

Erneut der richtige Turmzug.

48.♗b4

48.a7 ♖xa5-+

48...♗e3 und **0-1** wegen 49.c5 ♔f3 50.a7 ♖a1#, Garcia Ramos – Safarli, Sitges 2022.

Lösung 3: b)

Mit **63.♔g7?** verpasste Weiß den Sieg.

Dieser war nur mit 63.♖e8+! zu erzwingen, denn nach 63...♔f6 kann die schwarze Blockade mit 64.♖e6+! radikal aufgebrochen werden; z.B. 64...♘xe6 65.dxe6 mit folgenden Gewinnvarianten:

1) 65...♖g4 66.e7 ♔xe7 67.♔g7 ♔e6 68.h6 d5 69.h7 ♖h4 70.h8♕ ♖xh8 71.♔xh8+-

2) 65...♔xe6 66.g7 ♖g4 67.♔h7 ♔f7 68.♗d5+ ♔f6 69.g8♕ ♖xg8 70.♔xg8 ♔g5 71.♗f3 und nun setzt früher oder später entscheidender Zugzwang ein; 71...♔h6 72.♗d1 d5 73.♗e2 d4 74.♗d1 d3 75.♗f3 d2 76.♗d1 f4 77.♗f3+-.

In der Partie folgte **63...♘xh5+ 64.♔f7 ♖g4 65.♖e8+ ♔d4 66.♖h8 ♖g5** mit nunmehr funktionstüchtiger Blockadestellung und Remisschluss nach **67.♖xh5 ♖xh5 68.♔f6 ♖h1 69.♔xf5 ♖f1+ 70.♔e6 ♖g1** und einigen weiteren belanglosen Zügen, ½-½, Perkampus – Saraci, Biel 2023.

Lösung 4: b)

Der Partiezug **47...♘d2+?** reichte nicht zum Gewinn.

Dieser war nur mit 47...b3! zu erzwingen; z.B. 48.♔d3 ♘e3! mit folgenden Gewinnvarianten:

1) 49.♔c3 ♘d5+ 50.♔xb3 ♘xe7 51.♔c4 a4-+

2) 49.h7 ♔xh7 50.♗f6 ♘d1 51.♔d2 b2 52.♔c2 a4 53.♗e7 a3 54.♗f6 ♔g6 55.♗h8 ♔f5 56.♗g7 ♔f4 57.♗f6 ♔xf3-+

48.♔d3! ♘b3

48...♘xf3!? 49.♗xc5 ♘e5+ 50.♔c2 ♘f7=

49.♔c4 a4 50.♗g5 ♔h7

50...♔xg5?? 51.h7+−

51.♗e3 ♔g6 52.♗g5 ♘d4 53.♔xc5 a3

53...b3 54.♗c1=

54.♗c1 ♘e2

54...a2 55.♗b2=

55.♔xb4 ♘xc1 56.♔xa3 ½-½, Keymer – Carlsen, Baku 2023

Lösung 5: b)

Nach dem schwachen Partiezug **50...g4?** geriet Schwarz sogar an den Rand einer Niederlage.

Hingegen hätte 50...gxh4! zum Gewinn geführt, wie aus folgenden Varianten hervorgeht:

1) 51.♘d2 f5 52.gxh4 ♗c6−+

2) 51.gxh4 f5 52.♘c5 ♗c6 53.♘xb7+ ♗xb7 54.♔xb7 f4

a) 55.♔xa6 f3 56.b5 f2 57.b6 f1♕+ −+

b) 55.b5 f3 56.bxa6 f2 57.a7 f1♕ 58.a8♕ ♕b5+ 59.♔c8 (59.♔a7 ♔c7−+) 59...♕d7+ 60.♔b8 ♕c7#.

51.♘c1! ♔e5

51...♗f3? 52.♘d3+−

52.♘e2 ♗c6 53.♘f4

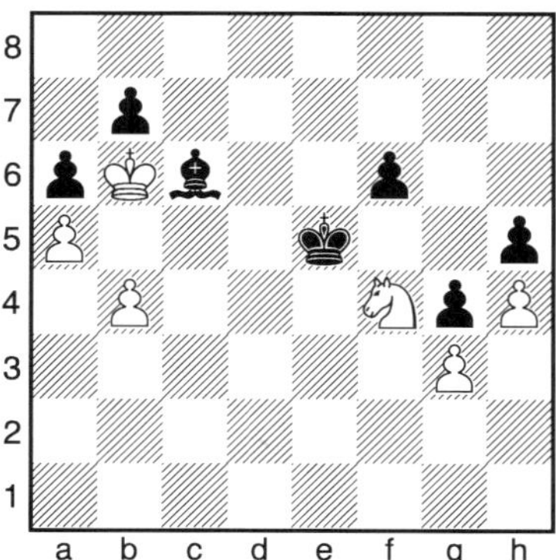

53...♔e4!

Der rettende Gegenangriff.

54.♘xh5 ♔f3 55.♘xf6 ♔xg3 56.h5 ♔f3! 57.♘xg4

57.h6 g3 58.h7 g2 59.h8♕ g1♕+ 60.♔c7 ♕g3+ 61.♔c8 ♕e5=

57...♔xg4 58.h6 ♗e4 59.b5 axb5 60.♔xb5 ♔g5 61.♔b6 ♔xh6 62.a6 bxa6 63.♔xa6 ½-½, Riehle – Johansson, Deutschland 2024

Lösung 6: c)

Nach dem Partiezug **35.♗e1** hatte Weiß leichtes Spiel.

Allerdings steht er sowieso auf Verlust, wie ein Blick auf folgende Alternativen bestätigt:

1) Nach 35.g5 ♗g7 36.♗e1 ♖a8 wird der Turm früher oder später ins gegnerische Lager eindringen; z.B. 37.a5 d4 38.♔e4 ♖d8 39.♗f2 d3 40.cxd3 b3 41.♖d2 ♖a8−+.

2) Und nach 35.gxh5 gxh5 36.♗e1 ♖a7 −+ bietet sich für das Eindringen die offene g-Linie an, denn nach 37.a5 ♖a6 38.♗d2 ♗d8 ginge mit dem Freibauern zunächst jegliche Hoffnung auf Gegenspiel verloren.

35...hxg4 36.hxg4 ♖a7 37.a5

Auf 37.g5 folgt 37...♗h8 38.a5 ♖h7−+.

37...♖h7 38.a6 ♖h3+ 39.♔e2 ♖a3!

Nachdem der Turm sein angestrebtes Ziel erreicht hat, ist es endgültig aus und vorbei.

0−1 angesichts der möglichen Folge 40.♖xa3 bxa3 41.a7 ♔b7 42.♔d1 a2−+, Amilal – Paravyan, Samarkand (Rapid) 2023.

Lösung 7: b)

Nach dem Fehler **74.f6+?** kommt der Angriff zum Stillstand, weil der Freibauer in der Folge ersatzlos verlorengeht.

Richtig war 74.♖dd8! mit Gewinn nach der präzisen Folge 74...d3 75.♖g8+ ♔f7 76.♖h8 ♔g7 77.♖ag8+ ♔f7 78.♖xg5 d2 79.♖xh7+ ♔f8 80.♖h8+ ♔f7 81.♘h6+ ♔f6, denn jetzt spielt f5 zwar als Freibauer keine Rolle, wohl jedoch als entscheidender Stützpunktgeber für 82.♖g6+ ♔e7 (82...♔e5 83.♖d8+–) 83.♖g7+ ♔d6 84.♖d8+ +–.

74...♔f7 75.♖dd8 h5 76.♘h6+ ♔xf6 77.g4 h4 78.♘f5 ♖f2 79.♘h6 ♖xf3+ 80.♔g2 ♖g3+ 81.♔f1 d3 82.♔e1 ♖e7+ 83.♔d1 ♖e2 84.♖xd3 ♖xd3+ 85.♔xe2 ♖g3 0-1, Martirosyan – Daneshvar, Samarkand (Rapid) 2023

Lösung 8: a)

73.♘xf7! führt zu einem gewonnenen Bauernendspiel.

Hingegen geht nach 73.♖xf7? ♖e5= der letzte weiße Bauer verloren.

1-0 angesichts der zwangsläufigen Gewinnfolge 73.♘xf7! ♖xf7 74.♖xf7 ♔xf7 75.♔d6 ♔f8 76.♔e6 ♔g7 77.♔e7 ♔g8 78.♔f6 ♔h7 79.♔f7 ♔h8 80.♔xg6 ♔g8 81.♔h6!, Kasimdzhanov – Maiwald, Deutschland 2024.

Lösung 9: c)

Der Partiezug **36...♗e8** verliert auf der Stelle.

Allerdings war auf lange Sicht sowieso nichts mehr zu machen; z.B. 36...♘f7 37.♗c2 ♘d6 38.♘d1 ♗e8 39.♘e3 ♗d7 40.♗d3 ♗c8 41.♘c4 ♘xc4 42.♗xc4 ♗d7 43.♗b5 ♗c8 44.h5 ♗b7 45.d6 ♔e6 46.d7 ♔e7 47.♔xf5+–.

37.♗xf5!

Nach dieser kleinen Kombination bricht die schwarze Festung zusammen.

37...♘xf5 38.♘e4+ ♔g6 39.h5+ ♔xh5 40.♔xf5 ♗g6+ 41.♔f4 b5

Und nun ließ Schwarz in ohnehin verlorener Stellung (41...♗f7 42.d6 ♗e6 43.d7 ♗xd7 44.♘f6+ +–) das direkte Matt **42.♘f6#** zu, Wojtaszek – Schulze, Deutschland 2024.

Lösung 10: b)

Angesichts der entfernt laufenden weißen Freibauern ist die schwarze Stellung ungeachtet der ungleichen Läufer rettungslos verloren. Mit **39...e5** unternahm Schwarz noch einen letzten Rettungsversuch.

Auch 39...gxh4 40.gxh4 ♔g6 führt nach der möglichen Folge 41.f4 ♔h5 42.♔f3 ♔xh4 43.♗d7 ♔h5 44.♗xe6 ♔g6 45.e4 fxe4+ 46.♔xe4 ♔f6 47.♔d5+– zum Verlust.

40.h5 g4 41.♗d7 ♔g5 42.f4+ gxf3+ 43.exf3 ♔xh5 44.♗xf5 ♔g5 45.♗e4 ♔f6 46.♗d5 ♔g5 47.♔f1 und **1-0**, da der weiße König am Königsflügel eindringen wird, Abdusattorov – Nguyen Thai Dai Van, Prag 2024.

Lösung 11: a)

Mit dem präzise berechneten Vorstoß **54.g6!** nutzte Weiß seinen Freibauern auf energische Weise aus, und mit dem Rückzug **54...♗g8** verzichtete Schwarz auf die angebotene Qualität.

Nach 54...♗xe6 55.dxe6 und der möglichen Folge 55...♖h6 56.g7 ♖g6 57.♘xf5 ♔e8 58.d5 ♔d8 59.♔f4 ♔e8 (59...♖g2 60.♘g3+–) führt 60.♘xd6+! cxd6 61.c7 zur Entstehung eines dritten und entscheidenden Freibauer.

55.g7

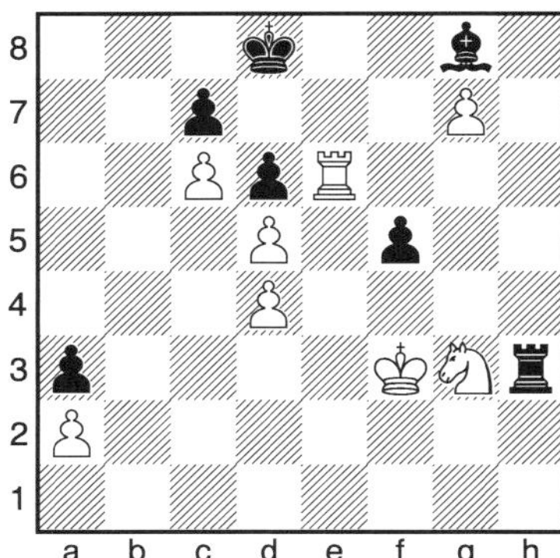

55...f4

Hier ein Blick auf eine interessante und lehrreiche Alternative: 55...♗f7 56.♔g2 ♖h4 57.♘xf5 ♖h5 58.♖f6 ♔e8 und nach dem von oben bekannten Einschlag 59.♘xd6+! cxd6 gefolgt von 60.♖xf7! entscheidet wieder der c–Bauer – sei es direkt nach 60...♔xf7 61.c7 oder nach Einschaltung von 60...♖g5+ 61.♔f3 ♔xf7 62.c7.

56.♔xf4 ♖h2 57.♘f5 ♖xa2 58.♖f6 ♖e2 59.♖f8+ und **1-0** angesichts der möglichen Folge 59...♖e8 60.♘xd6! cxd6 61.c7+ ♔xc7 62.♖xe8 a2 63.♖e1 ♔b6 (63...♗xd5 64.♔e3+–) 64.♔e3 ♔b5 65.♔d3 ♔b4 66.♔c2 ♔a3 67.♖e3+ +–, Carlsen – Aronian, London 2012.

Lösung 12: a)

Die Aufgabe (in der Partie Negi – Moradiabadi, Mashhad 2011) war höchstens in dem Sinne verfrüht, weil Schwarz den Gewinnzug **52...d4+!!** ja möglicherweise gar nicht gefunden hätte. Wie auch immer, wird die weiße Hoffnung ‚Remis aufgrund ungleicher Läufer' damit auf radikale Weise zerstört.

Hier ein Blick auf allerlei Fehlversuche:

1) 52...♔xf6? (52...a2? 53.♗d4=) 53.♗xb4 a2 54.♗c3+ Nun kontrolliert der Läufer alle wichtigen Felder auf der langen Diagonale und kann nicht in Zugzwang geraten; z.B. 54...♔g5 55.♔f3 ♗e4+ 56.♔g3

a) 56...♗c2 57.♗d2+ ♔f6 58.♗c3+ ♔e6 59.♔f4=

b) 56...f5 57.gxf5 ♗xf5 58.♔f3 ♔xh5 59.♔e3 ♔g4 60.♔d2 ♔f3 61.♔c1 ♗b1 62.♔b2 ♔e4 63.♗g7 d4 64.♗xd4 ♔xd4 65.♔a1=

2) 52...♔e5? 53.g5

a) 53...♗f5 54.g6 d4+ 55.♗xd4+ ♔e6 56.gxf7 ♔xf7 57.♗c5 a2 58.♗d4=

b) 53...♔f5 54.g6 d4+ 55.♗xd4 ♗xg6 56.hxg6 ♔xg6 57.♗c5=

Nach **53.♗xd4** (53.♔xd4 a2–+) **53...b3 54.♔d2 b2** regiert nunmehr der schwarze Läufer und die Geburt einer neuen Dame ist nicht zu verhindern.

Lösung 13: b)

Für den Partiezug **98...♔h6?** war noch nicht der richtige Zeitpunkt.

Nach 98...♕e1+! 99.♔c2 ♕c3+ 100.♔d1 und erst jetzt 100...♔h6! wäre Weiß in fatalen Zugzwang geraten; z.B. 101.♕c6+ f6 102.♕d5 ♕a1+ 103.♔e2 ♕e1+ 104.♔f3 ♕h1+ 105.♔e2 ♕xh3 106.♕d4 ♗c3 107.♕e4 ♕h2+ 108.♔f1 a2–+.

Nun rettet die Feinheit **99.♕d4!** die Partie, denn die Mattdrohung auf h8 gewinnt das entscheidende Tempo zur Kontrolle des Feldes c3, wonach sich der weiße König freier bewegen kann. Es folgte noch **99...f6 100.♔c2 ♗a5 101.♗e6 ♗c7 102.♔b3 ♗d6 103.♕b6 ♗e5 104.♕b4 ♗d6 105.♕b6 ♔g7 106.♕c6 ♗c5 107.♕c8 ♕f8 108.♕xf8+ ♔xf8 109.♔c3 ♔e7 110.♔d3 ♔d6 111.♔e4 ½-½**, Iniyan – Donchenko, Moskau 2019.

Lösung 14: c)

Nur der trickreiche Zug **76.♘f6!** führt zum Gewinn.

Hingegen reichen die genannten Alternativen nur für ein Remis:

1) 76.♖xe3? ♖xg4+ 77.♔d3 ♖h4 78.♖e8 ♔xd5 79.♖h8 ♖h3+ 80.♔e2 ♔e6 81.h7 ♔f7=

2) 76.♘xe3? ♖xe4+ 77.♔d3 ♔e5 (77...♖h4? 78.♘f5+ +–) 78.h7 ♖h4=

76...♖h3

76...♖xh6 (76...♖xe4+ 77.♘xe4+ nebst h7) 77.♖e6+ (77.♘e8+ nebst ♖xe3) 77...♔c7 78.d6+ ♔c6 79.d7+ ♔c7 80.♖e8 ♖h4+ 81.♔d3 ♖d4+ 82.♔xe3+–

77.♖e6+ ♔c7 78.d6+ ♔b7 79.d7 1-0, Ding – Van Wely, Wijk aan Zee 2015.

Lösung 15: a)

Mit dem Vorstoß **76...f4!** wird die Koordination der weißen Verteidigungsstellung zerstört, schließlich muss der weiße Läufer den drohenden Einbruch auf der h-Linie verhindern.

77.♔e1

Auf 77.gxf4 oder 77.♗xf4 gewinnt jeweils 77...♖h7.

77...e3

Dank des taktisch begründeten Einleitungszuges können die schwarzen Bauern jetzt weiter vordringen.

78.fxe3

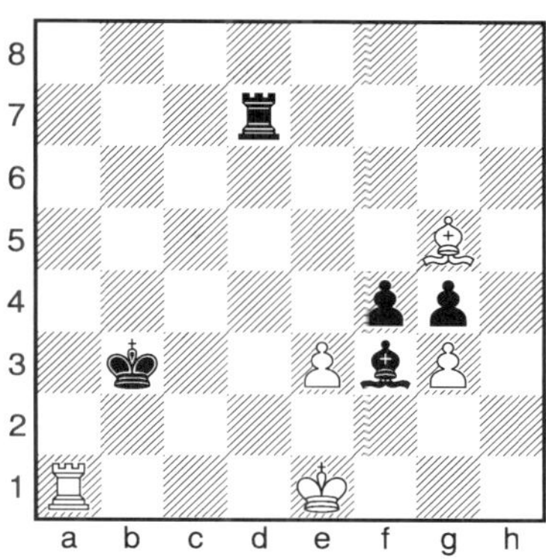

78...♖h7

Selbstverständlich führte auch 78...fxg3 zum Gewinn.

79.♔d2

79.♖a6 ♖h1+ 80.♔f2 ♖h2+ 81.♔f1 fxg3–+

79.♗h4 fxg3 80.♗xg3 ♖h1+ –+

79...♖h2+ 80.♔d3 ♗e2+ 81.♔d4 f3 0-1, Wei – Ding, China 2013

Lösung 16: a)

Mit dem scheinbar völlig sinnlosen Zug **76...♘d3!** kann Schwarz studienartig remisieren, weil es *ohne* den Springer in einigen Varianten eine entscheidende Pattrettung gibt.

In der Partie folgte 76...♖g8? 77.♖e1+ ♘e6 78.♘e8 ♖g2 79.♖xe6+ ♔d8 80.♘f6 und **1-0** angesichts der Mattfolge 80...♖e2 81.♖e8+ ♖xe8 82.dxe8♕#, Piorun – Wojtaszek, Polen 2023.

77.♖xd3 ♔d8 78.♖d1

Denn auf seitliche Turmzüge wie beispielsweise 78.♖a3 folgt jeweils 78...♖xd6+! 79.♔xd6 patt.

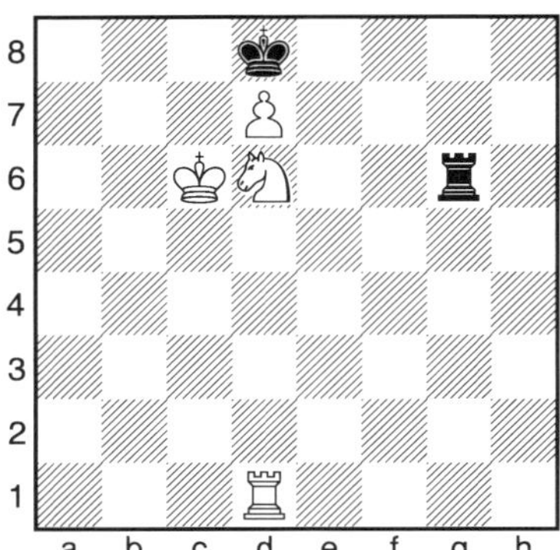

78...♖e6!

Nach diesem präzisen Zug kann Weiß die Fesselung nicht abschütteln.

Hingegen ginge nach dem schweren Fehler 78...♖h6?? und der Folge 79.♔c5! ♖h5+ (79...♔xd7 80.♘f5+) 80.♔b6 ♔xd7 81.♘f5+ ♔e6 82.♘g7+ der Turm verloren.

79.♖h1 ♖xd6+! 80.♔xd6 patt (Analyse von Jonas Lampert)

Lösung 17: b)

Nach **57.f5!** (57.♖xh5? ♗xh5=) **57...♗xf5 58.♖f4 ♖e5 59.♖xh5** hieß es bereits **1-0** angesichts der forcierten Gewinnvariante 59...♔e6 60.g4 ♗g6 (60...♗b1 61.♖xe5+ ♔xe5 62.♖xf7) 61.♖xe5+ ♔xe5 62.♔g5 ♔e6 (62...♔d5 63.♖f6+-) 63.♖f6+ ♔e7 64.♖xg6! fxg6 65.♔xg6 ♔f8 66.g5 ♔g8 67.♔f6 ♔f8 68.g6 ♔g8 69.g7 ♔h7 70.♔f7+-

Caruana - Abasow, Baku 2023

Lösung 18: a)

Nur die Sperrung der d-Linie mit **30.♘d7!** führt zum Gewinn.

Überraschenderweise scheitert 30.c7? an 30...♖d6!

1) Denn nach 31.c8♕ d2= kann Weiß nicht verhindern, dass auch Schwarz eine neue Dame erhält.

2) Und nach 31.♘c4 ♖c6 mit der möglichen Folge 32.♘b2 ♖c1+ 33.♔g2 d2 34.♔f3 ♘e8 35.♔e2 ♖xc7 36.♖xc7 ♘xc7 37.♔xd2 ♔f6= löst sich alles in Wohlgefallen auf.

30...♖a8

30...♘xd7 31.♖xd7 ♖xd7 32.cxd7 d2 33.d8♕+-

31.♘xf6 ♖a1+

31...♔xf6 32.♖d7 ♖c8 33.b5+-

32.♔g2 d2 33.♖d7 d1♕

33...♔xf6 34.♖xd2+-

34.♖xd1 ♖xd1 35.♘d7

Erneut sperrt der Springer die Turmlinie, und diesmal mit entscheidender Wirkung.

35...♖b1 36.c7 und **1-0** wegen 36...♖c1 37.♘c5+-, Popovic - Nyback, Deutschland 2023.

Lösung 19: b)

Beim Endspieleinsatz von Springern müssen oft längere konkrete Varianten berechnet werden.

Nach dem Partiezug **93...♘c3?** konnte Weiß überraschenderweise entkommen.

Hingegen war mit 93...♘a3+! der Sieg zu erzwingen, wie folgende Varianten beweisen:

1) 94.♔c5 ♘xc2 95.♔b5 ♔g5 96.♔xa5 ♔f4 97.♔b5 ♔e3-+

2) 94.♔d3 ♔g5 95.c3 ♔f5 96.cxb4 axb4 97.♔d4 ♔f4 98.♔c5 ♘c2 99.♔c4 ♔e3-+

94.a3

Alternativ führte auch 94.a4 zum Remis; z.B. ♔g6 95.♔c5 ♔f5 96.♔b6 ♔e5 97.♔xa5 ♘a2 98.♔b6 ♔d6 99.a5 ♘c3 100.a6 ♘d5+ 101.♔b7 ♘c7 102.a7 ♘a8=.

94...bxa3

94...♘a2 95.axb4 axb4 96.c3 bxc3 97.♔d3 ♔g6 98.b4 ♔f6 99.b5 ♔e7 100.♔c2 ♔d6 101.♔b3 ♔c5 102.♔xa2 ♔xb5 103.♔b3=

95.♔xc3 ♔g5 96.b4

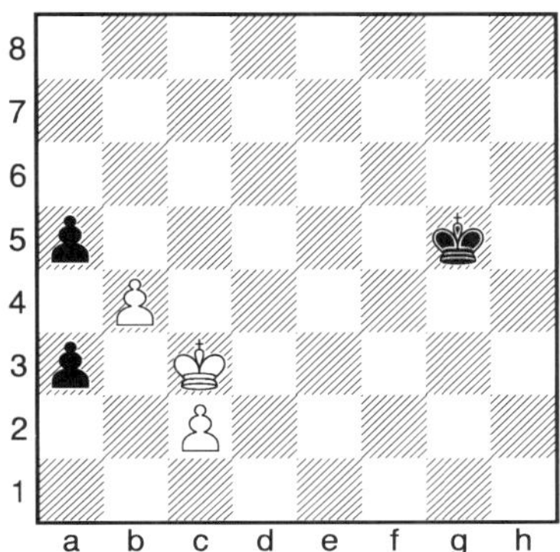

96...axb4+!

96...a4?? geht sogar komplett nach hinten los, denn nach 97.b5+− kann der schwarze König nicht ins Quadrat des Freibauern gelangen.

97.♔b3 ♔f4 98.c3 bxc3 99.♔xc3 a2 100.♔b2 ♔e4 101.♔xa2 ½-½, Mosurovic − Besso, Chennai 2022

Lösung 20: b)

In der Partie beging Weiß mit **80.♔d7?** den typischen Fehler, so schnell wie möglich die Umwandlung anzustreben.

Die Abschneidung längs der 5. Reihe mit 80.♖d5! gewinnt:

1) 80...♔e6 81.♖b5 ♔d6 82.♖b6+ ♔e7 83.♖xg6+−

2) Und nach 80...g5 81.♔d7 ♔g6 gewinnt sogar 82.c8♕ (82.♖d6+ ♔f5 83.♖c6+−) mit der Folge 82...♖xc8 83.♔xc8 ♔h5 84.♔d7 ♔g4 85.♔e6 ♔f4 86.♖f5+ ♔g4 87.♔f6+−.

80...♔f5 81.c8♕ ♖xc8 82.♔xc8 g5!

Denn 82...♔f4? kostet nach 83.♖f1+! ♔e4 84.♖g1 ♔f5 ein entscheidendes Tempo, so dass Weiß nach 85.♔d7 g5 86.♔d6 g4 87.♔d5 ♔f4 88.♔d4 ♔f3 89.♔d3 g3 90.♖f1+ ♔g2 91.♔e2 doch noch gewinnen kann.

83.♔d7 g4 84.♖g1

Auf 84.♖d4 folgt 84...g3=.

84...♔f4 85.♔e6 g3 86.♖f1+ ♔e3 87.♔f5 g2 88.♖a1 ♔f2 ½-½, Bwalya − Mwale, Chennai 2022

Lösung 21: b)

Der Partiezug **70.♘xf7?** führte zum Verlust.

Stattdessen hätte Weiß sich mit 70.♖xg5+! retten können; z.B. 70...♔xg5 71.♘xf7+ ♔f6

− Und nun führt 72.♘d6! ♖c6 73.♘c4 zu einem theoretischen Remis.

− Nach dem Fehler 72.♘h6? und der starken Antwort 72.♔e5! hätte Schwarz hingegen immer noch gewonnen; z.B. 73.♘f7+ ♔d5 74.♔b4 ♖f8 75.♘g5 ♖f5 76.♘h3 ♔d4 77.♘g1 ♔e3 78.♘h3 ♖h5 79.♘g1 ♖h1−+.

70...♖xg8 71.♘h6+ ♔e6!

71...♔e4? 72.♘xg8 g4 73.♘f6+ =

72.♘xg8 g4 73.♘h6 g3 74.♘g4 g2 0-1, Tesik − Chernyshov, Zalakaros 2011

Lösung 22: b)

In der Partie fand Weiß mit **69.♔d4!** die richtige Lösung.

Die Alternative 69.♔d5? scheitert an 69...♘e3+ 70.♔e4 ♔c7 mit folgenden Abspielen:

1) 71.♔e5 ♔xb7 72.♔e6 ♔c6 73.♔f7 ♔d7 74.♔g7 ♔e6 75.♔xh7 ♔f7=

2) Nach 71.♔xe3 ♔xb7 ...

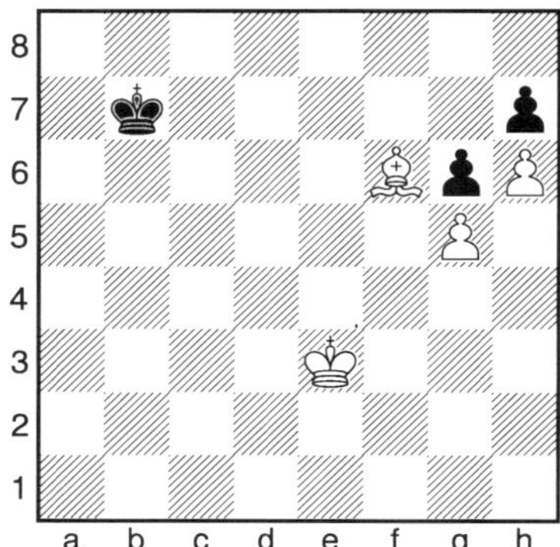

... ist die schwarze Festung uneinnehmbar; z.B. 72.♔d4 ♔c6 73.♔e5 ♔d7 74.♔d5 ♔e8 75.♔e6 ♔f8=.

69...♘a5

69...♔c7 70.♔xc4 ♔xb7 71.♔d5 ♔c7 72.♔e6+−

70.b8♘+!

Natürlich nicht 70.b8♕?? ♘c6+ =.

1-0, weil die schwarze Festung nunmehr früher oder später eingenommen werden kann; z.B. 70...♔d6 71.♗e5+ ♔e6 72.♔e4 ♘c4 73.♗f4 ♘b6 74.♘a6 ♘d7 75.♘c7+ ♔e7 76.♘d5+ ♔f7 77.♗e3 ♔e6 78.♗d4 ♔d6 79.♘f6 ♘f8 80.♗b2 ♘e6 81.♘xh7+−, Smirin − Baron, Acre 2013.

Lösung 23: c)

Die einzige Rettung besteht in **42...♘d6+!**, denn nach den alternativen Vorschlägen kann Weiß sich am Damenflügel ein oder zwei Freibauern verschaffen und so den Sieg erzwingen:

1) 42...♘e7+? 43.♔e5 ♔g7 44.♔d6 ♘c8+ 45.♔xc5 ♔xh7 46.♔xc6 ♔g6 47.c5 ♔f5 48.♔d7+−

2) 42...♔g7? 43.♔e6 ♔xh7 44.♔d7 ♘b6+ 45.♔xc6 ♔g7 46.a4 ♔f6 47.a5 ♘c8 48.♔b7 ♘d6+ 49.♔xa7 ♔e7 50.a6 ♔d7 51.♔b8 ♘c8 52.a7 ♘xa7 53.♔xa7 ♔c7 54.♔a6 ♔c6 55.♔a5 ♔c7 56.♔b5 ♔d6 57.♔b6+−

43.♔f4

Auf 43.♔e5 folgt 43...♔e7! 44.h8♘ (44.h8♕?? ♘f7+ −+) 44...♔d7 45.♘g6 ♘f7+ 46.♔f6 ♘h6=.

43...♔g7 44.♔e5 ♘b7 45.♔e6 ♔xh7 46.♔d7 ♘a5 47.♔c7 ♔g7 48.♔b8 ♔f7 49.♔xa7 ♔e7 50.♔a6

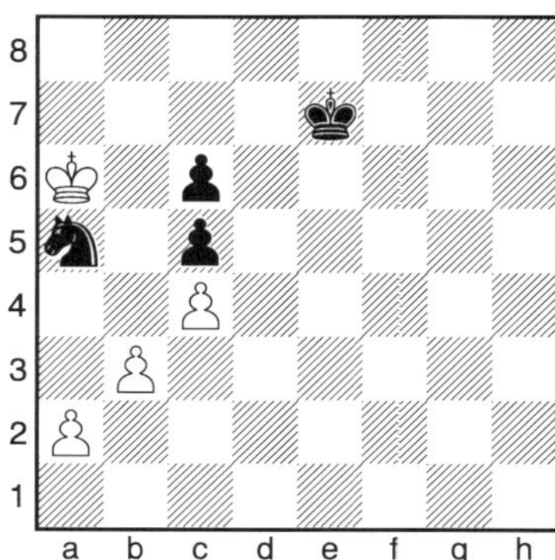

50...♘xb3!

Nur das Springeropfer auf *diesem* Feld rettet die Partie, denn nach 50...♘xc4? 51.bxc4 ♔e6 52.a4 ♔e5 53.a5 ♔d4 54.♔b6 würde Weiß gewinnen.

51.axb3 ♔e6! Fernopposition **52.♔a7 ♔e7 53.♔a8 ♔e8!** Fernopposition

53...♔e6? 54.♔b8 ♔d6 55.♔c8 ♔e5 56.♔c7 ♔e4 57.♔xc6 ♔d4 58.♔d6 ♔c3 59.♔xc5 ♔xb3 60.♔b5+−

54.♔b7 ♔d7 55.♔b6 ♔d6 56.♔a5 ♔e5

56...♔e7=; 56...♔d7=

57.♔a6 ♔e6 58.♔b6 ♔d6 59.♔b7 ♔d7 60.♔a7 ♔e7 61.♔b8 ♔d8 62.♔a8 ♔e8 63.♔b8 ♔d8 64.♔b7 ♔d7 ½-½, Tari − Moen, Oslo 2013

Lösung 24: b)

Mit **95.♘d4?** gewann Weiß zwar den c-Bauern, verlor jedoch die Partie.

1) Nach 95.♔f6? ♔e4 kann Schwarz in der Folge nutzen, dass er noch über *zwei*

Freibauern verfügt; z.B. 96.♔g5 f4 97.♔g4 f3 98.♔g3 ♔e3 99.♘c1 f2 100.♔g2 ♔d2 101.♘b3+ ♔e1 102.♘c1 f1♕+ −+

2) Richtigerweise musste der König mit 95.♔d5! zum c-Bauern laufen und der Springer musste sich in der Folge um den f-Bauern kümmern; z.B. 95...♔e3 96.♔c4 und nun:

a) 96...♔e2 97.♔c3 ♔d1 98.♔d3 f4 99.♔e4=

b) 96...f4 97.♔c3 f3 98.♔xc2 f2 99.♘d2=

95...c1♕ 96.♘e2+ ♔e3 97.♘xc1

Normalerweise wird die Distanz namens ‚Springerschachschatten' durch einen Königszug herbeigeführt, aber hier ist der Springer selbst dazu gezwungen, sich in eine Stellung zu begeben, aus der heraus er mindestens *drei* Züge für ein Schachgebot benötigen würde. Entsprechend ist der Bauer nicht mehr aufzuhalten.

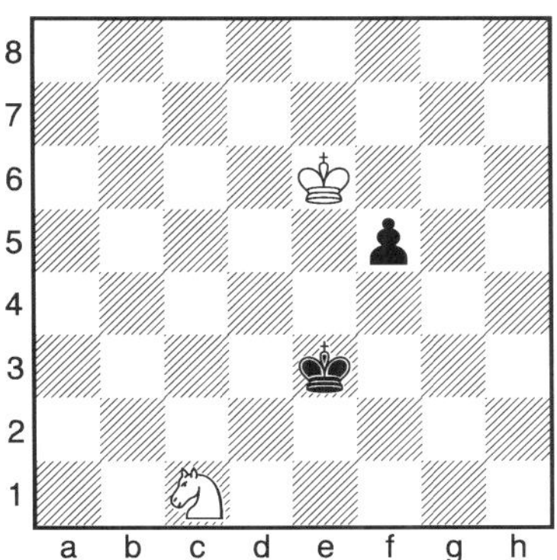

97...f4 98.♘a2 ♔d2 99.♘b4 f3 0-1, Kharlov − Khatoev, Samara 2013

Lösung 25: a)

Mit dem großartigen Opfer seines vorletzten Bauern **55...e3!!** sprengt Schwarz dem König den Weg zu seinem eigenen Freibauern frei und verstopft gleichzeitig das Feld e3, so dass dieses in der Folge nicht mehr vom gegnerischen Springer genutzt werden kann.

56.fxe3+

Nach 56.♔d3 exf2 57.♔e2 ♔g3 58.♘f1+ ♔g2 59.♘e3+ ♔g1 60.♘f1 ♘c5−+ kann Schwarz entscheidenden Zugzwang einsetzen.

56...♔g3 57.e4

Nach 57.♘f1+ ♔g2 steht dem Springer das Feld e3 nicht zur Verfügung, welches jedoch bei der Verteidigung gegen den Randfreibauern unverzichtbar ist.

57...♔xh2 58.e5 ♔g3 59.e6 h2 60.e7

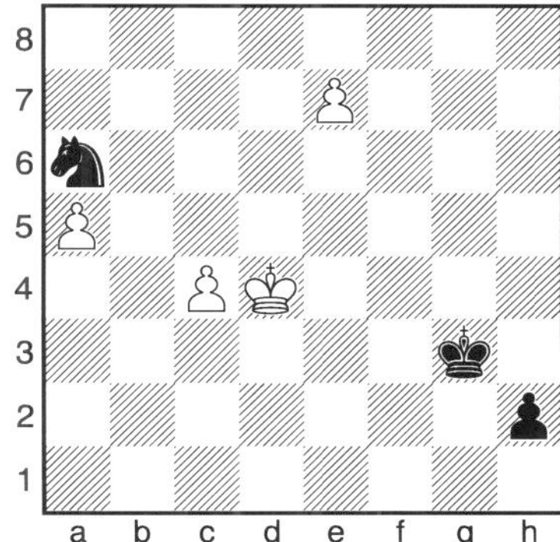

60...♘c7

Erstaunlicherweise gewinnt selbst 60...h1♕!? 61.e8♕ ♕a1+ mit der möglichen Folge 62.♔d3 ♘b4+ 63.♔d2 ♕b2+ 64.♔e3 ♕f2+ 65.♔e4 ♕f4#.

61.a6 h1♕ 0-1, Spindelboeck − Schachinger, Bad Gleichenberg 2014

Lösung 26: c)

Weiß ist rettungslos verloren, weil der eigene König vom Spiel ausgeschlossen ist, während der gegnerische in Verbindung mit dem Läuferpaar dem Freibauern vorwärts hilft.

In der Partie brachte das Qualitätsopfer **46.♖xd4** keine Rettung.

Allerdings waren auch andere Züge nicht besser:

1) 46.♗e7 ♗b7 47.♗b4 ♗xe4 48.♖d1 ♗d5 49.♗d6 ♗c4 50.♗b4 h5 51.♖e1 ♔c6 52.♗f8 ♔d5 53.♖d1 e4 54.♗g7 ♗d3–+

2) 46.♖b3 ♔a5 47.♗e7 ♗b7 48.♖a3+ ♔b6–+

46...exd4 47.♗xd4+ ♔a5 48.♔g1 b4 49.♔f2 ♔a4 50.♔e3 ♔b3!

Nun dringt der König mit entscheidender Wirkung weiter vor.

Natürlich nicht 50...b3?? 51.♗b2=.

51.♔f4

51.♔d2 ♔a2 52.♔c2 ♗b7 53.e5 ♗xg2 54.e6 h5 55.e7 ♗c6–+

51...♔c2 52.♔e5 b3 53.♔d6

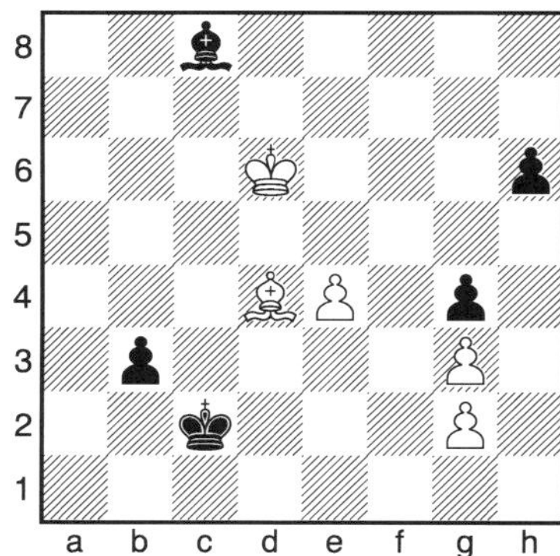

53...♔d3

Auch direkt 53...b2 gewinnt nach der Folge 54.♗xb2 ♔xb2 55.e5 ♔c3 56.e6 ♗a6 57.e7 ♗b5 58.♔e5 ♔d3 59.♔f5 h5 60.♔g5 ♗e8–+.

54.♗a1 ♔xe4 55.♔c5 ♔d3 und **0-1** angesichts der möglichen Folge 55...♔d3 56.♔b4 ♔c2 57.♔a3 ♗b7 58.♗g7 h5 59.♗b2 ♗xg2 60.♗f6 ♗e4 61.♗b2 h4 62.gxh4 g3 63.♗d4 g2 64.h5 b2–+, Rapport – Ding, Madrid 2022.

Lösung 27: c)

In der Partie folgte mit dem effektvollen Mauerbrecher **50.c5!!** eine große Überraschung.

Hingegen hätte 50.♗xb6? nach 50...axb6 51.c5 bxc5 52.b6 ♗d8 53.b7+ ♔b8 54.♔c4 ♔a7 55.♔b5 ♗c7 56.♔c6 ♗b8 57.♔b5 c4! sogar zum weißen Verlust geführt.

50...dxc5

50...bxc5 51.♗e1 ♗d8 52.♗c3 ♔b8 53.♗g7 ♔c7 54.♗h6 ♔b6 55.♗g5 ♗c7 56.♔c4 ♔a5 57.♗xh4+–

51.d6 ♔d7

51...♗d8 52.♔c4 ♔d7 53.♔d5 c4 54.♗d4+–

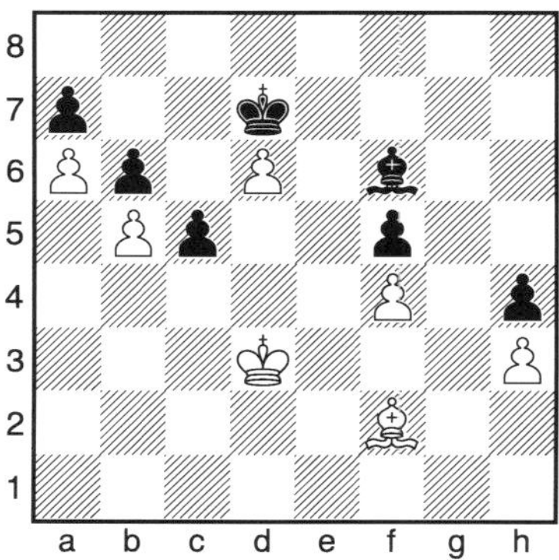

52.♗xc5! ♗d8

52...bxc5 53.b6 axb6 54.a7+–

53.♗b4 ♔e6 54.♔c4 ♗f6 55.♗c5 ♗d8

55...bxc5 56.b6 axb6 57.a7+–

56.♗d4 ♔xd6 57.♗e5+ ♔e6 58.♗b8 ♔d7 59.♔d5 1-0, Spassky – R. Byrne, San Juan 1974

Lösung 28: a)

Mit dem Läuferopfer **69...♗xe4!! 70.♗xe4** und dem Einbruch des Königs **70...♔a4** verschaffte Schwarz sich in der Folge drei weitere Freibauern. Da spielte auch der Verlust seiner beiden Bauern am Königsflügel keine Rolle mehr.

71.♗f5 ♔b3 72.♗xg4 e4 73.♗xh3 ♔xc3 74.g4 ♔d2 0-1, Bisguier – Fischer, New York 1966

Lösung 29: c)

Da die Entstehung eines weit vorgedrungenen schwarzen Freibauern nicht zu verhindern ist, steht Weiß auf verlorenem Posten. So blieb in der Partie der Versuch **47.♔d4** erfolglos.

Nach 47.axb4 hebt 47...c3! die weiße Stellung am Damenflügel in folgenden Varianten aus den Angeln:

1) Ganz einfach nach 48.♗xc3 a3 49.bxa3 ♔xc3 50.b5 ♗d5–+.

2) Und nach 48.bxc3 wird zunächst mit 48...♗c4 der Vorstoß c3–c4 und somit das Eingreifen des weißen Läufers verhindert. Und nach dem Wettrennen 49.b5 a3 50.b6 a2 51.b7 und der beiderseitigen Umwandlung 51...a1♕ 52.b8♕ folgt ein schönes Mattfinale: 52...♕g1+ 53.♔f3 ♗d5+ 54.♔e2 ♕g2+ 55.♔e1 ♕g3+ 56.♔f1 ♗c4#.

47...c3! 48.bxc3 bxa3

Es gewinnt auch 48...bxc3 49.♔e3 ♗f7 50.♗f6 ♔b3 usw.

49.c4 a2 50.♔c5 ♔b1 51.♔b4 a1♕ 52.♗xa1 ♔xa1 53.c5 ♔b2 54.c6 a3 55.c7 ♗e6 56.♔c5 a2 57.♔d6 ♗c8 0-1, Ljubojevic – Karpov, Mailand 1975

Lösung 30: b)

Allerdings kann Schwarz nur mit dem pointierten Scheinopfer **71...♗g3+!** gewinnen.

1) Nach dem Fehler 71...gxf5? und der Folge 72.♔xf5 ♗g3 73.♔e4 h4 74.♔f3 ♔g5 75.♔g2 erreicht der König die rettende Ecke.

2) Auch 71...g5+? führt nicht zum Ziel; z.B. 72.♔f3 ♔g7 73.♔g2 ♔f6 74.♗d3 ♗e1 75.♗e2 g4 76.♗d1 ♔e5 77.♗e2 ♔f4 78.♗c4 h4 79.♗e6 h3– 80.♔h1 ♔g3 81.♗xg4! ♔xg4 82.♔h2=.

72.♔e4

72.♔xg3 gxf5 73.♔f4 h4–+

72...gxf5+ 73.♔xf5 ♗b8 74.♔e4

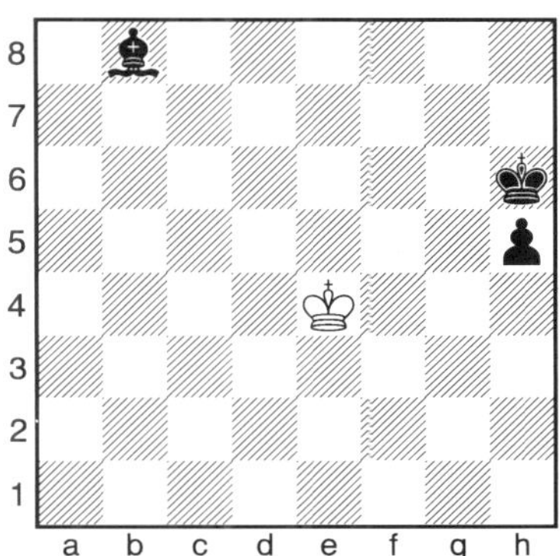

74...h4!

74...♔g5? 75.♔f3=

75.♔f3 h3 76.♔f2 ♗h2! und **0-1** angesichts der möglichen Folge 77.♔f3 ♔g5 78.♔f2 ♔f4 79.♔f1 ♔f3 80.♔e1 ♔g2–+, Anand – Karpov, (Blindpartie) Monte Carlo 1994.

Lösung 31: b)

Dieses Turmendspiel ist gewonnen – allerdings nur, wenn Weiß den fantastischen Durchbruch **48.b4!** findet.

Denn 48.axb5? führt nach 48...♖d5 49.b6 ♖b5 50.♖a4 ♖xb6 51.♖xa5 ♖xb3 52.♖a7+ ♔h6 zum Remis.

48...g5

Jede Schlagversion endet damit, dass der weiße Turm hinter den entstehenden Freibauern gelangt:

1) 48...bxa4 49.bxa5 a3 50.♖a4 a2 51.♔f3!+–

2) 48...axb4 49.axb5 b3 50.♖b4 b2 51.♔f3!+−

49.♖e4

Nach dem Fehler 49.♔xg5? bxa4 50.bxa5 ♖d5+ 51.♔h4 ♖xa5= gelangt der schwarze Turm hinter den schwarzen Freibauern.

49...axb4 50.axb5 b3 51.♖b4 b2 52.♔f3 ♖d3+ 53.♔f2 und **1-0** angesichts der möglichen Folge 53...♖d2+ 54.♔e3 ♖g2 55.b6 ♖xg3+ 56.♔f2 ♖xh3 57.b7 ♖h8 58.b8♕+−, Shuvalova – Maurizzi, Wijk aan Zee 2022.

Lösung 32: c)

Normalerweise reicht eine Mehrfigur im Endspiel zum Gewinn, doch gegen gefährliche Freibauern ist stets Genauigkeit vonnöten.

Nach der Zentralisation **61.♗e4!** hält der Läufer alles unter Kontrolle. Tatsächlich kann der schwarze Bauerndurchbruch nur auf diese Weise verhindert werden.

Hier ein Blick auf zwei Verlustvarianten:

1) 61.axb4? c3 62.♗e4 (62.bxc3 a3−+) 62...cxb2 63.♗b1 ♔c6 64.♔g4 ♔b5 65.♔f5 ♔xb4 66.♔xe5 ♔b3 67.f4 a3 68.f5 a2−+

2) 61.♗f1? ♔d5 62.♗g2+ e4 63.f3 bxa3 64.bxa3 c3 65.fxe4+ ♔e5−+

61...c3 62.bxc3 bxa3 63.♗b1 ♔d5

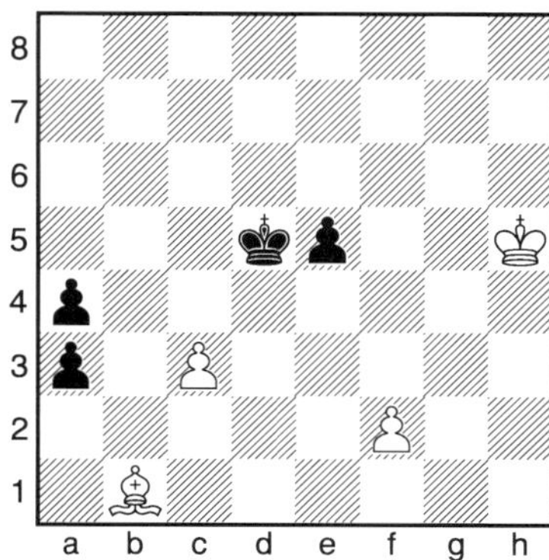

64.♗a2+!

So wird der gegnerische König vom c-Bauern ferngehalten, denn 64.♔g4?? führt nach 64...♔c4−+ zu einer Katastrophe.

64...♔e4 65.c4 ♔f5 66.c5 ♔f6 67.♔g4 und **1-0** angesichts der möglichen Folge 67...♔e7 68.♔f5 ♔d7 69.♔xe5 ♔c6 70.♔d4+−, Van Foreest – Donchenko, Kragero 2022.

Lösung 33: c)

Bei diesem Bauernendspiel muss Weiß zwei Dinge beachten:

1) Am Rand könnte sein König eingesperrt werden.

2) Der gegnerische Freibauer auf der f-Linie ist nicht aufzuhalten.

Unter Berücksichtigung dieser beiden Faktoren ist nur **66.♔b5!** richtig.

Der a-Bauer ist vergiftet, denn nach 66.♔xa5? ♔c5 67.♔a6 f5 würden die erwähnten Faktoren ihre Wirkung zeigen: 68.a5 f4 69.♔b7 f3 70.a6 f2 71.a7 f1♕ 72.a8♕ ♕f7+! Damit wird das Mattfinale eingeleitet: (72...♕b5+? 73.♔c7=) 73.♔a6 (73.♔c8 ♕e8+ 74.♔b7 ♕d7+ −+) 73...♕e6+ 74.♔b7 ♕d7+ 75.♔b8 (75.♔a6 ♕b5+ 76.♔a7 ♕b6#) 75...♔b6−+.

66...f5 67.c4+ ♔e6

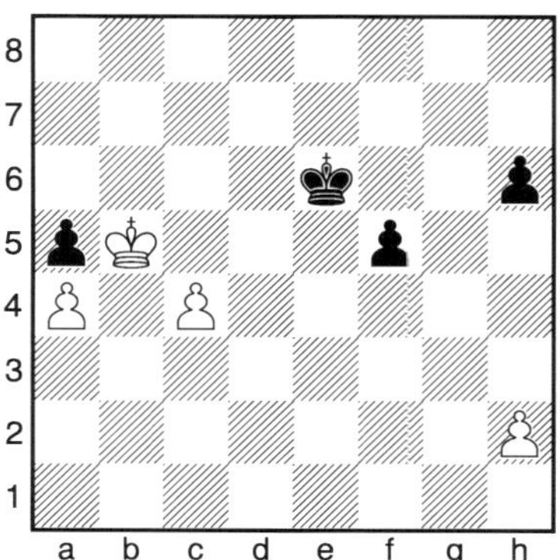

68.♔b6!

Der a-Bauer ist immer noch vergiftet: 68.♔xa5? f4 69.c5 f3 70.c6 f2 71.c7 ♔d7 72.♔b6 ♔c8–+.

68...♔d7 69.♔b7 ♔d6 70.♔b6 ♔d7 ½-½, Unneland – Reimanis, Kragero 2022

Lösung 34: a)

Zum Gewinn muss Weiß seinen Königszug im Hinblick auf die anschließend möglichen Springerschachs wählen.

Nach der richtigen Lösung **60.♔e6!** hat der Springer kein Schach und in der Folge kann Weiß sein weiteres Vorgehen an jeden möglichen Springerzug anpassen.

Die Alternative 60.♔f6? scheitert ziemlich einfach an 60...♘d5+ 61.♔e5 ♘e7 62.♔f6 ♘xg6 63.♔xg6 ♔h8=.

60...♘d3

1) Nach 60...♘c6 gewinnt 61.♔f6!, womit der König die sogenannte Karpov-Distanz einnimmt (mit zwei Feldern zwischen König und Springer ist kein Schachgebot möglich).

2) Und nach 60...♔f8 61.h7 ♔g7 sorgt das Ablenkopfer 62.h8♕+ ♔xh8 nebst 63.♔f7 für den Sieg.

61.♔f6 ♔h8 62.h7!

Natürlich nicht 62.g7+?? ♔h7 63.♔f7 ♘e5+ 64.♔f8 ♘g6+ mit Remis durch Dauerschach.

1-0 angesichts der möglichen Folge 62...♘f4 63.g7+ ♔xh7 64.♔f7 ♘h5 65.g8♕+ ♔h6 66.♕g6#, Rezasade – Movsesian, Deutschland 2022.

Lösung 35: a)

Wenn der letzte Bauer den Turm kostet, gewinnt Weiß mit Läufer und Springer.

Dies ist nur mit **82...♖c1!** zu vereiteln, denn jetzt ist die simple Drohung ♖xc7 nicht ausreichend zu parieren.

82...♔d7? verliert auf lange Sicht, wie aus der folgenden Beispielvariante hervorgeht: 83.♔b4 ♖c1 84.♘c5+ ♔c6 85.♘b3 ♖b1 86.♔c3 ♔b7 87.♔c2 ♖g1 88.♘a5+ ♔a6 89.b7 ♖g2+ 90.♔c3 ♖g8 91.♔d3 ♖h8 92.♔e3 ♖g8 93.♔f4 ♖h8 94.♔g5 ♖f8 95.♔g6 ♖h8 96.♔f7 ♖h7+ 97.♔e6 ♖h8 98.♔d7 ♖g8 99.♗d8 ♖g7+ 100.♗e7 ♖g8 101.♔c7 ♔xa5 102.♗d8 ♖g7+ 103.♔c6+ +–.

83.♔b4

Auch die Alternativen 83.♗d8 ♔d7= und 83.♘a5 ♖xc7 84.bxc7 ♔d7= reichen nicht zum Gewinn.

83...♖xc7 84.♘c5+

84.bxc7 ♔d7=

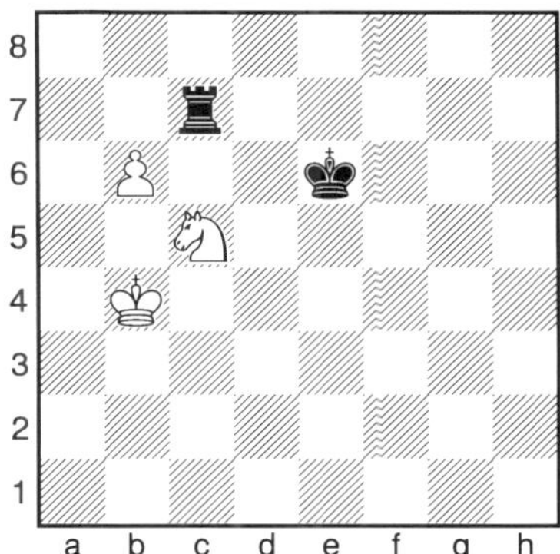

84...♔d6!

Nicht jedoch 84...♖xc5? 85.♔xc5 ♔d7 86.♔d5 ♔d8 87.♔d6! (87.♔c6? ♔c8=) 87...♔c8 88.♔c6 ♔b8 89.b7 ♔a7 90.♔c7+–.

85.bxc7 ♔xc7 ½-½, Nepomniachtchi – Aronian, Bukarest 2022

Lösung 36: a)

Hier hat die Aktivierung des Königs mit **38.♔g5!** oberste Priorität.

Wenn Weiß hingegen einen der Bauern schlägt, kann er nicht mehr gewinnen, wie es folgende Varianten beweisen:

1) Nach 38.♖xc6? ♔d7 39.♖d6+ ♔e7= kann der nun wieder mögliche Einsatz des schwarzen Königs das Remis sichern.

2) Und nach 38.♖xg7? ♖xc4+ könnte Weiß sogar noch verlieren, wenn er sich den schrecklichen Fehler 39.♔g5?? (39.♔g3=) mit der Folge 39...♖g4+ 40.♔f6 ♖xg7 41.♔xg7 c5–+ zuschulden kommen lässt.

38...♖xa4

Nach 38...♖xc4 39.♔xh5 führen folgende Varianten zum Sieg:

1) 39...g6+ 40.♔g5 c5 41.g4 ♔f8 42.h5 gxh5 43.gxh5 ♖c1 44.♔g6 c4 45.h6 ♖g1+ 46.♔f6 ♔g8 47.♖xc4 ♔h7 48.♔xe6 ♔xh6 49.♖c5 ♔g6 50.♖xa5+–

2) 39...♖xa4 40.♖xg7 ♖e4 41.g4 ♖xe5+ 42.g5 a4 43.♖a7 ♖e4 44.g6 ♔f8 45.♔g5+–

39.♔xh5

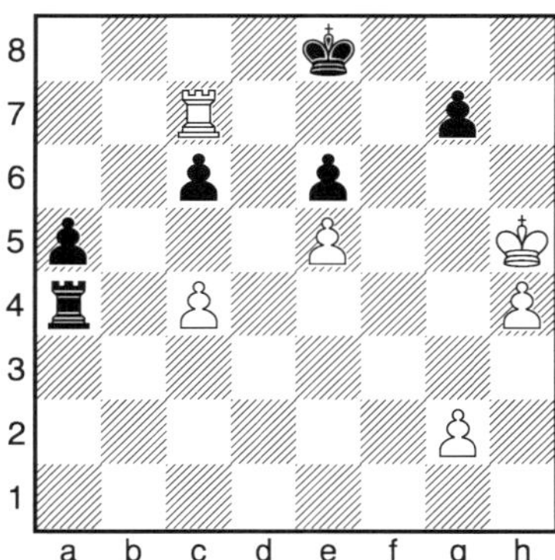

39...♖xc4

39...♔f8 40.♖xc6 ♖a2 41.g4 ♖e2 42.g5 ♖xe5 43.♔g6 ♖e4 44.h5 a4 45.♖c8+ ♔e7 46.♔xg7+–

40.♖xg7 c5 41.♖a7

Der Turm gehört hier klarerweise *hinter* den Freibauern.

41...♖e4 42.g4 ♖xe5+ 43.g5 und **1-0** angesichts der möglichen Folge 43...c4 44.♔h6 c3 45.g6 c2 46.♖c7 Auch hier gehört der Turm *hinter* den Freibauern. 46...♖e4 47.g7 ♖xh4+ 48.♔g5 c1♕+ 49.♖xc1 ♔f7 50.♖c7+ ♔g8 51.♔xh4+–, Efimenko – Anton Guijarro, Deutschland 2022

Lösung 37: c)

Die beiden entfernt voneinander laufenden Freibauern garantieren keineswegs ein quasi automatisches Remis. So führte der Partiezug **53...♔g5?** zum Verlust.

1) Auch 53...h2? führt in der folgenden längeren Variante zum Verlust: 54.♖h1 ♔e5 55.♔b2 ♔e4 56.♖xh2 ♔xe3 57.♔xa2 d4 58.♔b2 f5 59.♔c2 f4 60.♔d1 f3 61.♔e1 d3 62.♖a2 ♔e4 63.♔f2+–.

2) Hingegen konnte Schwarz sich mit 53...♔f5! retten, wie ein Blick auf die folgenden Abspiele veranschaulicht:

a) 54.♖xa2 h2 55.♖a1 ♔g4 56.♔d3 ♔f3 57.♔d4 ♔g2 58.♔xd5 h1♕ 59.♖xh1 ♔xh1 60.♔d6 ♔g2 61.♔e7 f5 62.♔f6 ♔f3 63.♔xf5 ♔xe3=

b) 54.♔d3 h2 55.♔e2 ♔e4 56.♔f2 f5 57.♔g2 ♔xe3 58.♖xa2 d4 59.♔xh2 d3 60.♔g2 d2 61.♖a1 ♔e2=

54.♔d3! und **1–0** angesichts der möglichen Folge 54.♔d3 h2 55.♔e2 ♔g4 56.♔f2 ♔h3 57.♔f3 f6 58.♖h1 f5 59.♖a1 ♔h4 60.♔g2 ♔g4 61.♖xa2 h1♕+ 62.♔xh1 ♔f3 63.♖a3 f4 64.exf4+ ♔xf4 65.♔g2 d4 66.♔f2 ♔e4 67.♔e2+–, Carlsen – Vachier-Lagrave, Stavanger 2022.

Lösung 38: b)

Weit vorgerückte Freibauern können im Endspiel sehr mächtig sein, und mit dem Riesenzug **35...♖xe3!!** verschaffte Schwarz sich in der Folge gleich *zwei* von der Sorte.

36.fxe3 f2 37.♗d3 ♗xh3 38.♖e8 ♗f5!!

Nach dieser Pointe wird einer der Freibauern durchlaufen.

Natürlich nicht direkt 38...f1♕? 39.♗xf1 ♗xf1, denn nach 40.♖e5 h3 41.♖h5 kann Schwarz nicht mehr gewinnen; z.B. 41...♔g6 42.♖h8 ♔g5 43.♔b6 ♔g4 44.♔xb7

1) 44...♗b5 45.♔c7 ♔g3 46.♖g8+ ♔f2 47.♖h8=

2) 44...♔g3 45.♔xc6 h2 46.♖xh2 ♔xh2 47.♔xd5=

39.e4

39.♗f1 ist zäher, rettet aber auch nicht, denn nach 39...h3 40.♖e5 h2 41.♖xf5 h1♕ 42.♖xf2 ♕e4 ist die Dame einfach zu stark; z.B. 43.♔b6 ♕xe3 44.♖g2+ ♔f8 45.♔xb7 ♕f3 46.♖g1 ♕f2 47.♖h1 ♕xb2+ 48.♔xa6 ♕xd4 49.♖h5 ♕f2 50.♖h8+ ♔e7 51.♗d3 ♕f3 52.♗h7 ♕b3 53.♔a7 ♕c3−+.

39...dxe4 und **0-1** wegen 40.♗f1 h3−+, Assaubayeva − Tan, Nur-Sultan 2022.

Lösung 39: a)

Die Gewinnpointe besteht in dem Qualitätsopfer **55...♖xd3!**, weil dies u.a. dafür sorgt, dass der weiße König aus dem Quadrat des h-Bauern gezogen wird.

Natürlich nicht 55...♖xb5?? 56.♗xb5 h3 57.♗c6=.

56.♔xd3 h3 57.♖b6 h2 58.♖h6

58.♖b1 ♔g3 59.♔e2 ♔g2−+

58...♔f3 59.♖h5 ♗f4 60.♔d4

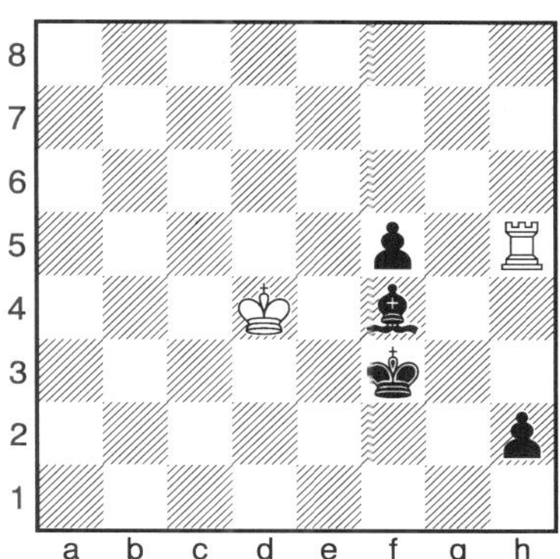

60...♗b8!?

Mit diesem gewitzten Rückzug beweist Schwarz ausgezeichnete Endspieltechnik! Denn nach 60...♔g2?! 61.♖xf5 h1♕ 62.♖xf4 müsste er mit ♔+♕ gegen ♔+♖ gewinnen, und an dieser Aufgabe sind sogar schon renommierte Großmeister gescheitert.

61.♖xf5+ ♔g4 62.♖f1 ♗a7+

Nach diesem Stich in den Rücken gelangt der Läufer mit tödlicher Wirkung nach g1.

63.♔e4 ♗g1 64.♖f4+ ♔g5 65.♖f5+ ♔g6 0-1, Dgebuadze − Bogosavljevic, Deutschland 2022

Lösung 40: b)

Hier ist klar, dass der schwarze Bauer den weißen Turm kosten wird, allerdings ist von entscheidender Bedeutung, wie dann der Kampf des schwarzen Turms gegen den weißen Bauern ausgeht.

In der Partie stellte sich **77...♔e1?** als verfehlt heraus, denn nun kann der weiße König den Freibauern unterstützen.

Zum Sieg führte einzig und allein die Sperrung der g-Linie mit 77...♖g7! und folgenden Gewinnvarianten:

1) 78.h5 ♔g1 79.♔e2 ♖g2 80.♖xf2 ♖xf2+ 81.♔e3 ♖h2−+

2) 78.♔e3 ♖g3+ 79.♔f4 ♔g2 80.♔e5 ♖f3 81.♖g6+ ♔h3−+

78.♔g4 ♖g7+ 79.♔h3!

Nicht jedoch 79.♔h5? f1♕ 80.♖xf1+ ♔xf1 81.♔h6 ♖g1 82.h5 ♔f2 83.♔h7 ♔f3 84.h6 ♔f4 85.♔h8 ♔f5 86.h7 ♔g6 87.♔g8 ♔h6+ 88.♔h8 ♖a1−+.

79...f1♕+ 80.♖xf1+ ♔xf1 81.h5 ♔f2 82.♔h4 ♔f3 83.h6 ♖a7 84.♔g5 ♔e4 85.♔g6 ♖a6+ 86.♔g7

Der Bodycheck 86.♔g5 remisiert ebenfalls.

86...♔f5 87.h7 ♖a7+

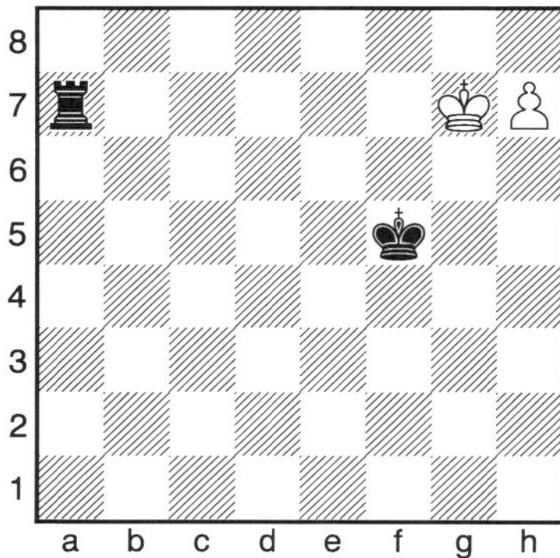

88.♔h6!

Hier remisiert nur dieser Bodycheck, denn nach 88.♔g8? ♔g6 89.h8♘+ ♔f6−+ entsteht eine bekannte Gewinnstellung.

88...♖a6+ 89.♔g7 ♖a7+ 90.♔h6 ♖xh7+ 91.♔xh7 ½-½, Najer – Quparadze, Vrnjacka Banja 2023

Lösung 41: b)

Mit zwei Mehrbauern kann Schwarz ungeachtet der ungleichen Läufer gewinnen, wenn er sogleich den entscheidenden Durchbruch **61...b4!** wählt.

Denn nach einem sinnlosen Tempoverlust wie 61...♗g6? könnte Weiß mit 62.♗e7= eine uneinnehmbare Festung errichten.

62.♔d1 ♗g6!

62...bxc3? 63.♔c2 ♔b5 64.♔xc3 ♔a4 65.♗d8=

63.♗d2

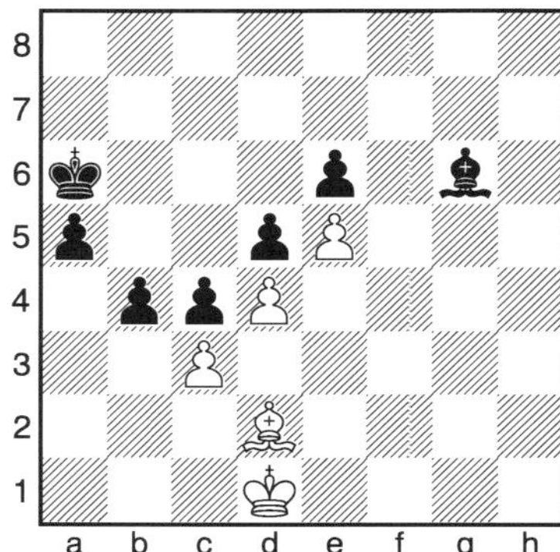

63...a4!

Nur so kann der Bau einer Festung vermieden werden, wie sie nach 63...bxc3? 64.♗xc3 entstehen würde; z.B. 64...a4 65.♔c1 a3 66.♗b4 a2 67.♔b2 ♔b5 68.♗c3 ♗b1 69.♔a3=.

64.cxb4 ♔b5 65.♗c3 a3 66.♔d2 ♔a4 67.b5

Nach 67.♔c1 ♔b3 68.♔d2 ♗e8−+ entscheidet Zugzwang.

67...♔xb5 und **0-1** angesichts der möglichen Folge 68.♔c1 ♔a4 69.♔d1 ♔b3 70.♔d2 ♗d3 Zugzwang 71.♗a1 ♔a2 72.♗c3 ♔b1−+, Babazada – Schekachikhin, Vrnjacka Banja 2023.

Lösung 42: b)

Nur mit dem absurd wirkenden **88.♘e8!** (noch weiter weg vom Ort des Geschehens) kann Weiß einen halben Punkt retten.

88...♗f5 89.♘c7?

Damit kommt der Springer jedoch vom Kurs ab und wird in der Folge dominiert.

Mit 89.♘g7 hätte er die zum Remis führende richtige Route eingeschlagen: 89...♝g6 90.♔d1 ♔f6 (90...♔d4 91.♔c1=) 91.♘xh5+ ♝xh5+ 92.♔c2=.

89...♝d3! 90.♔d1 ♝g6

– 90...♔f5 gewinnt ebenfalls.

– Nicht jedoch 90...♔f4?? 91.♘d5+ ♔g3 92.♘xc3 ♔xh4 93.♔e1 ♔g3 94.♔d2! ♝a6 95.♔e3! h4 96.♘e4+ ♔g2 97.♘g5=.

91.♔c1 c2 92.♔d2 ♔f4 93.♘d5+ ♔g3 94.♘e7 ♝e4 95.♘g8 ♔xh4 96.♘f6 ♝f5 0-1, Tiviakov – Sokolov, Utrecht 2024

Lösung 43: b)

In diesem kniffligen Turmendspiel mit sogar *zwei* Minusbauern bildet **63...♖a3!** die einzige Rettung.

Es verliert 63...♖a5+? (63...♖f4+? 64.gxf4+–) 64.♔e6 ♖a6+ 65.♔e7 ♖a7+ 66.♔f8 ♔g4 (66...♖a8+ 67.♔g7+–) 67.♖g6+ ♔h5 68.♖g5+ +–.

64.♔f4

64.g4+ ♔xh4 65.♖h6+ ♔g3 66.g5 ♖a5+ 67.♔f6 ♖a6+ 68.♔g7 ♖a7+ 69.♔g8 (69.♔g6 ♔g4=) 69...♔g4 70.g6 ♔g5 71.♖h7 ♖a8+ =

Und nun führt das Turmopfer **64...♖f3+!** nach **65.♔xf3** zu einem Patt, Solic – Pruijssers, Sarajevo 2010.

Lösung 44: c)

In der Partie fand Weiß mit **58.f6!!** die einzige und obendrein elegante Gewinnmöglichkeit.

Hier ein Blick auf die minderwertigen Alternativen:

1) 58.♔g5? ♖b1 59.♖e8+ ♔d6 60.♖g8 ♔e5 61.♖xg7 ♖g1+ 62.♔h6 ♖h1+ 63.♔g5 ♖g1+ =

2) 58.♖f7? ♖b1 59.f6 (59.♖xg7?? ♔f4!–+) 59...♖h1+ 60.♔g4 ♖g1+ 61.♔h5 ♖h1+ =

58...♖xf6 59.♖f7

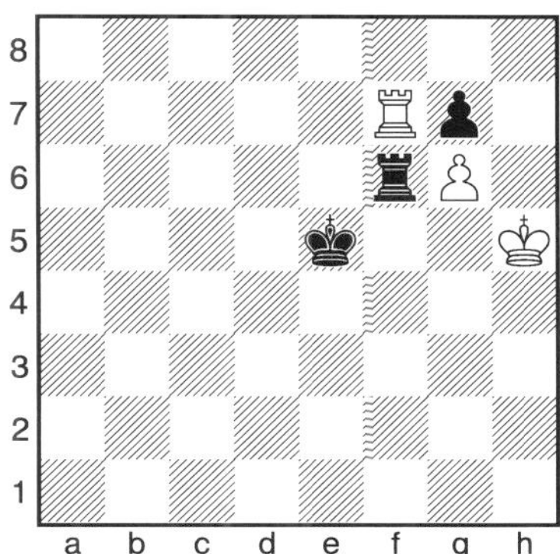

59...♔e6

59...♖f5+ 60.♔g4 ♖f6 61.♔g5!

1) 61...♔e6 62.♖xf6+ gxf6+ 63.♔h6+–

2) 61...♖a6 62.♖e7+ ♔d5 63.♖xg7+– (Golod)

60.♖xg7 ♖f1 61.♖a7 ♖h1+ 62.♔g5 ♖h2 63.g7 ♖g2+ 64.♔h6 ♖h2+ 65.♔g6 ♖g2+ 66.♔h7 ♖h2+ 67.♔g8 ♖f2 68.♖a6+ ♔e7 69.♔h7 1-0, Golod – Wiersma, Bad Wiessee 2003

Lösung 45: b)

Die resignative Partiefortsetzung **79.♖a8?** verliert offenbar sang- und klanglos.

Nur der studienartige Zug 79.♖a3! sicherte das Remis angesichts der Pattpointe nach 79...♖xg3+ 80.♔f4 ♖xa3.

Und auch nach 79...♔g5 80.♔d4 ♖f2 81.♖b3 kann Schwarz keine Fortschritte mehr erzielen; z.B. 81...♖f3 82.♖xf3 gxf3 83.♔e3 ♔g4 84.♔f2=.

79...♖xg3+ 80.♔d4 ♔g5 0-1, Peralta – Latorre Lopez Moreira, Asuncion 2009

Lösung 46: c)

Angesichts des weit vorgedrungenen Freibauern auf e7 ist Schwarz rettungslos verloren.

Entsprechend war der Partiezug **37...Le8** ebenso hoffnungslos wie die folgenden Alternativen:

1) Auch nach der zäheren Verteidigung mit 37...Sxe7 sollte Weiß sich auf lange Sicht durchsetzen; z.B. 38.Lxe7 Txb2 39.Sf4 Tc2 40.Sg6 Lh3 41.Se5+ Kb6 42.Td3 Lg2+ 43.Kf5 Te2 44.Ke6 Lb7 45.Tg3 Lc8+ 46.Kf6 Tf2+ 47.Kg7 Tf5 48.Tg6+ mit siegreichem Angriff dank der ungleichen Läufer.

2) Und nach 37...Txb2 38.Txd5 Te2+ 39.Kd3 Kxd5 entscheidet das Zwischenschach 40.Sf4+! mit der Folge 40...Kd6 41.Kxe2+−.

38.Txd5 Lxh5 39.Lc1 Lg6+ 40.Ke5 b4 41.Kf6!

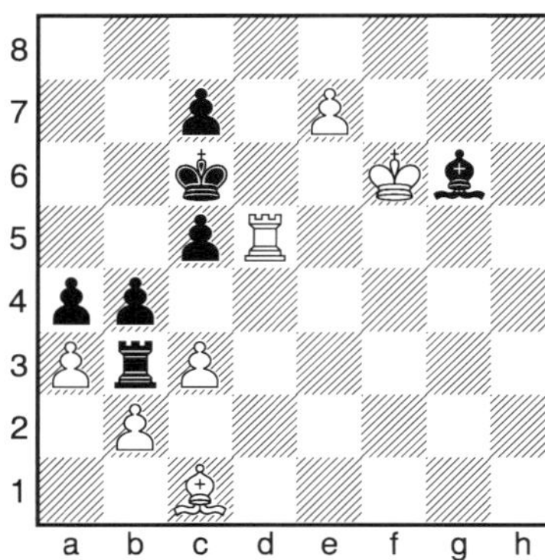

41...Le8

Nach 41...Kxd5 42.Kxg6 endet das Wettrennen 42...bxa3 43.e8D a2 44.Kf5 a1D mit dem Matt 45.De6#.

42.Td8 bxa3 43.bxa3 Ld7

43...Txc3 44.Txe8 Txc1 45.Ta8+−

44.Kf7!

Aber nicht 44.e8D? Lxe8 45.Txe8 Txc3 46.Lb2 Tf3+ 47.Kg5 c4=.

1-0 angesichts der möglichen Folge 44.Kf7! Txc3 45.Txd7 Kxd7 46.e8D+ Kd6 47.De6#, Nepomniachtchi – Vidit, Toronto 2024

Lösung 47: a)

Nach **62.h6+!** gewann Weiß, weil Schwarz diesen Bauern mit **62...Kf7** am Leben lassen muss.

1) Auf 62...Kxh6 folgt 63.Kxf6 mit der tödlichen Doppeldrohung Kxe7 und Th5#.

2) Und nach 62...Kh7 gewinnt Weiß trivial mit 63.Kxf6 Ta7 64.Kg5 Tb7 65.Kh5+−.

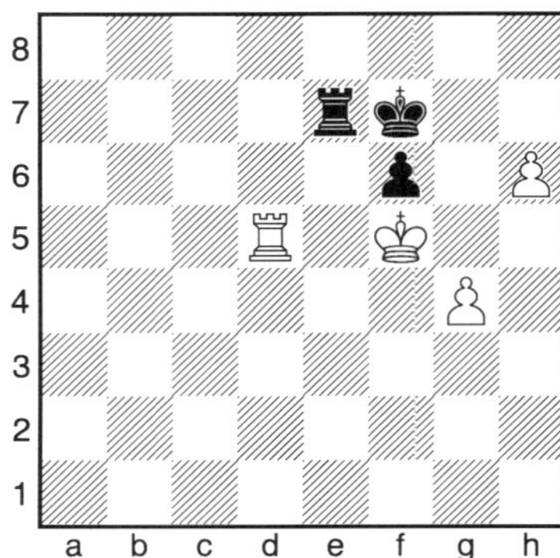

63.g5!

Dieses vorübergehende Bauernopfer nimmt dem gegnerischen Turm das Schach auf e5, so dass der eigene sich frei bewegen kann.

Die Fehlversuche 63.h7? Kg7= und 63.Td8? Te5+ = führen nur zum Remis.

63...fxg5 64.Td8 Te1 65.h7 Tf1+ 66.Kxg5 Tg1+ 67.Kf4 1-0, J. Polgar – Short, Monte Carlo 1993

Lösung 48: c)

Um diese Übung korrekt zu lösen, sind Kenntnisse der Endspieltheorie aus den

Bereichen ‚Turm gegen Freibauer' und ‚Dame gegen Freibauer' vonnöten.

Die Partiefortsetzung **60...♖xb7?** verlor, weil der weiße König in der Folge nicht weit genug vom Freibauern entfernt ist.

Hier ein Blick auf drei Alternativen, von denen die ersten beiden ebenfalls zum Verlust führen, während die dritte das Remis rettet:

1) 60...♖b1? 61.♖c5 ♖xb7 62.♔xb7 ♔f4 63.♔c6 ♔e4 64.♖c4+ ♔e5 65.♔c5 f4 66.♖c1 ♔e4 67.♔c4 ♔e3 68.♔c3 f3 69.♖e1+ ♔f2 70.♔d2 ♔g2 71.♔e3 f2 72.♖e2+−

2) 60...♔f6? 61.♖c5! ♖xb7 62.♔xb7 ♔g5 (62...f4 63.♔c6+−) 63.♔c6 ♔f4 64.♔d5 ♔g3 65.♔e5 f4 66.♖c3+ f3 67.♔e4+−

3) Die einzige Rettung besteht in 60...f4! mit folgenden Abspielen:

a) 61.♔c7 f3 62.b8♕ ♖xb8 63.♔xb8 f2 64.♖c1 ♔f4=

b) Und nach 61.♖c5+ ♔g4 62.♖b5 ♖xb5 63.♔xb5 f3 64.b8♕ f2 kann die weiße Dame erstaunlicherweise nicht gewinnen, weil ihr der eigene König im Weg steht; z.B. 65.♕f8 ♔g3 66.♔c4 ♔g2= Und nun befindet sich der weiße König um genau *ein* Feld außerhalb der Gewinnzone.

61.♔xb7 f4 62.♔c6

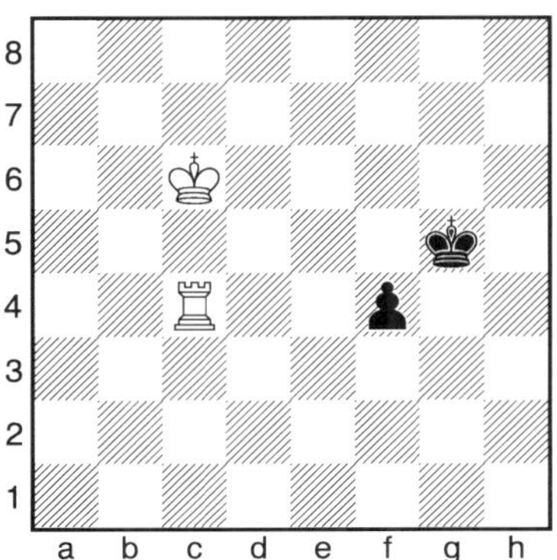

62...f3

62...♔g4 63.♔d5 ♔f3 64.♔e5+−

63.♔d5 f2 64.♖c1 ♔f4 65.♔d4 ♔f3 66.♔d3 und **1-0** angesichts der möglichen Folge 66...♔g2 67.♔e2 ♔g3 68.♖f1+−, Ladopoulos − Malikentzos, Hydra Town 2015.

Lösung 49: a)

Hier geht es offenbar um die Frage, wie Weiß das Überleben seines letzten Bauern bewerkstelligen kann. Und diesbezüglich war der Partiezug **57.♘g5?** die falsche Entscheidung, denn in der Folge kann der gegnerische König in die weiße Stellung eindringen.

Nur nach 57.♘f6! hätte Weiß gewinnen können; z.B. 57...♔c5 58.♘e8 ♔d4 59.♘d6 ♔c5 60.♘f5 und nun ist das Einbruchsfeld d4 bewacht: 60...♔b5 61.♘h4 ♔c5 62.♘f3 ♔b5 63.♘xe5 ♔c5 64.♘f3 ♔b5 65.e5 ♔c5 66.e6 ♔d6 67.♘g5 ♔e7 68.♔xb4+−.

57...♔e3!

57...♔c5? 58.♘f3 ♔d6 59.♔xb4+−

58.♔xb4 ♔f4 59.♔c5

Dieses Springeropfer zwecks Königsaktivierung stellt den letzten Gewinnversuch dar. Allerdings kann Schwarz auch diesen mit präzisem Spiel parieren.

59...♔xg5 60.♔d6

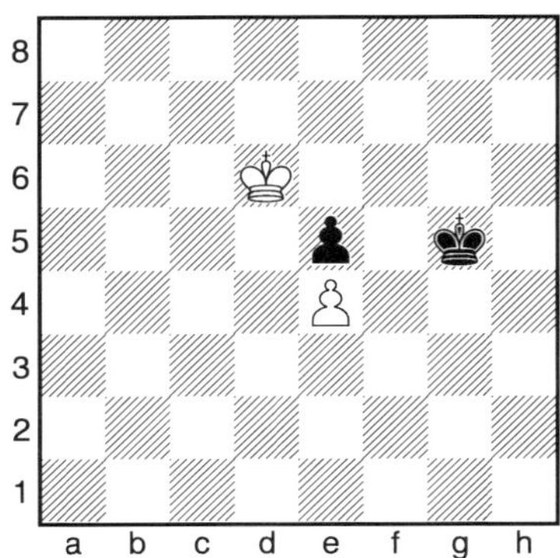

60...♔f6!

60...♔f4? 61.♔d5+−

61.♔d5 ♔f7!

61...♔e7? 62.♔xe5 ♔d7 63.♔f6 ♔e8 64.e5 ♔f8 65.e6 ♔e8 66.e7+−

62.♔xe5 ♔e7

Der König verteidigt die Schlüsselfelder durch Einsatz von Opposition.

63.♔d5 ♔d7 64.e5 ♔e7 65.e6 ♔e8!

65...♔d8? 66.♔d6 ♔e8 67.e7 ♔f7 68.♔d7+−

66.♔e5 ♔e7 ½-½, Demirelli – Kirali, Manavgat 2015

Lösung 50: a)

Angesichts der zwei gegnerischen Freibauern ist Weiß nicht nur nach dem Partiezug **36.e5**, sondern in allen Varianten verloren.

Beispielsweise auch nach 36.fxg4 ♘xe4 37.♘b5 d3 38.♗xe4 ♗xe4 39.♘d6 ♗g6 40.♔d2 ♔f6 41.♘c4 ♔e6 42.♘b2 ♔d5 43.♘xd3 ♗xd3 44.♔xd3 b3 45.h4 f6 46.♔c3 ♔e4−+.

36...gxf3!

Das ist die Pointe: Der Springer wird geopfert, damit der König unter Tempogewinn aktiviert werden kann.

37.exf6+ ♔xf6 38.♗d3 f2 39.♗f1 ♔e5 40.♔d2 b3 41.♘b5

Nach 41.♔c1 führt 41...f6−+ zu entscheidendem Zugzwang.

41...♗a6!

Ohne Hilfe des Springers ist Weiß wehrlos gegen den Einbruch des unaufhaltsam vordringenden gegnerischen Königs.

42.♗d3 ♗xb5 43.♗xb5 b2 44.♔c2 ♔e4 45.♗f1 ♔e3 46.g4 b1♕+ 47.♔xb1

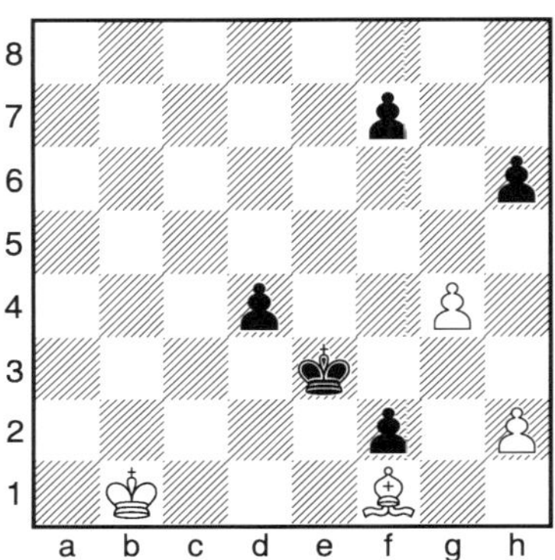

47...♔d2!

Vorsicht, denn 47...d3? 48.♔c1 ist nur remis.

48.♗h3 ♔e2 und **0-1** wegen 49.♔c2 d3+ 50.♔c3 d2−+, Ivanchuk – Tabatabaei, Sharjah 2024.

Teil III

Die Taktik der Endspiele

Prüfen Sie Ihre diesbezüglichen Fähigkeiten

Bei den folgenden 100 Aufgaben handelt es sich um sogenannte ‘Studien’, also um Phantasieprodukte, die zwar auch bestimmte Lehrinhalte transportieren können (ein interessantes Beispiel finden Sie weiter unten), jedoch in erster Linie der anspruchsvollen Unterhaltung und dem ästhetischen Genuss dienen.

Diese lassen sich in zwei Gruppen einteilen: taktische und analytische. Mit den analytischen haben wir uns in unserem Buch „Endspielzauber“ beschäftigt (Joachim Beyer Verlag 2023), während wir dem Leser in diesem neuen Werk Studien mit eher *taktischen* Lösungen bieten möchten. Diese enthalten beispielsweise fantasievolle Kombinationen und Opfer, unerwartete Mattsetzung, Pattfallen usw.

Unsere Auswahl deckt das gesamte Spektrum von ‘leicht’ bis ‘schwer’ ab, und wenn Sie im Einzelfall an Ihre Grenzen stoßen und ins Stocken geraten, zögern Sie bitte nicht, die Sache dadurch zu vereinfachen, dass Sie die Varianten im Lösungsteil nachspielen und diese hoffentlich auch tatsächlich *genießen* können.

Vorab noch der Hinweis, dass bei Studien prinzipiell *Weiß am Zug* ist, so dass beim jeweiligen Diagramm nur das angestrebte Ergebnis genannt wird: also ‘+–’ für ‘Weiß gewinnt’ bzw. ‘=’ für ‘Weiß remisiert’.

Was man beispielsweise aus Studien lernen kann

Womöglich kennen Sie ja dieses kleine Juwel unter den Studien, in der deren Schöpfer Richard Réti auf vortrefflich minimalistische Weise demonstriert, dass schon zwei Könige und zwei Bauern völlig ausreichen, um einen kleinen Geniestreich aufs Brett zu zaubern.

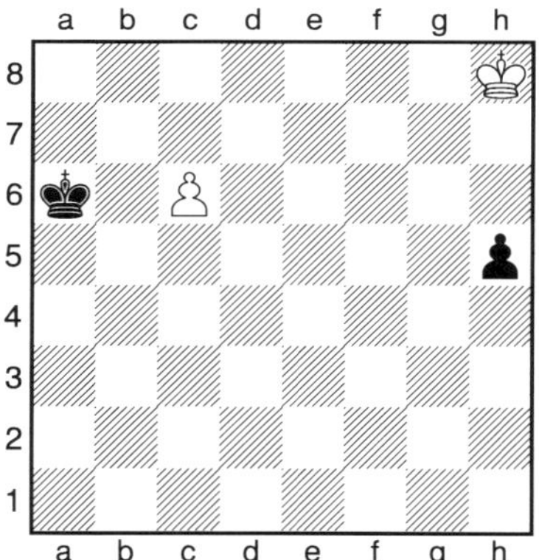

Weiß am Zug remisiert

1.♔g7!! (1.♔h7? h4–+; 1.♔g8? h4–+) 1...h4 2.♔f6! ♔b6 (2...h3 3.♔e7 nebst ♔d7=) 3.♔e5! und nun 3...h3 4.♔d6= bzw. 3...♔xc6 4.♔f4=

Und wenn Sie sich fragen, was man daraus für die praktische Partie lernen kann, so ist es die Erkenntnis, dass die Bewegung auf einer Diagonale eine Bewegung in *zwei* Richtungen gleichzeitig ist!

(Lösungen ab Seite 170)

Aufgabe 1 =

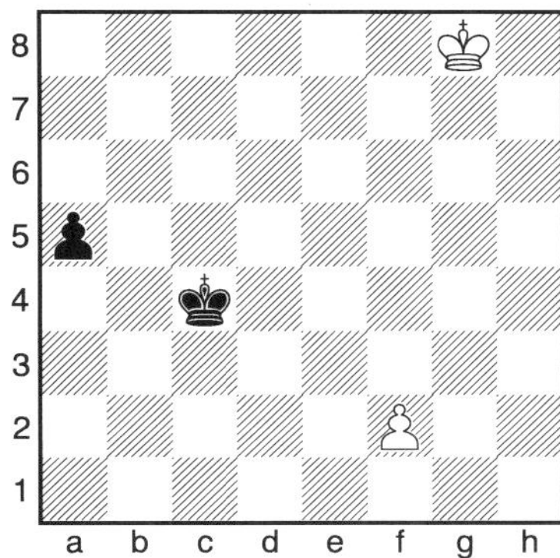

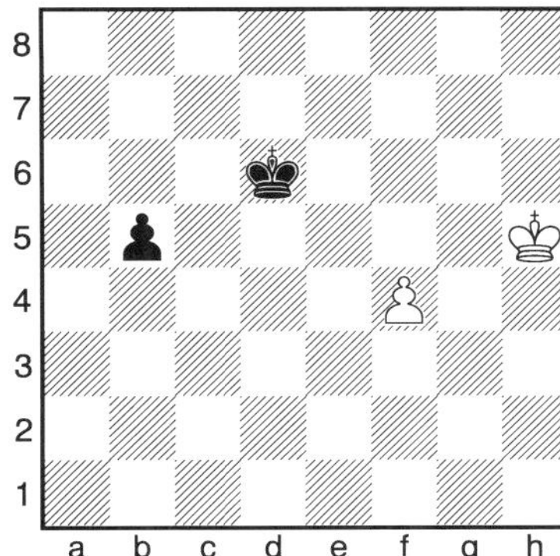

Aufgabe 2 =

Aufgabe 3 +–

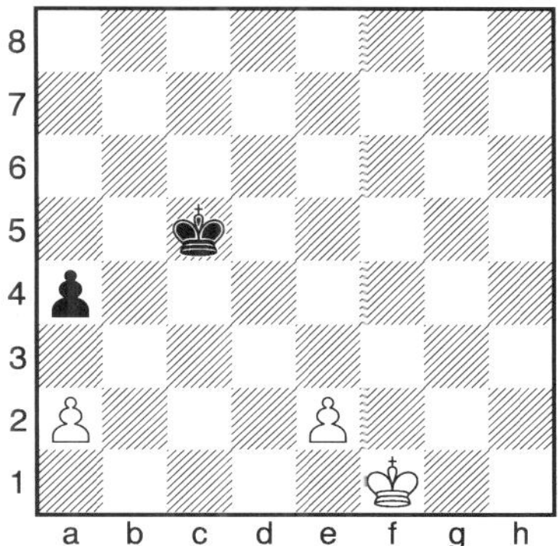

Aufgabe 4 +–

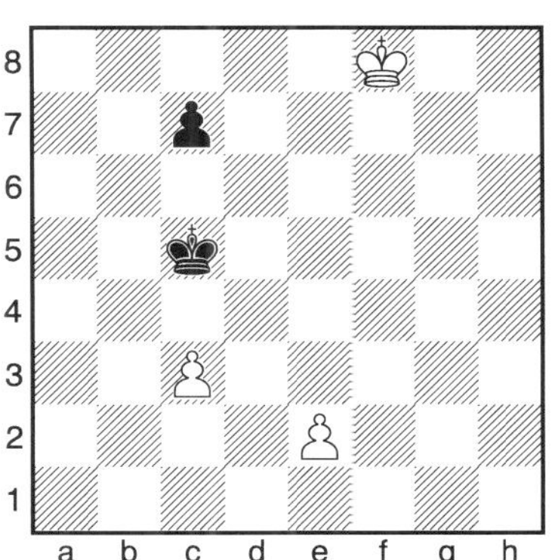

(Lösungen ab Seite 171)

Aufgabe 5 =

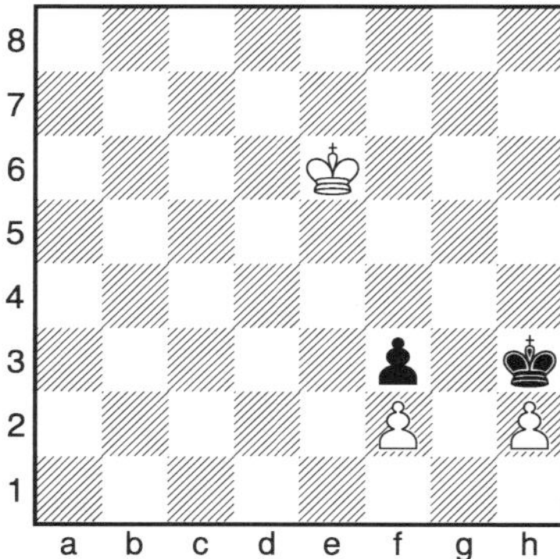

Aufgabe 6 =

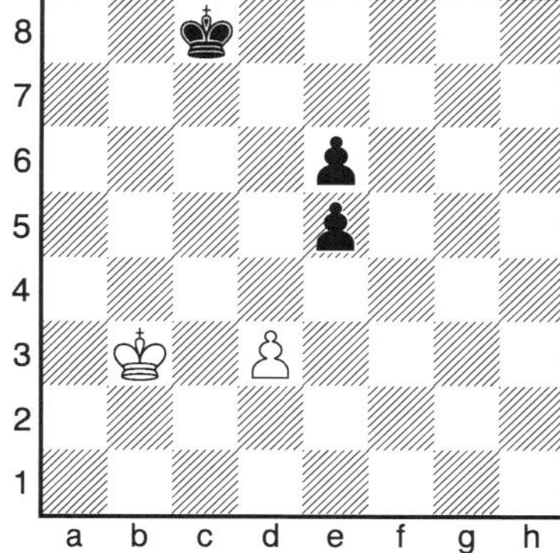

Aufgabe 7 +−

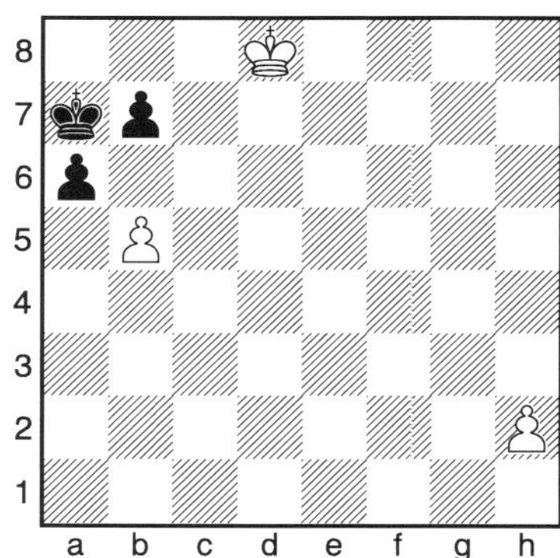

Aufgabe 8 =

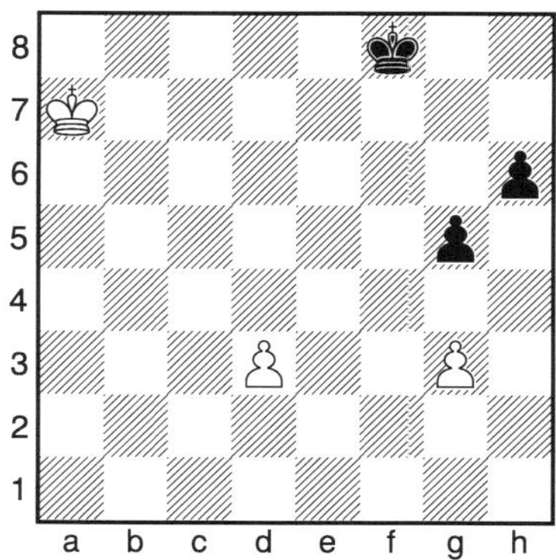

(Lösungen ab Seite 172)

Aufgabe 9 +–

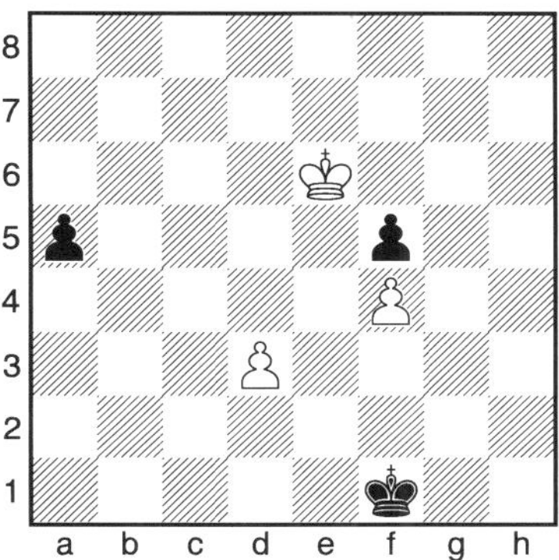

Aufgabe 10 +–

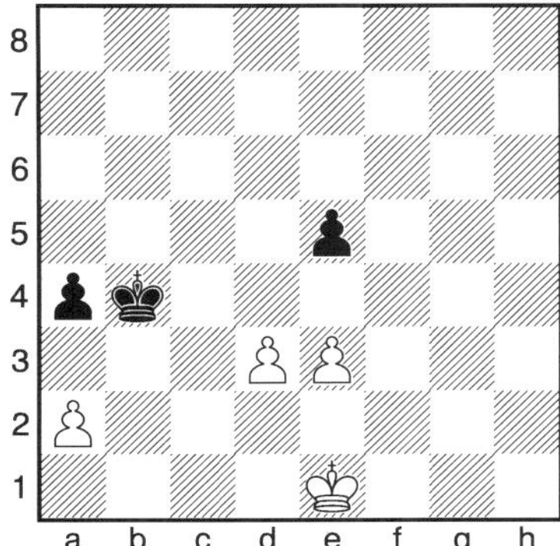

Aufgabe 11 =

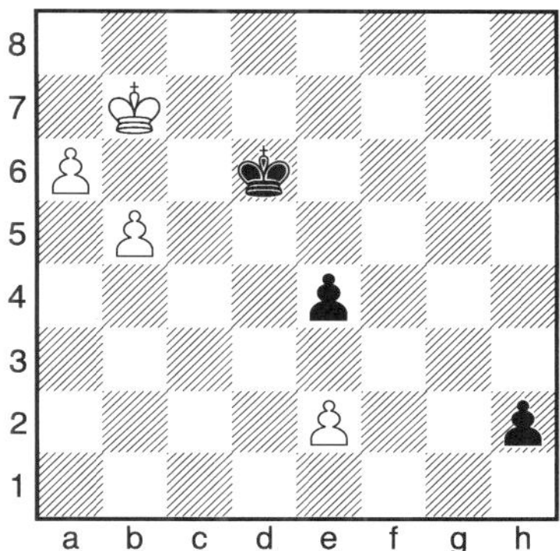

Aufgabe 12 +–

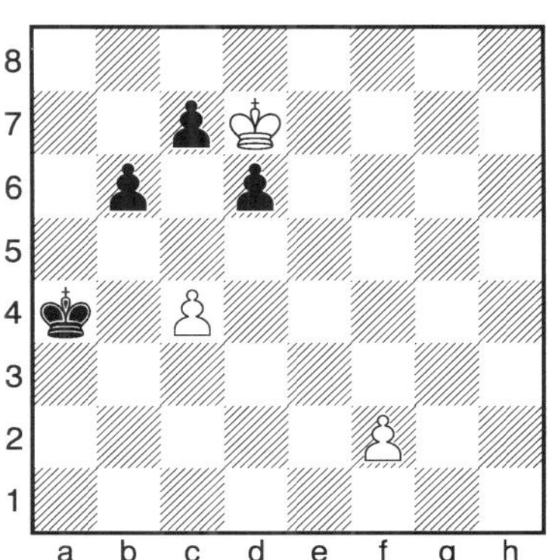

(Lösungen ab Seite 173)

Aufgabe 13 +–

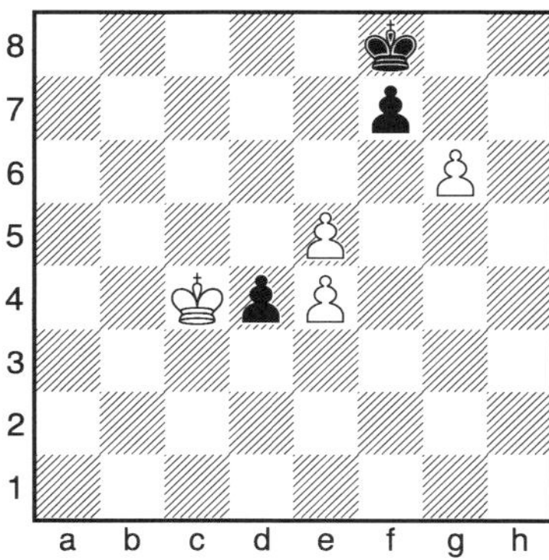

Aufgabe 14 =

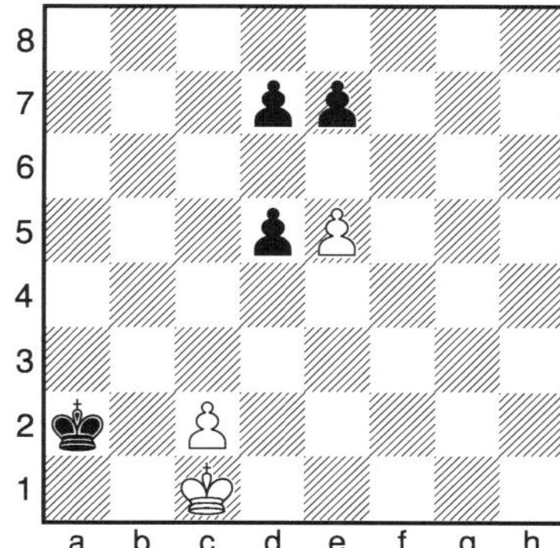

Aufgabe 15 +–

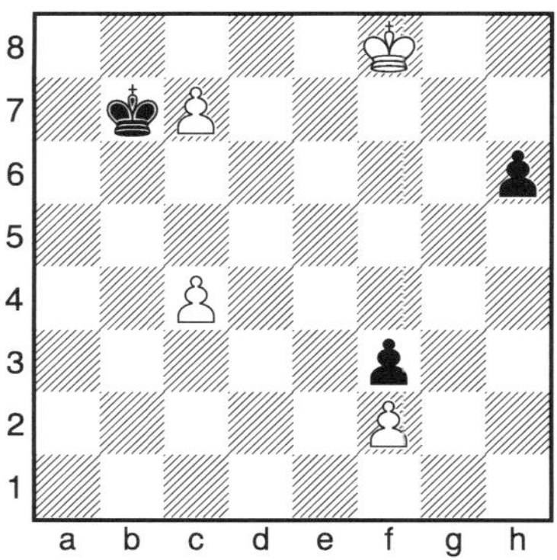

Aufgabe 16 +–

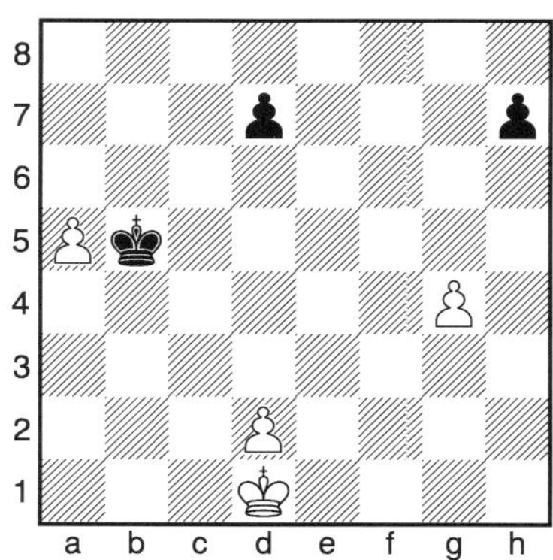

(Lösungen ab Seite 174)

Aufgabe 17 =

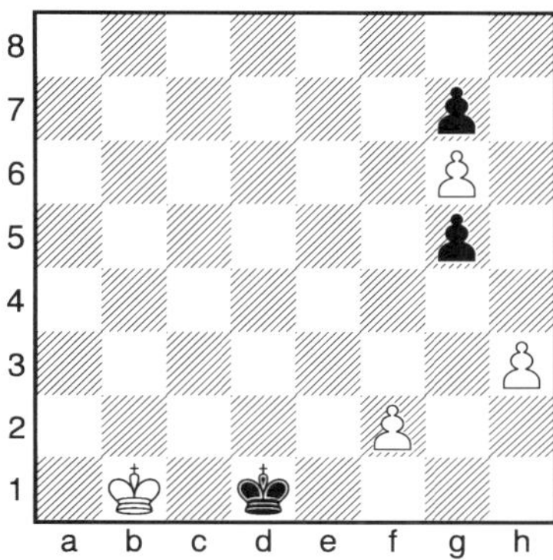

Aufgabe 18 +−

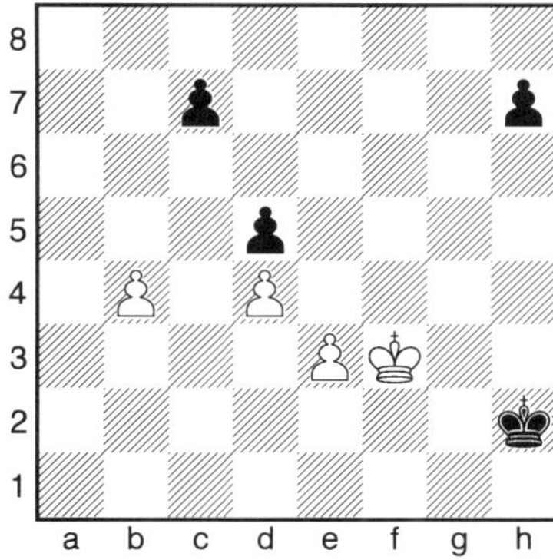

Aufgabe 19 =

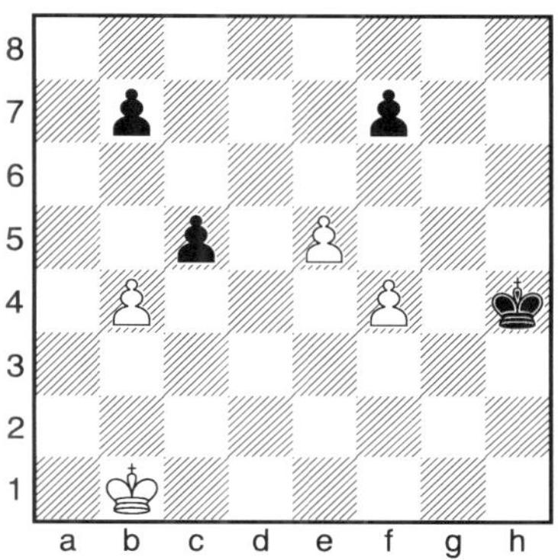

Aufgabe 20 =

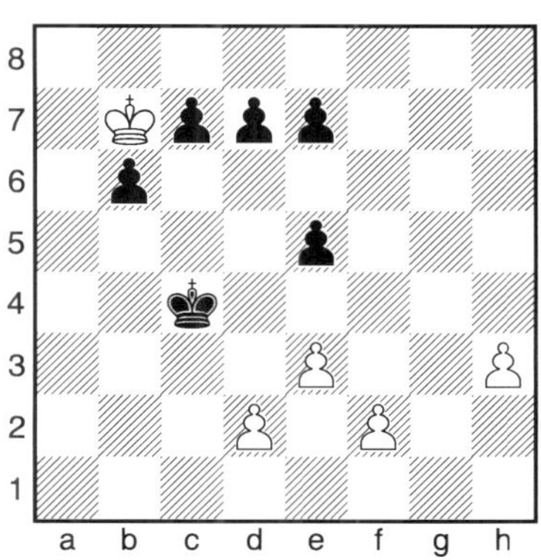

(Lösungen ab Seite 175)

Aufgabe 21 +–

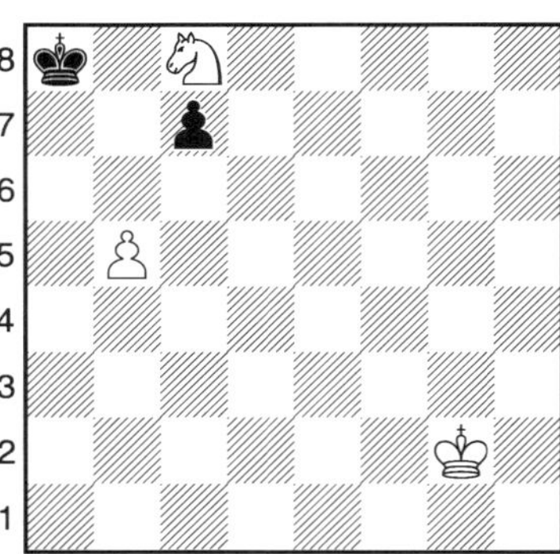

Aufgabe 22 +–

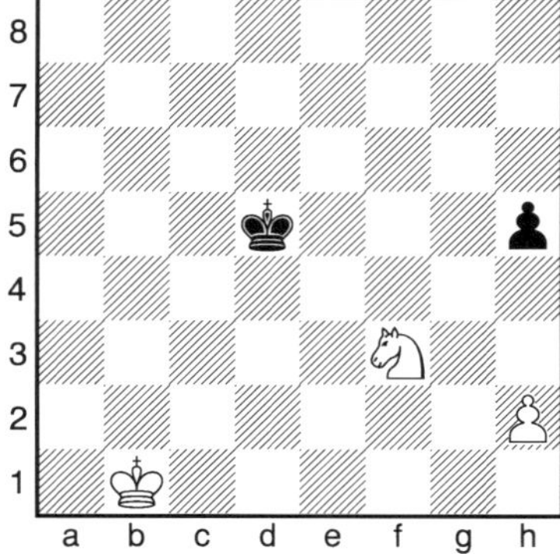

Aufgabe 23 +–

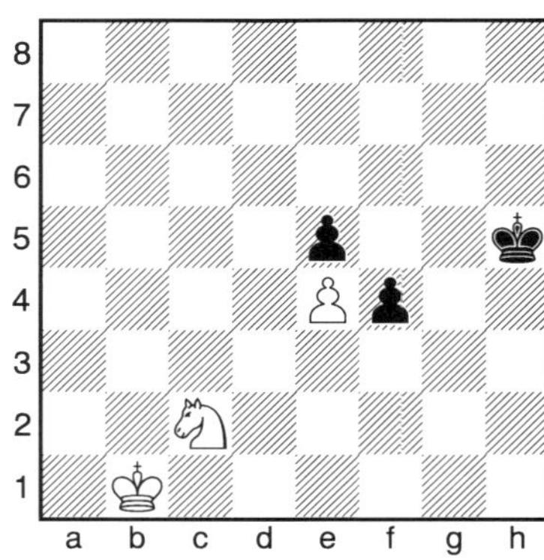

Aufgabe 24 +–

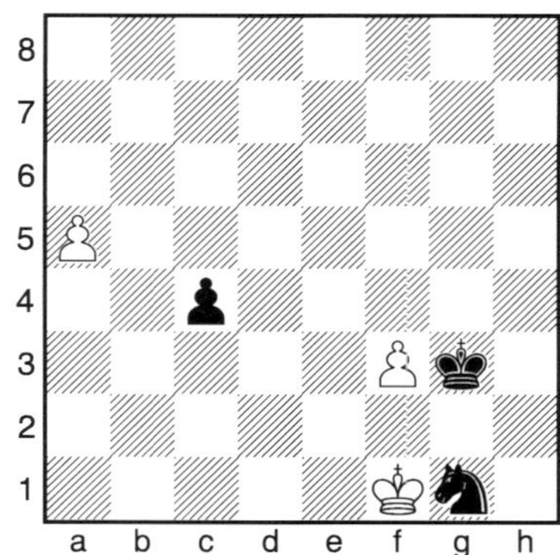

(Lösungen ab Seite 176)

Aufgabe 25 =

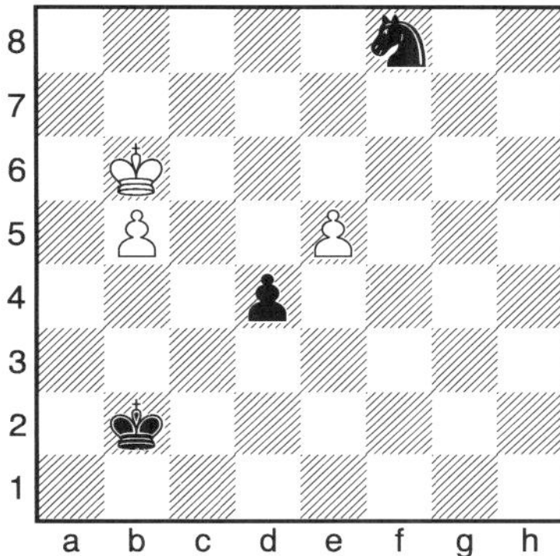

Aufgabe 26 =

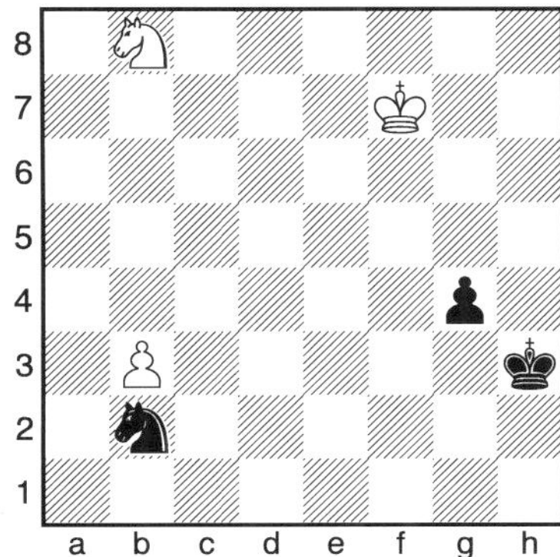

Aufgabe 27 +–

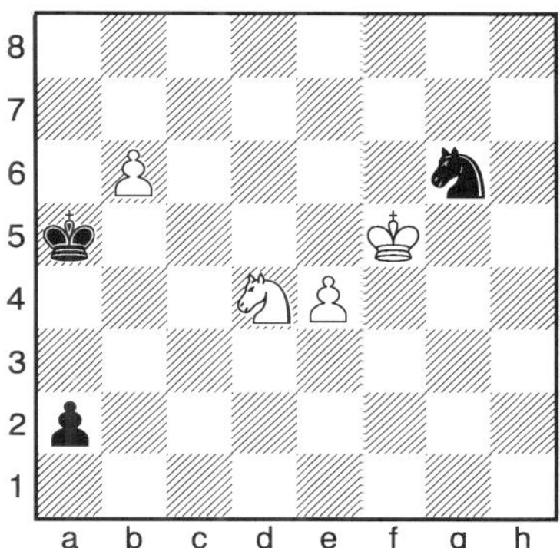

Aufgabe 28 =

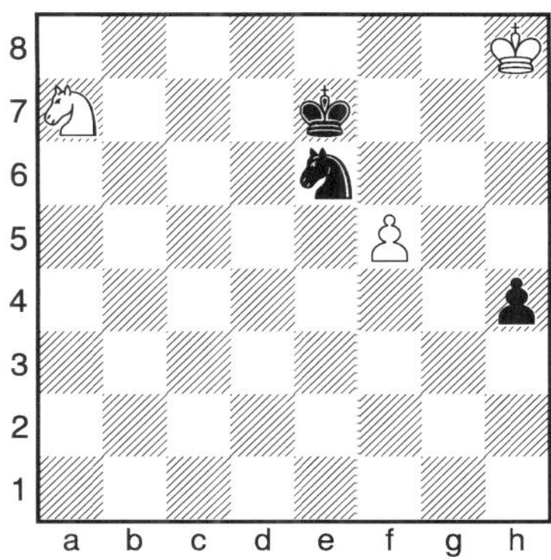

(Lösungen ab Seite 177)

Aufgabe 29 +–

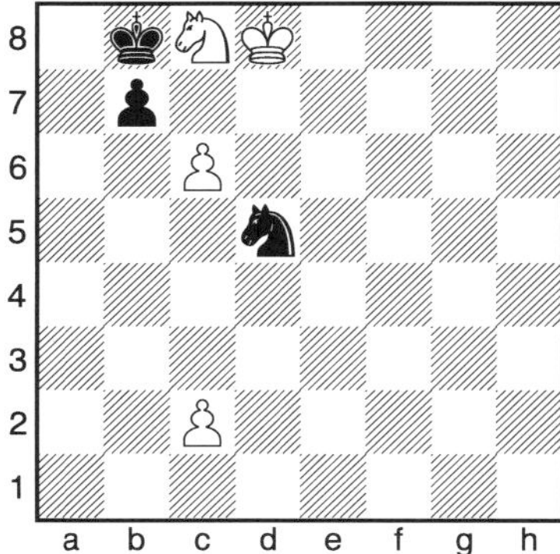

Aufgabe 30 +–

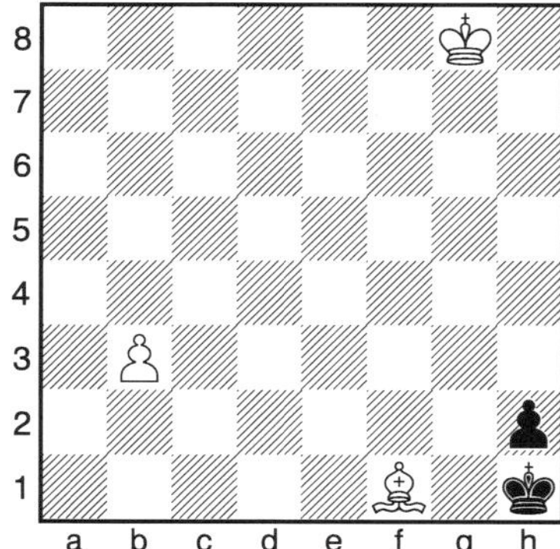

Aufgabe 31 =

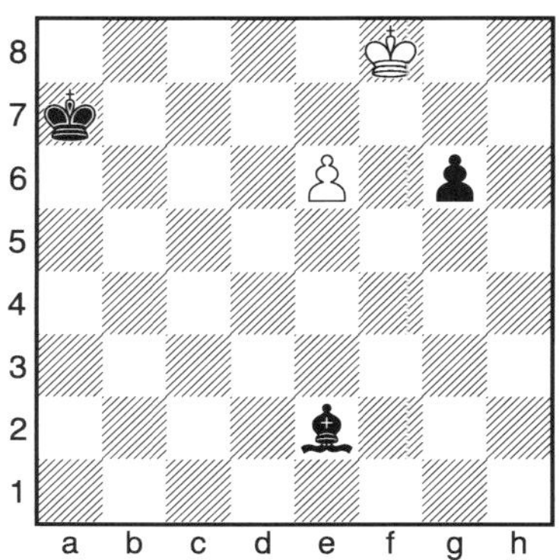

Aufgabe 32 +–

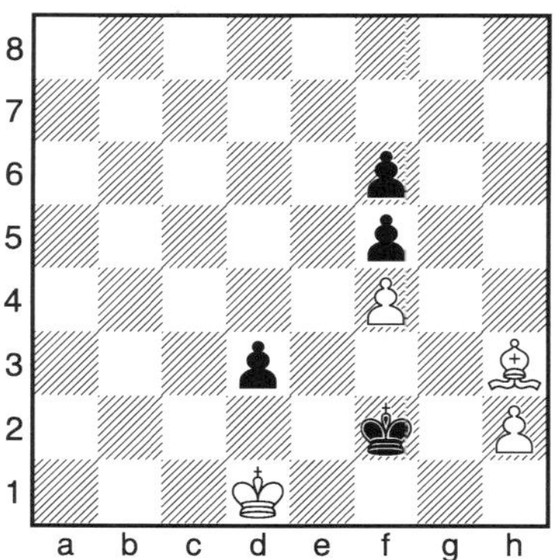

(Lösungen ab Seite 177)

Aufgabe 33 =

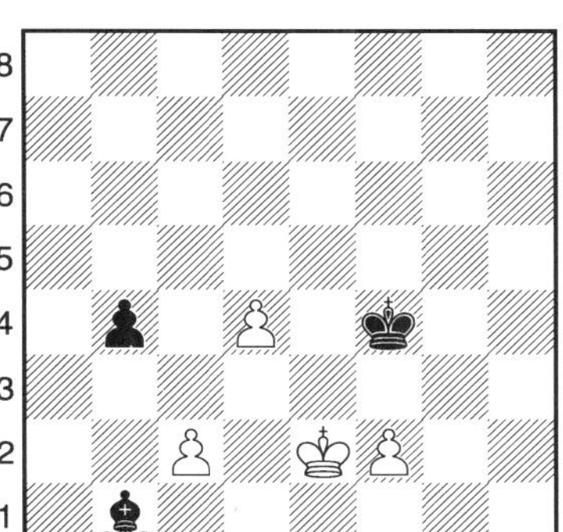

Aufgabe 34 +–

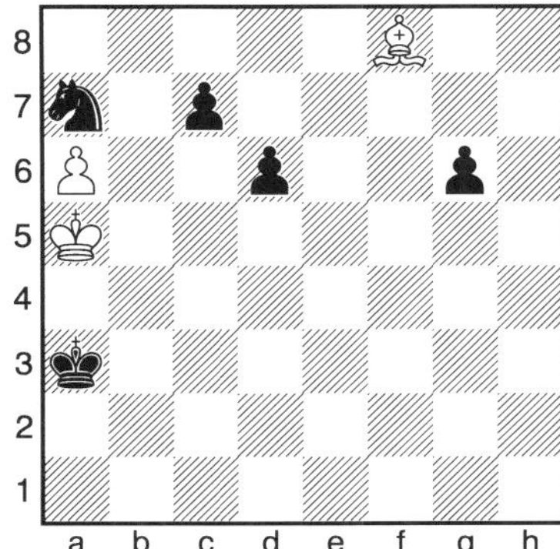

Aufgabe 35 +–

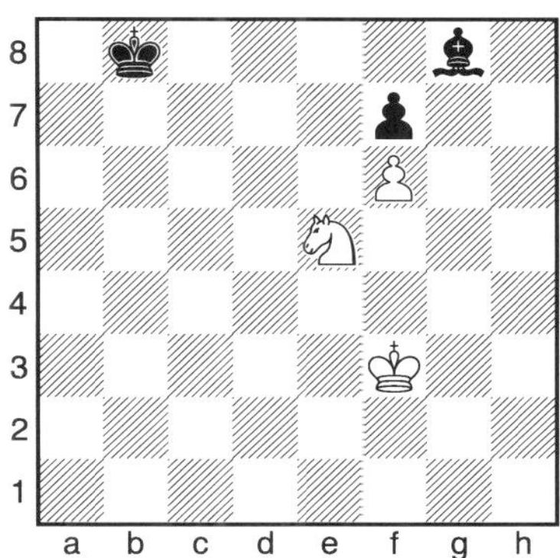

Aufgabe 36 +–

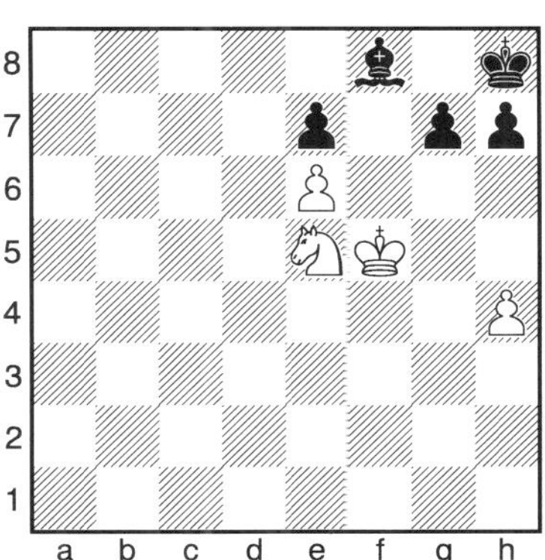

(Lösungen ab Seite 178)

Aufgabe 37 +–

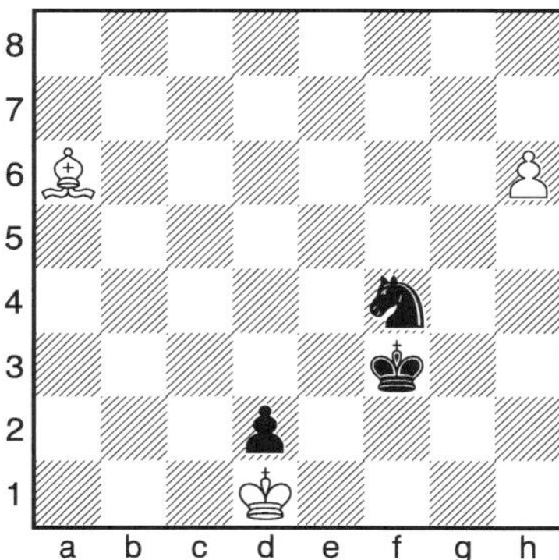

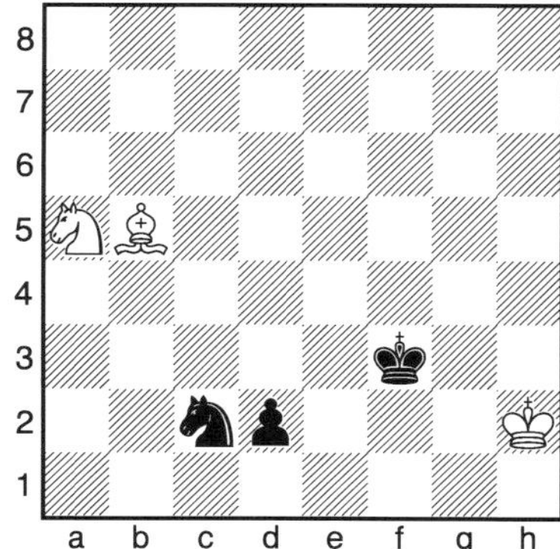

Aufgabe 38 =

Aufgabe 39 +–

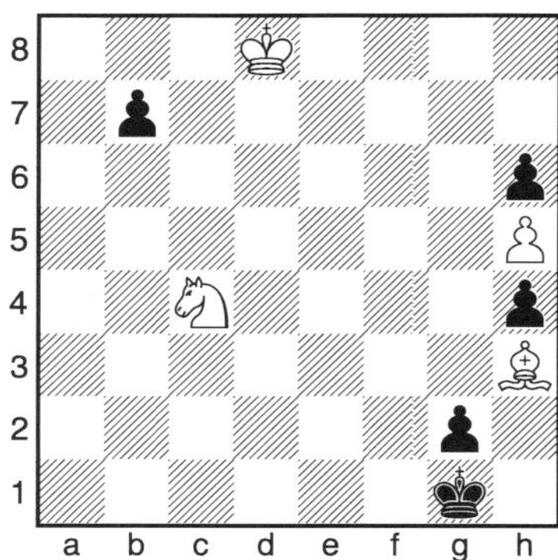

Aufgabe 40 =

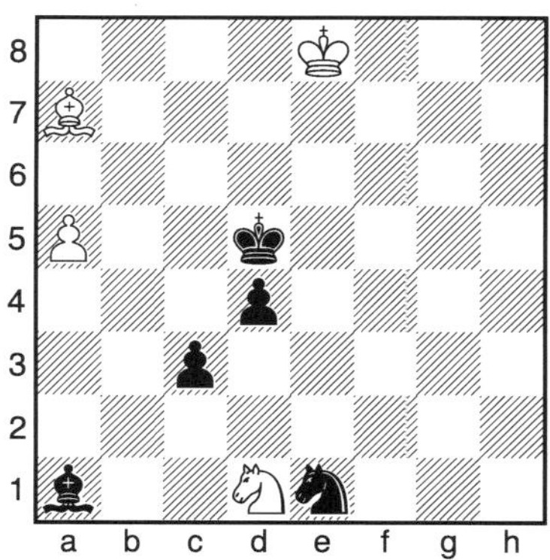

(Lösungen ab Seite 178)

Aufgabe 41 =

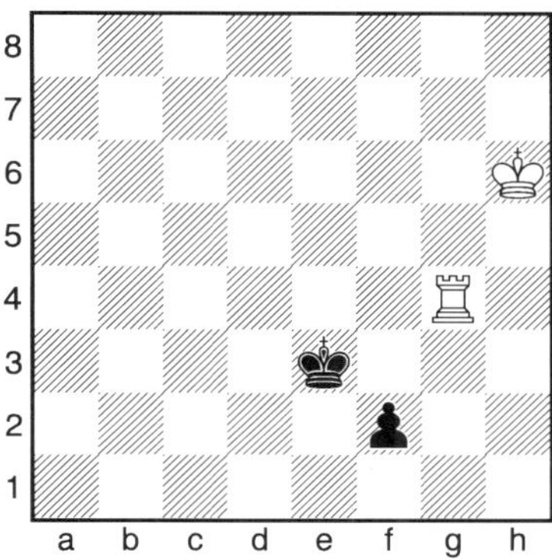

Aufgabe 42 =

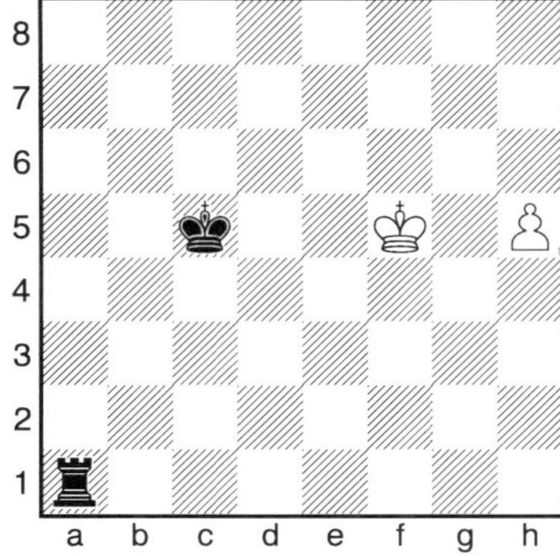

Aufgabe 43 =

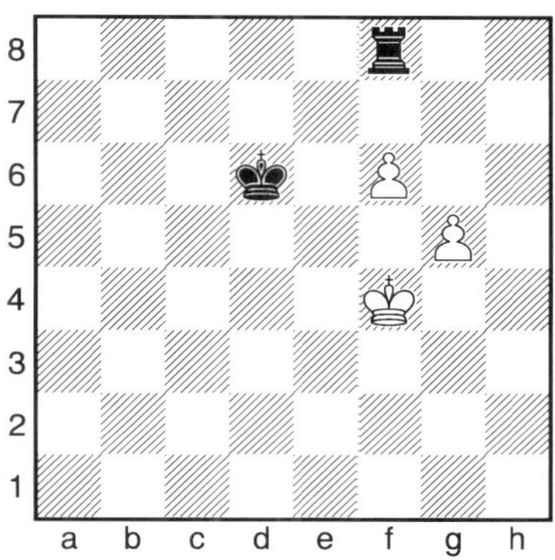

Aufgabe 44 +−

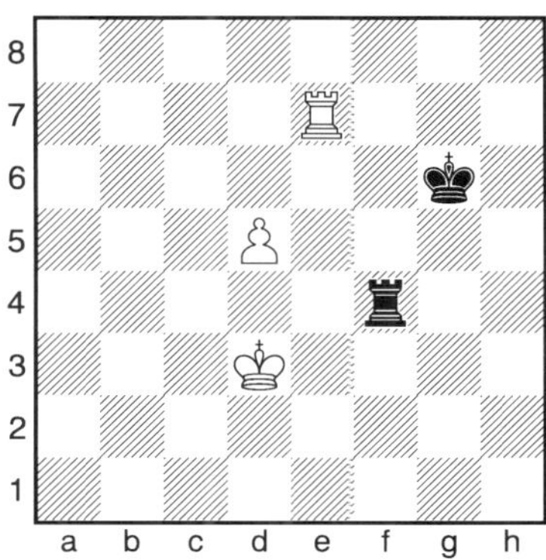

(Lösungen ab Seite 179)

Aufgabe 45 +–

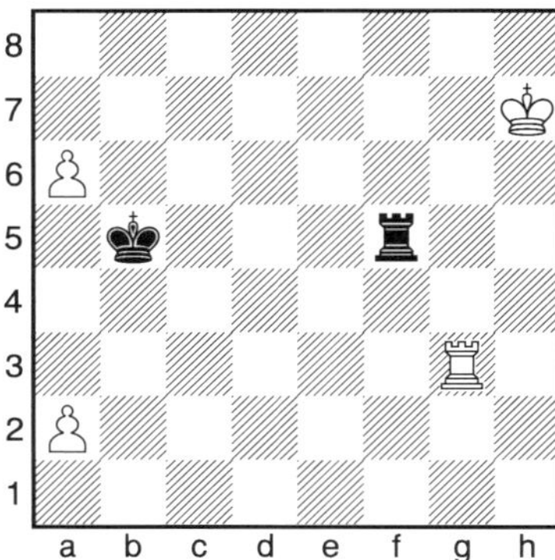

Aufgabe 46 +–

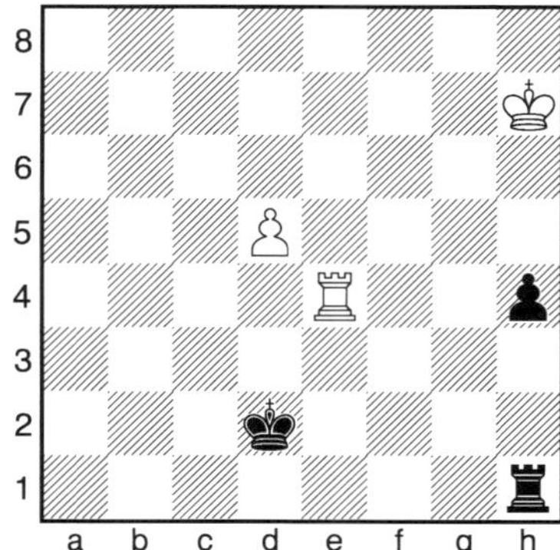

Aufgabe 47 =

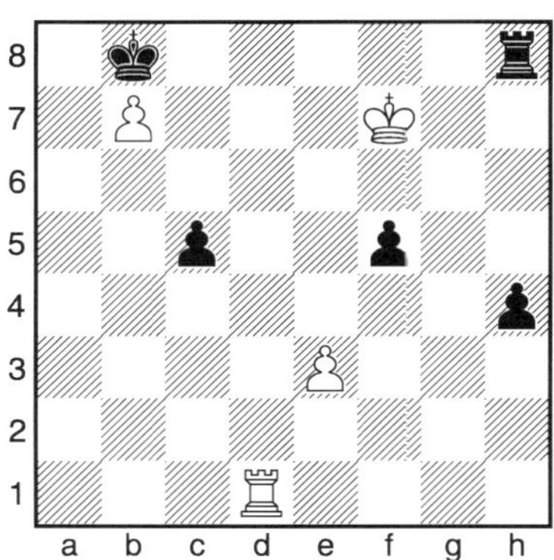

Aufgabe 48 =

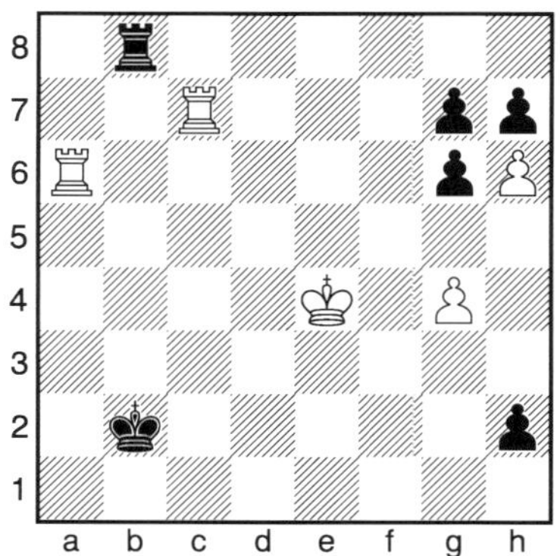

(Lösungen ab Seite 180)

Aufgabe 49 +−

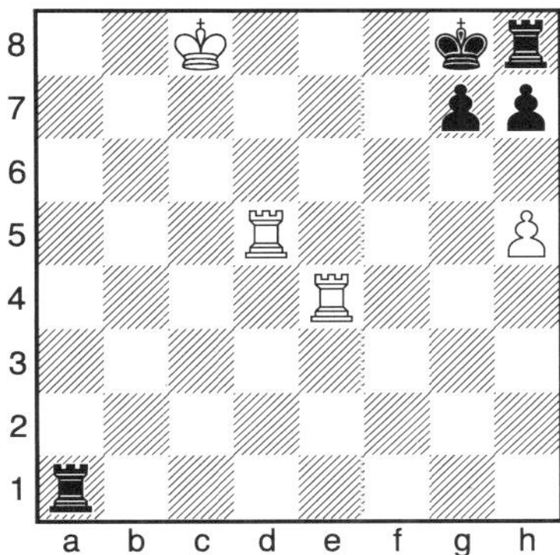

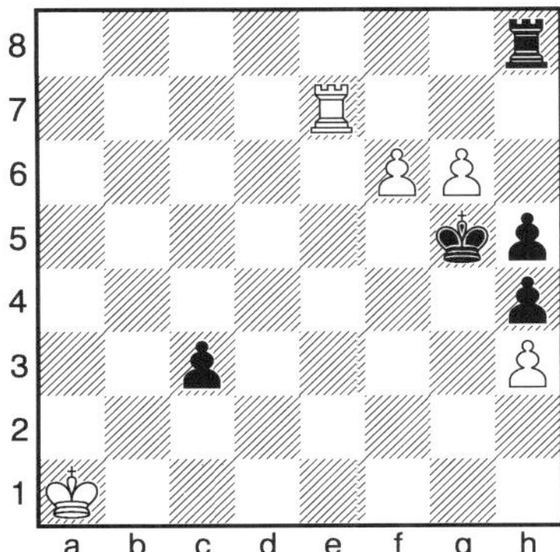

Aufgabe 50 +−

Aufgabe 51 +−

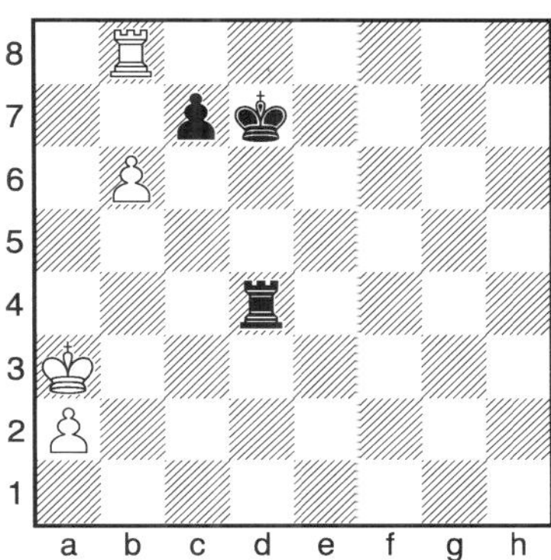

Aufgabe 52 +−

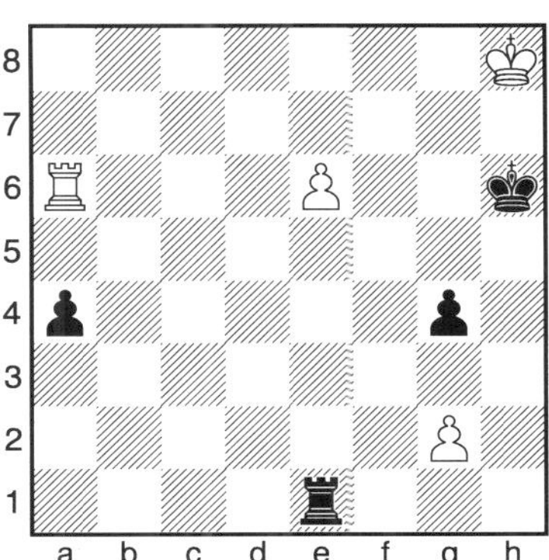

(Lösungen ab Seite 181)

Aufgabe 53 =

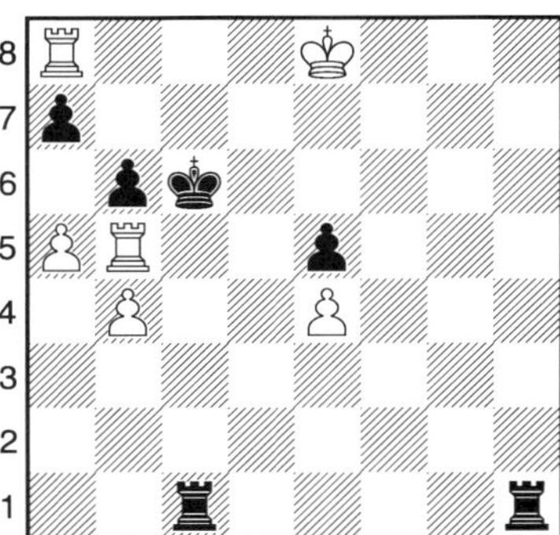

Aufgabe 54 +–

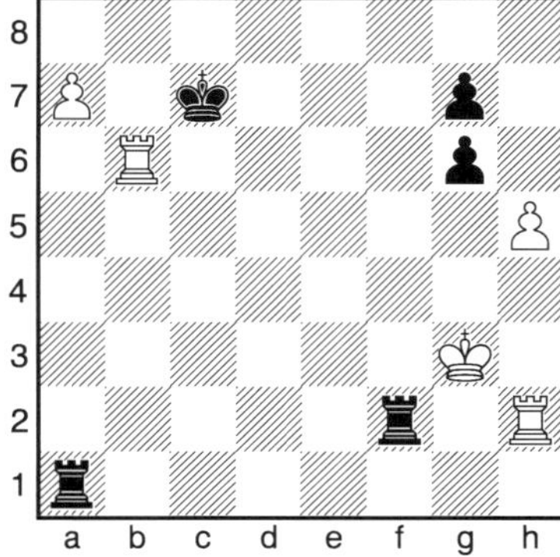

Aufgabe 55 +–

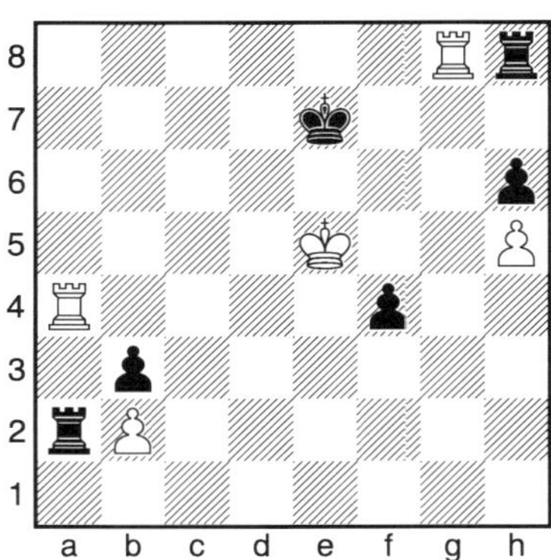

Aufgabe 56 +–

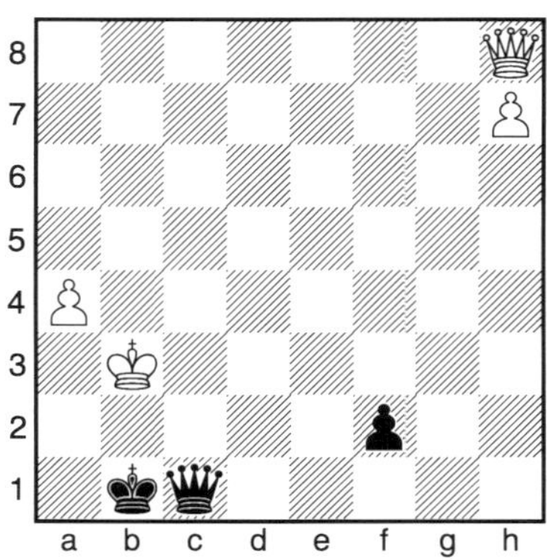

(Lösungen ab Seite 181)

Aufgabe 57 +−

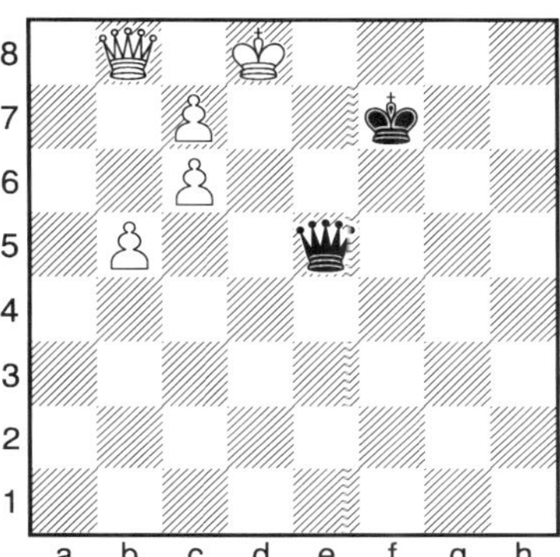

Aufgabe 58 =

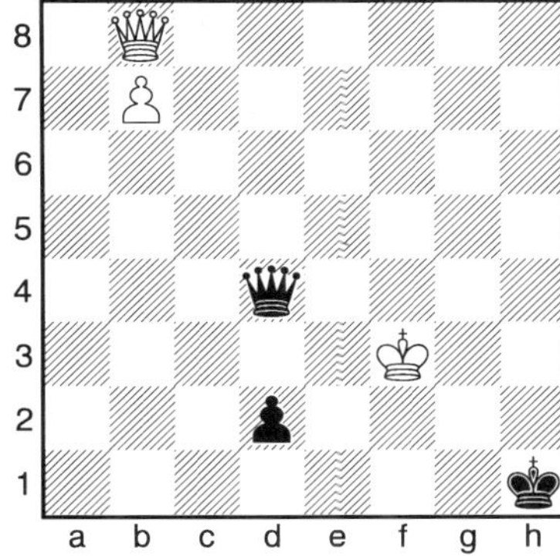

Aufgabe 59 =

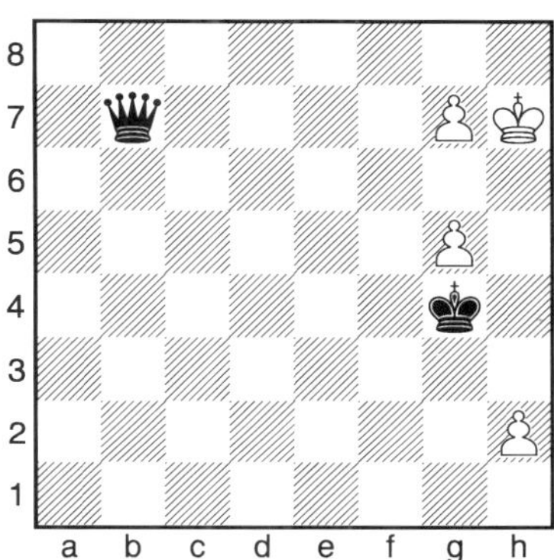

Aufgabe 60 +−

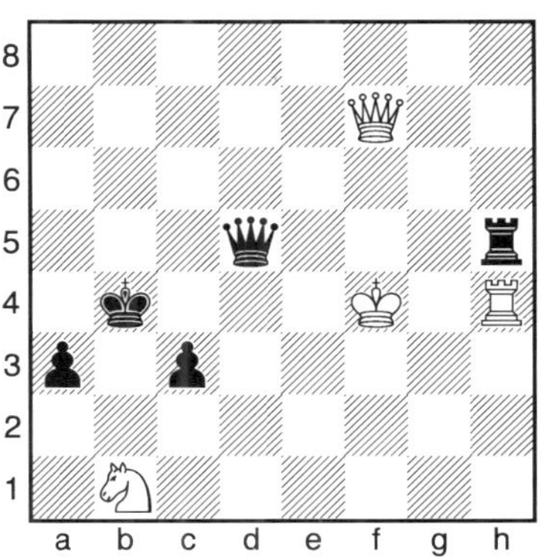

(Lösungen ab Seite 182)

Aufgabe 61 +–

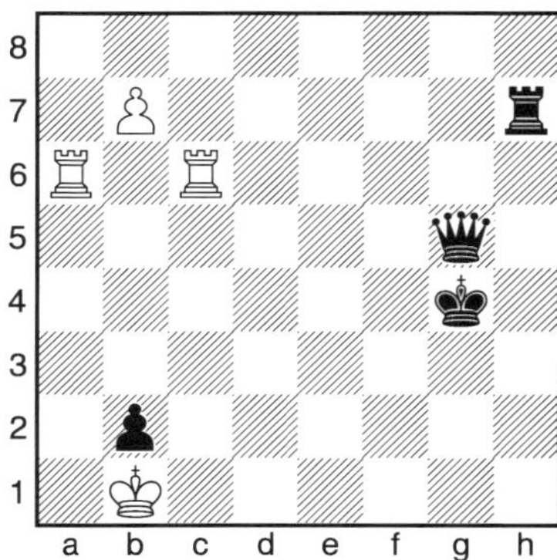

Aufgabe 62 +–

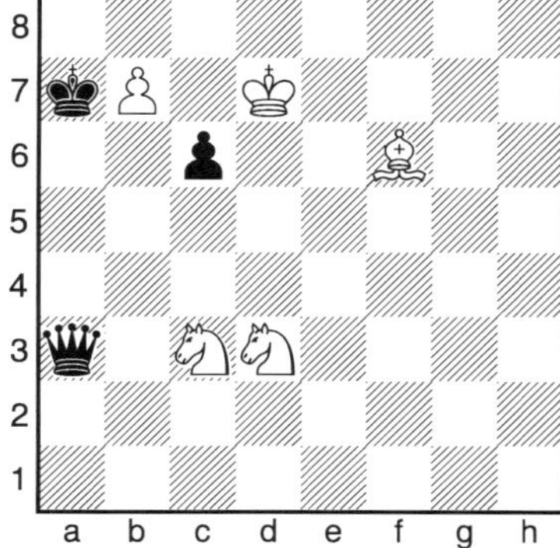

Aufgabe 63 +–

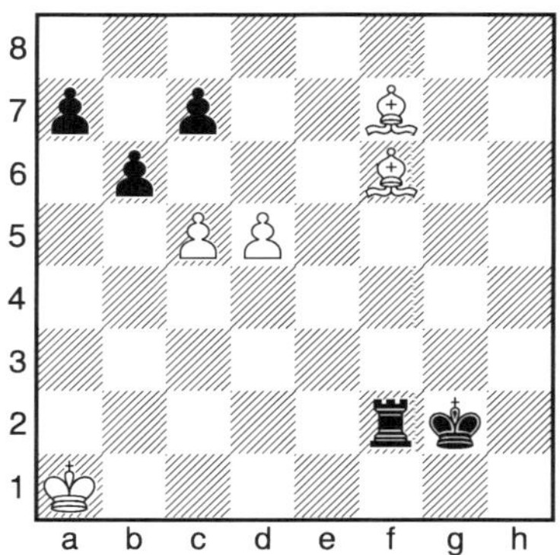

Aufgabe 64 +–

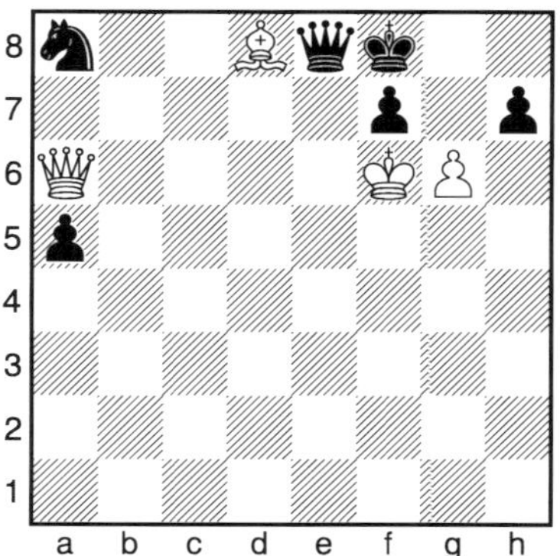

(Lösungen ab Seite 183)

Aufgabe 65 +−

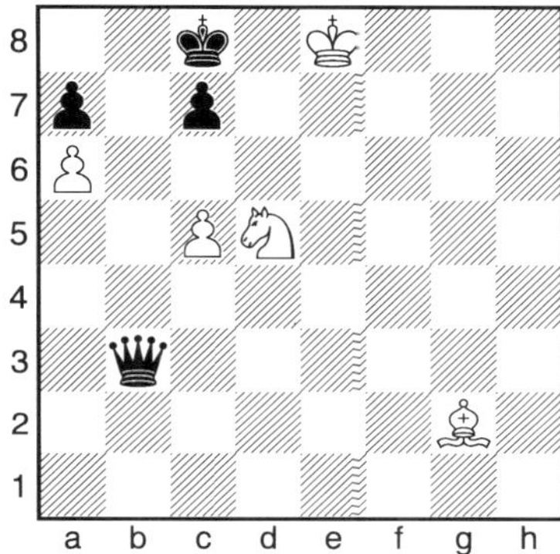

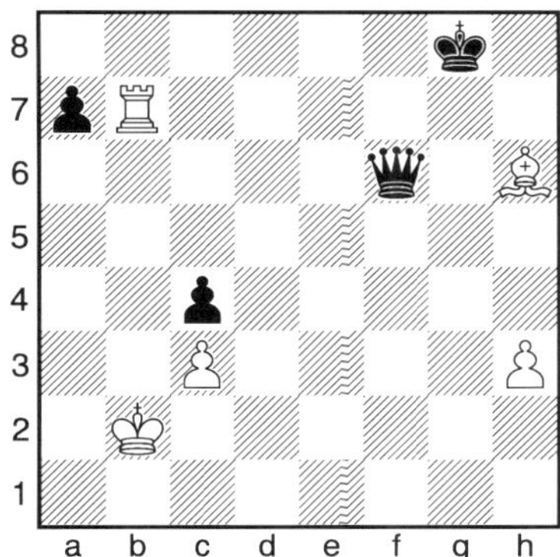

Aufgabe 66 +−

Aufgabe 67 +−

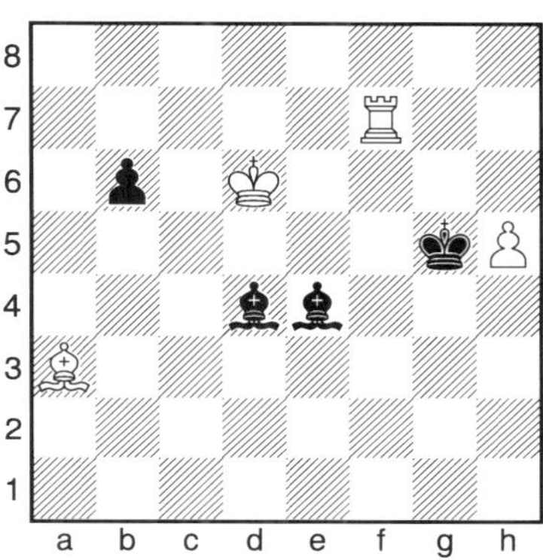

Aufgabe 68 +−

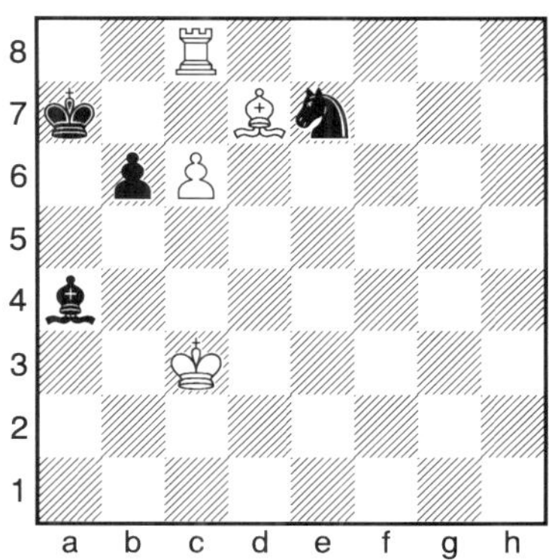

(Lösungen ab Seite 183)

Aufgabe 69 =

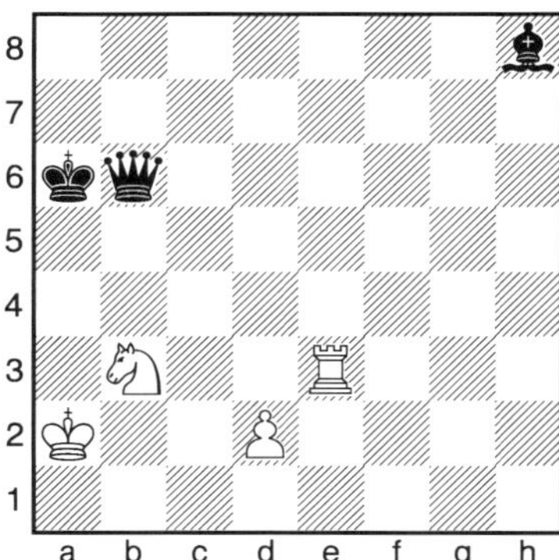

Aufgabe 70 +–

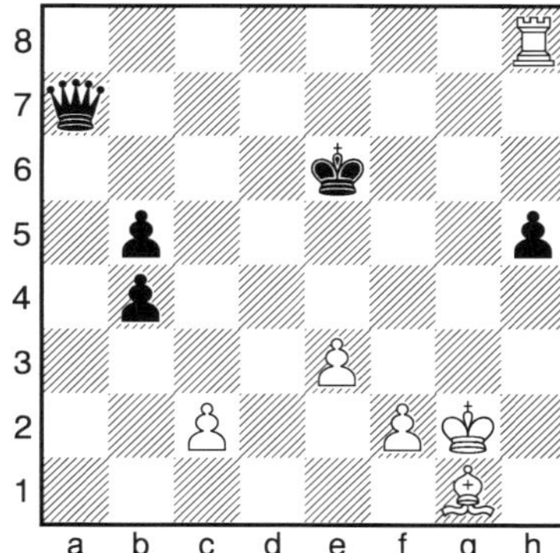

Aufgabe 71 =

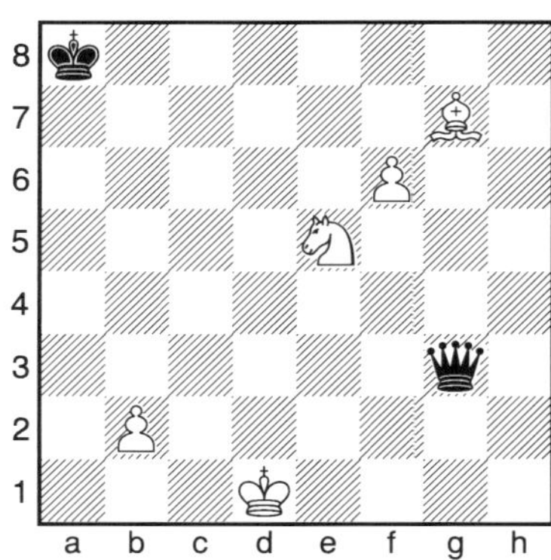

Aufgabe 72 =

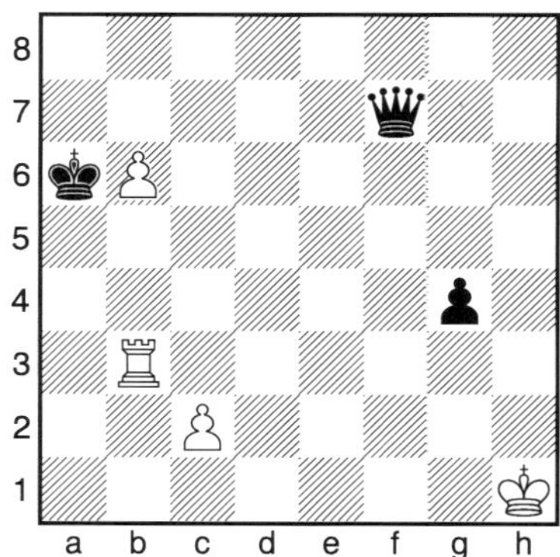

(Lösungen ab Seite 184)

Aufgabe 73 =

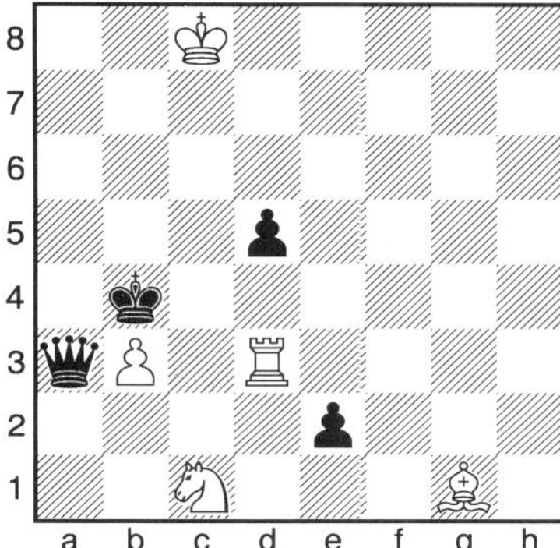

Aufgabe 75 =

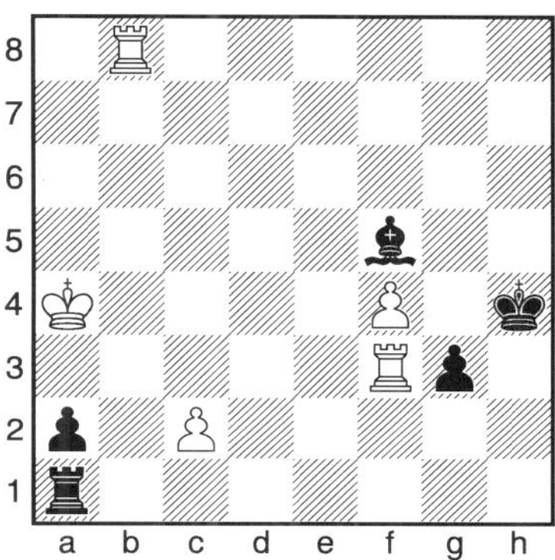

Aufgabe 74 =

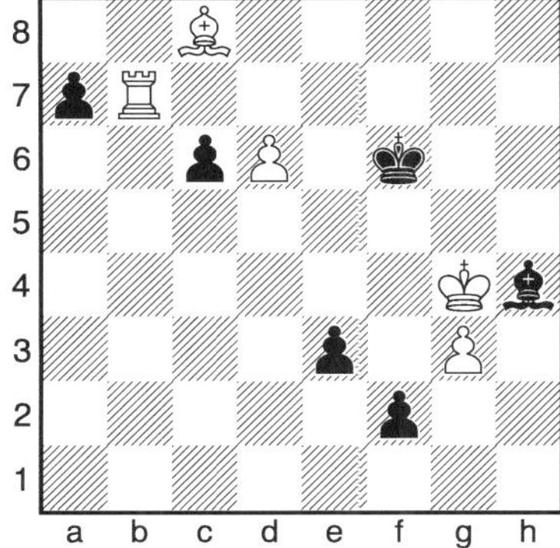

Aufgabe 76 +−

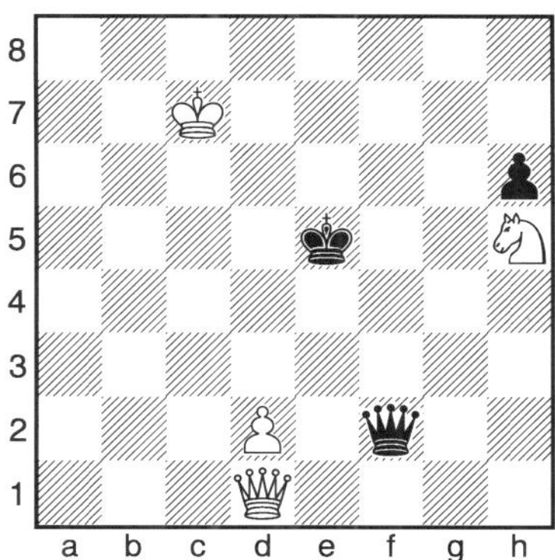

(Lösungen ab Seite 185)

Aufgabe 77 +–

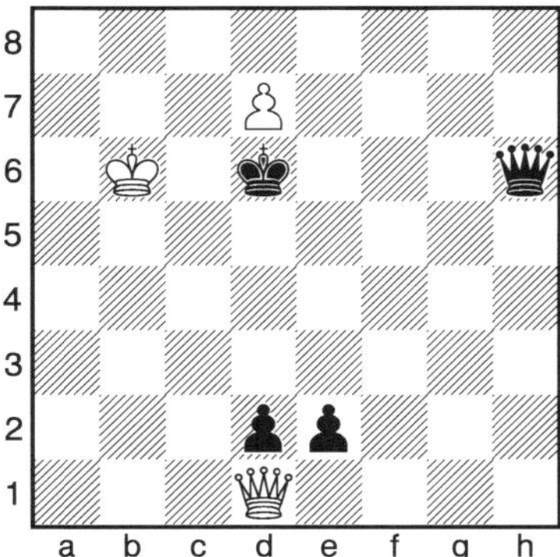

Aufgabe 78 +–

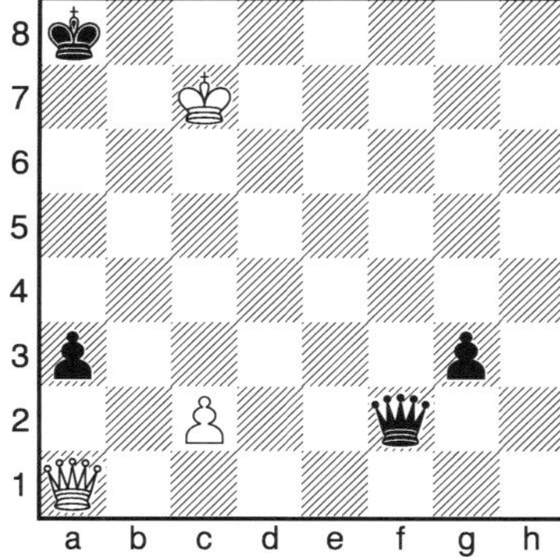

Aufgabe 79 +–

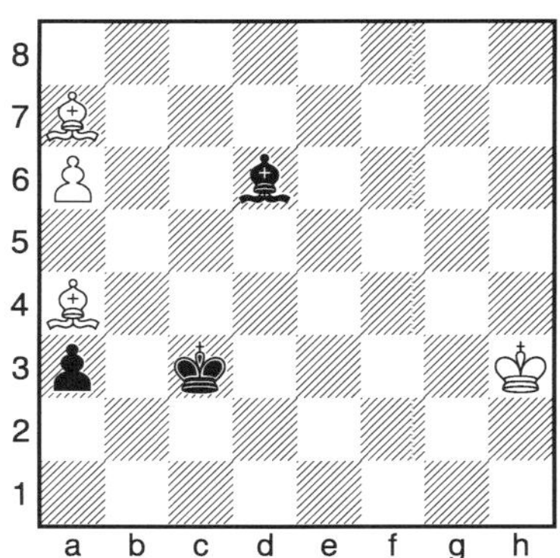

Aufgabe 80 +–

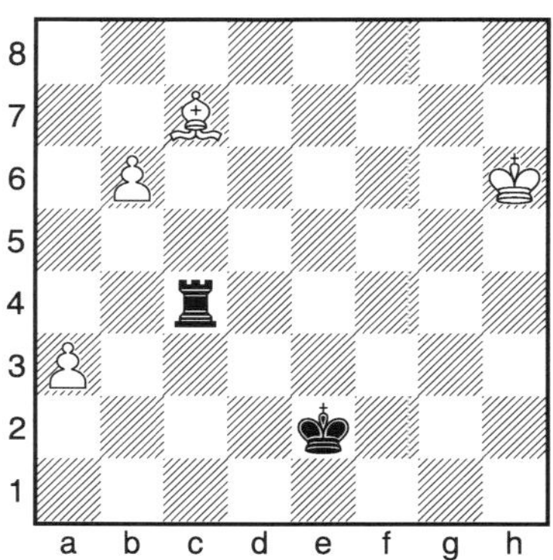

(Lösungen ab Seite 185)

Aufgabe 81 =

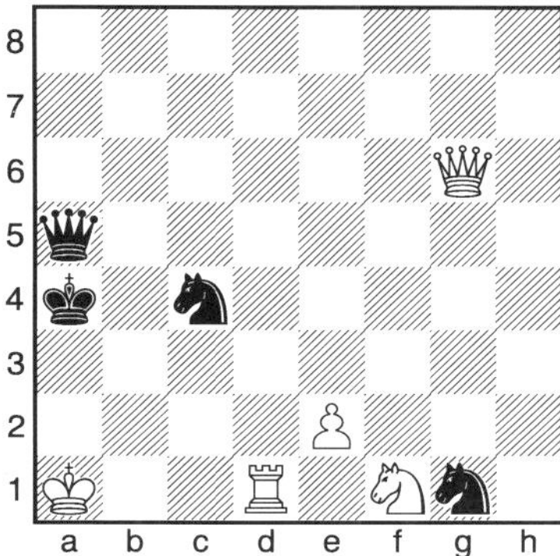

Aufgabe 82 +–

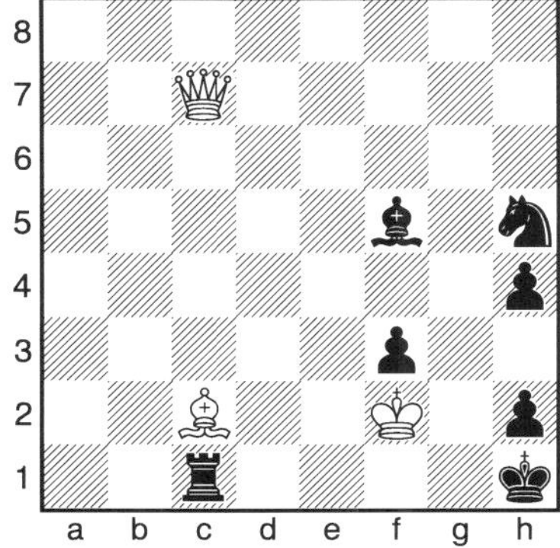

Aufgabe 83 =

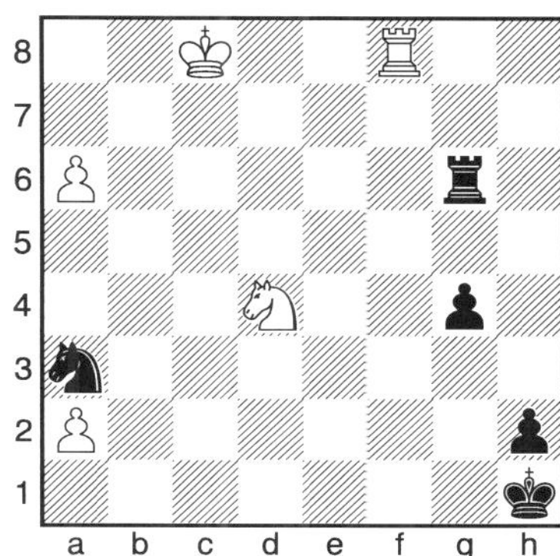

Aufgabe 84 +–

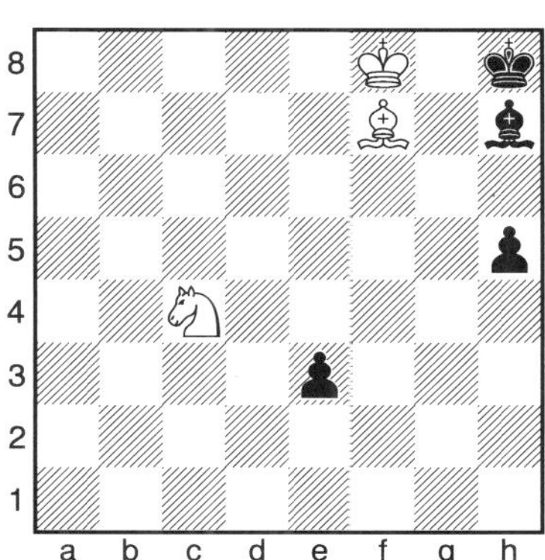

(Lösungen ab Seite 186)

Aufgabe 85 +–

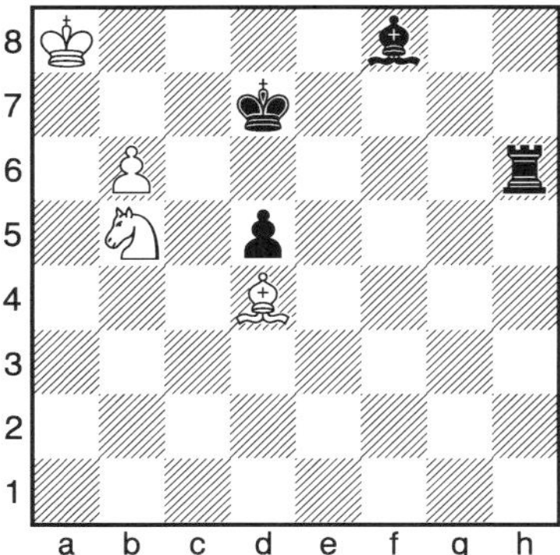

Aufgabe 86 +–

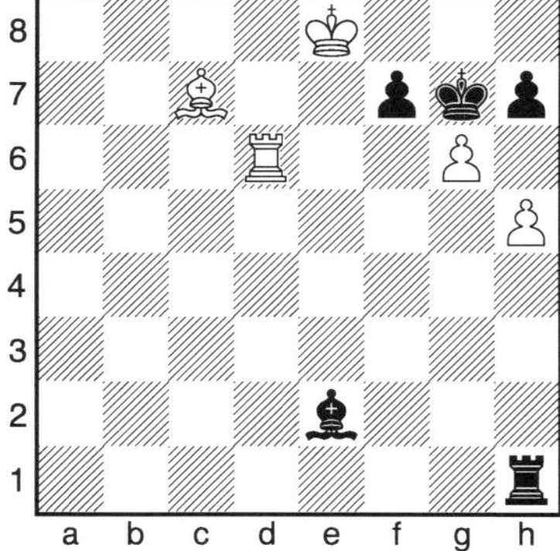

Aufgabe 87 +–

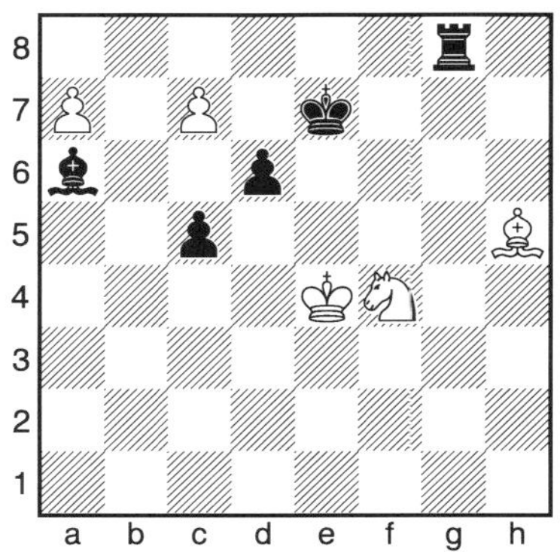

Aufgabe 88 +–

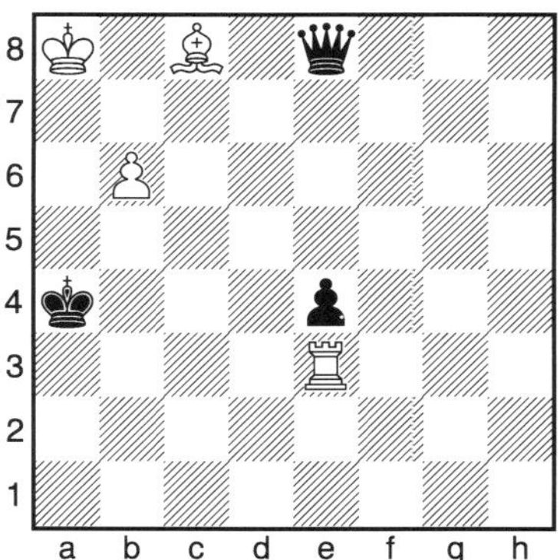

(Lösungen ab Seite 187)

Aufgabe 89 +–

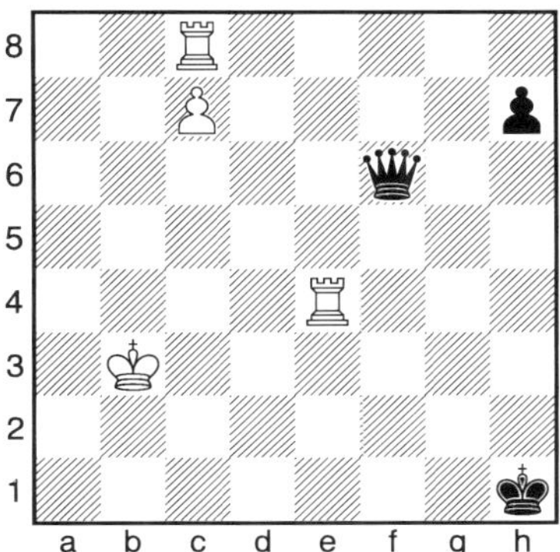

Aufgabe 90 =

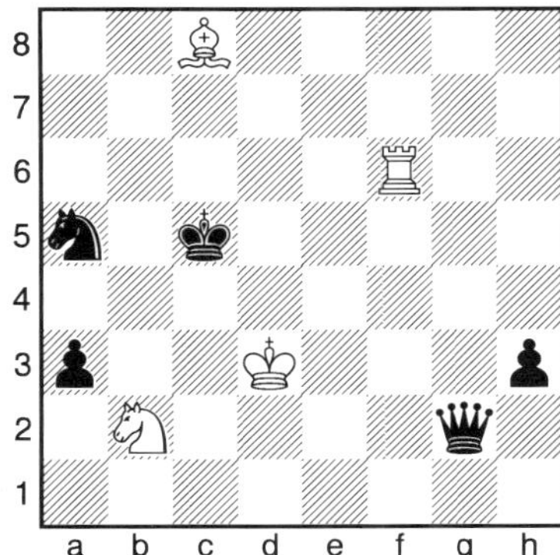

Aufgabe 91 =

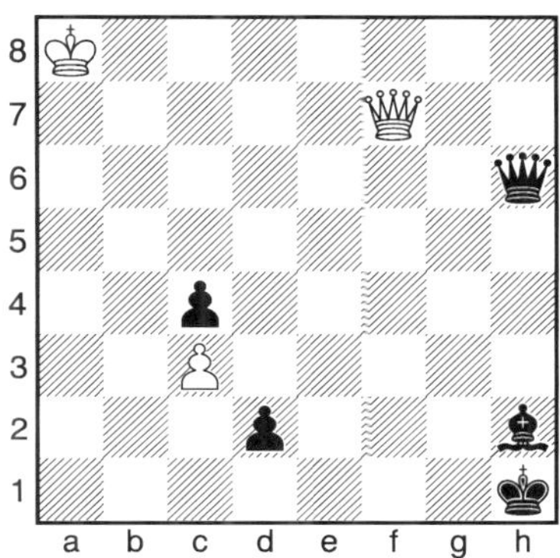

Aufgabe 92 +–

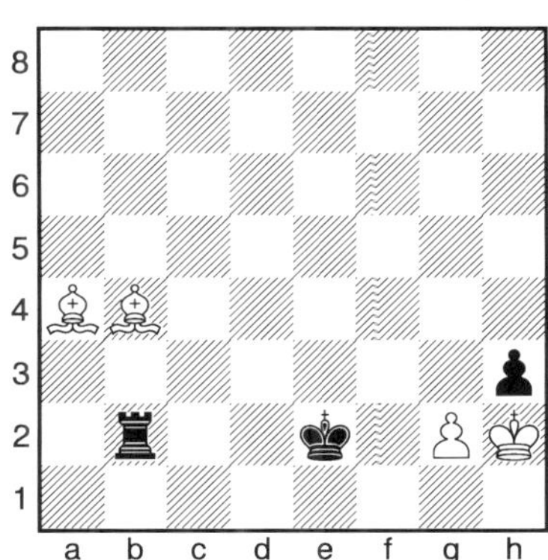

(Lösungen ab Seite 188)

Aufgabe 93 +–

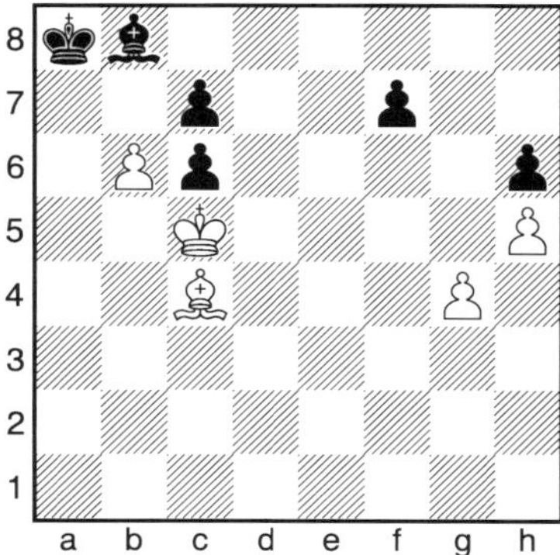

Aufgabe 94 +–

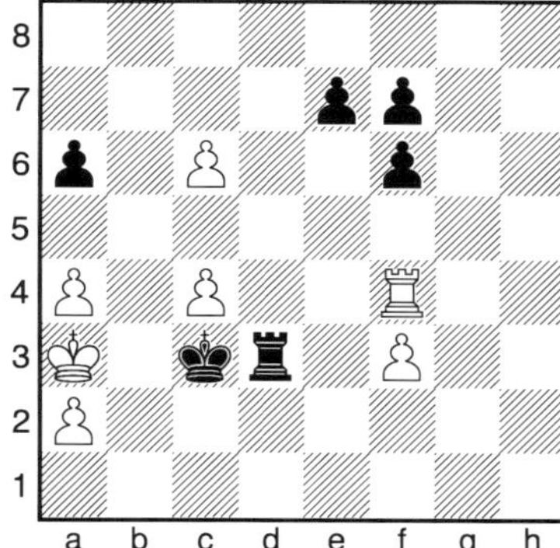

Aufgabe 95 +–

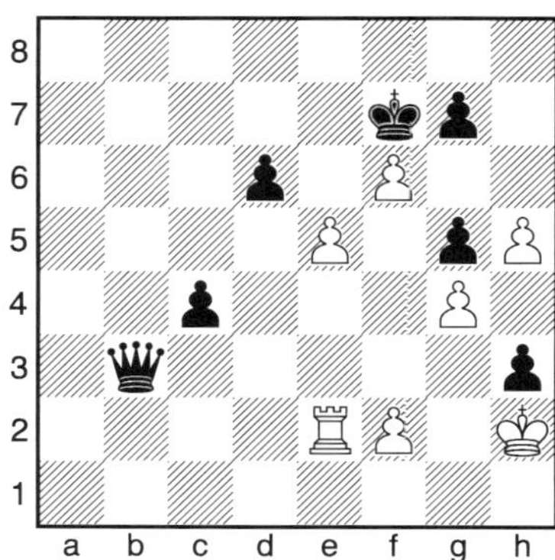

Aufgabe 96 +–

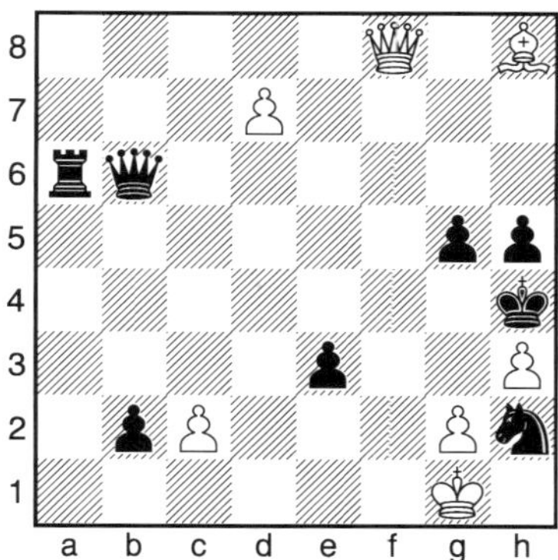

(Lösungen ab Seite 188)

Aufgabe 97 =

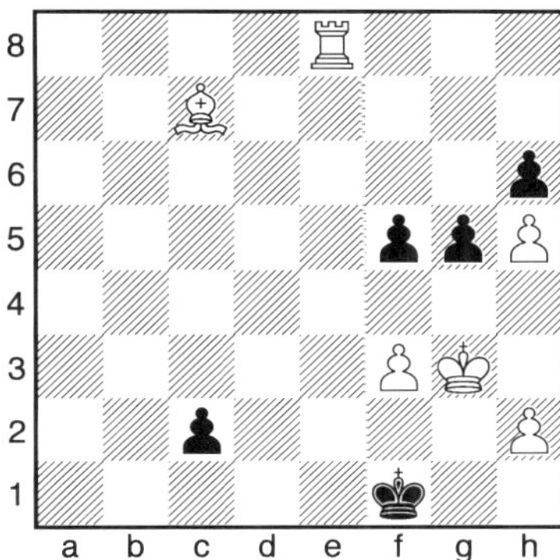

Aufgabe 98 +–

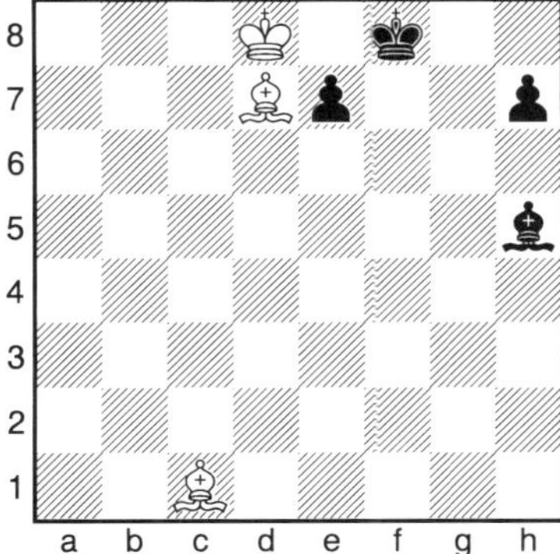

Aufgabe 99 +–

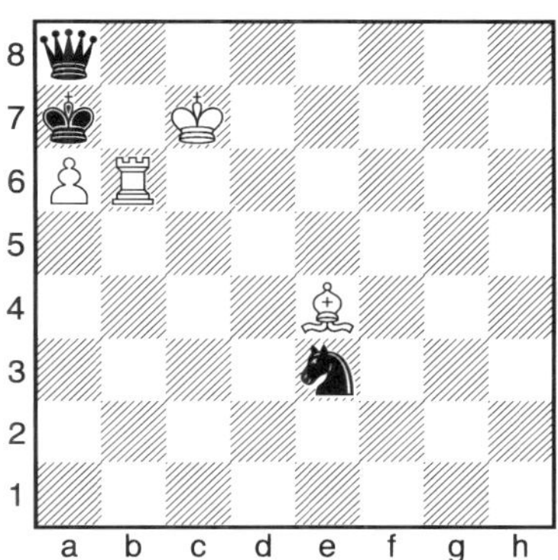

Aufgabe 100 +–

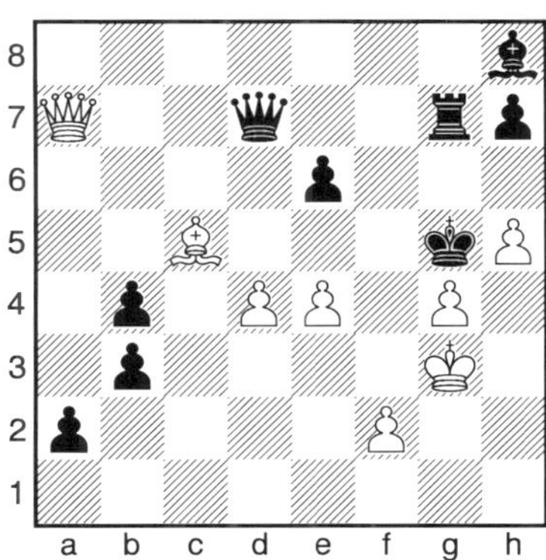

Lösungen

Aufgabe 1

1.f4!

1.♔f7? a4 2.f4 a3

– 3.♔g6 a2 4.f5 a1♕ 5.f6 ♔d5 6.f7 ♕h8–+

– 3.f5 a2 4.f6 a1♕–+

1...♔d5

1...a4 2.f5 a3 3.f6 a2 4.f7 a1♕ 5.f8♕=

2.♔f7! ♔e4

2...a4 3.f5 a3 4.f6 a2 5.♔g8! a1♕ 6.f7=

3.♔e6!

3.♔g6? ♔xf4–+

3...a4

3...♔xf4 4.♔d5=

4.f5 a3 5.f6 a2 6.f7 a1♕ 7.f8♕=

(E. Pallasz, 1991)

Aufgabe 2

1.♔h6!

1.♔g6? b4 2.f5 b3 3.f6 b2 4.f7 b1♕+ 5.♔g7 ♕g1+ 6.♔f6 ♕f2+ 7.♔g7 ♔e7–+

1...b4 2.f5 ♔e5 3.♔g6 b3 4.f6 b2 5.f7

5.♔g7=

5...b1♕+ 6.♔g7 ♕b7 7.♔g8=

(E. Pallasz, 2002)

Aufgabe 3

1.♔e1!

1.♔f2? ♔b4 2.e4 ♔a3 3.e5 ♔xa2 4.e6 a3 5.e7 ♔b2 6.e8♕ a2=

1...♔b4 2.♔d2!

2.e4? ♔c5 3.♔e2 a3 4.♔e3 ♔d6 5.♔d4 ♔e6 6.♔c4 ♔e5 7.♔b3 ♔xe4 8.♔xa3 ♔d5 9.♔b4 ♔c6=

2...♔a3 3.e4 ♔xa2 4.e5 a3 5.e6 ♔b3 6.e7 a2 7.e8♕ a1♕ 8.♕b5+ ♔a3 9.♕a5+ ♔b2 10.♕b4+ ♔a2 11.♔c2+–

(E. Pallasz, 2002)

Aufgabe 4

1.♔g7!

1) 1.e4? ♔d6 2.♔e8 ♔e5 3.♔d7 ♔xe4 4.♔xc7 ♔d3=

2) 1.♔e7? ♔c4

2.e4 ♔xc3 3.e5 c5 4.♔d6 c4 5.e6 ♔b2 6.e7 c3 7.e8♕ c2=

3) 1.e3? ♔d5 2.♔e7 ♔e4 3.c4 ♔xe3 4.c5 ♔d4=

4) 1.♔f7? ♔d5 (1...♔c4? 2.e4+–) 2.♔f6 ♔c4 3.e4 ♔xc3 4.e5 c5 5.e6 c4 6.e7 ♔d2 7.e8♕ c3 8.♕d7+ ♔c1=

1...♔d5

1) 1...♔d6 2.♔f6 ♔d5 3.♔f5 ♔c4 4.e4 c5 5.e5 ♔xc3 6.e6 c4 7.e7+–

2) 1...♔c4 2.e4 c5 3.e5 ♔xc3 4.e6+–

2.♔f7!

2.♔f6? ♔c4 3.e4 c5 4.e5 ♔xc3 5.e6 c4 6.e7 ♔d2 7.e8♕ c3 8.♕d7+ ♔c1=

2...♔e5

1) 2...♔c4 3.e4 ♔xc3 4.e5 c5 5.e6 ♔d2 6.e7 c4 7.e8♕ c3 8.♕d8+ ♔c1 9.♕g5+ ♔b1 10.♕g1+ ♔b2 11.♕d4 ♔b3 12.♔e6 c2 13.♕a1+–

2) 2...c5 3.♔e7 ♔e5 4.♔d7 ♔d5 5.♔c7 c4 6.♔b6 ♔e4 7.♔c5+–

3.♔e7

3.♔e8+–

3...♔d5 4.♔d7

4.♔d8? ♔c4 5.e4 ♔xc3 6.e5 c5 7.e6 c4 8.e7 ♔d2=

4...♔c4

4...c5 5.♔c7 c4 6.♔b6+−

5.♔c6!

− 5.♔xc7? ♔xc3=

− 5.e4? ♔xc3 6.e5 c5 7.e6 c4 8.e7 ♔d2=

5...♔xc3 6.♔c5 ♔d2 7.e4+−

(M. Zinar, 1981)

Aufgabe 5

1.♔d5!

1) 1.♔e5?

a) 1...♔xh2? 2.♔f4 ♔g2 3.♔e3 ♔h3 4.♔xf3 ♔h4 5.♔e4 ♔g5 6.f3! ♔f6 7.♔f4+−

b) 1...♔g2! 2.h4 ♔xf2 3.h5 ♔g2 4.h6 f2 5.h7 f1♕ 6.h8♕ ♕a1+ −+

2) 1.♔f5? ♔g2 2.h4 ♔xf2 3.h5 ♔g2 4.h6 f2 5.h7 f1♕+ −+

1...♔g2

1...♔xh2 2.♔e4 ♔g2 3.♔e3+−

2.h4

2.♔e4? ♔xf2 3.h4 ♔g2 4.h5 f2 5.h6 f1♕ 6.h7 ♕b1+ −+

2...♔xf2 3.h5 ♔g2 4.h6 f2 5.h7 f1♕ 6.h8♕=

(J. Moravec, 1925)

Aufgabe 6

1.♔c3!

1) 1.♔c2? ♔d7 2.♔d2 ♔d6 3.♔e2 ♔c5 4.♔e3 ♔d5 5.♔e2 ♔d4 6.♔d2 e4! 7.dxe4 ♔xe4 8.♔e2 e5−+

2) 1.♔c4? ♔d7

a) 2.♔c5 ♔c7 3.d4 e4−+

b) 2.d4 e4 3.♔c3 ♔e7 4.♔d2 ♔f6 5.♔e2 ♔g5! 6.♔e3 ♔f5−+

1...♔d7 2.d4

2.♔c4? ♔c6−+

2...e4 3.♔d2 ♔d6 4.♔e2

4.♔e3? ♔d5−+

4...♔c6 5.♔d2 ♔d6 6.♔e2=

(W. Proskurowski, 1960)

Aufgabe 7

1.b6+!

1.h4? axb5=

1...♔b8

1...♔xb6 2.h4 a5 3.h5 a4 4.h6 a3 5.h7 a2 6.h8♕+−

2.h4 a5 3.h5 a4 4.h6 a3 5.h7 a2 6.h8♕

6.h8♗ a1♕ 7.♗xa1 ♔a8=

6...a1♕ 7.♕g8!

7.♕e8? ♕g7!=; 7.♕f8? ♕a3!=

7...♕a2 8.♕e8

8.♕xa2=

8...♕a4 9.♕e5+ ♔a8 10.♕h8!+−

(D. Joseph, 1922)

Aufgabe 8

1.♔b8!

1) 1.♔b7? h5 2.d4 h4

a) 3.d5 h3! 4.d6 h2 5.d7 h1♕+ −+

b) 3.gxh4 gxh4 4.d5 h3 5.d6 h2 6.d7 h1♕+ −+

2) 1.♔b6? h5 2.d4 h4 3.gxh4

a) 3...gxh4? 4.d5 h3 5.d6 h2 6.d7 h1♕ 7.d8♕+ =

b) 3... g4! 4.d5 g3 5.d6 g2 6.d7 g1♕+ −+

1...♔e7

1...h5 2.d4 h4 3.gxh4 gxh4 4.d5 h3 5.d6 h2 6.d7=

2.♔c7 ♔e6 3.♔c6 ♔e5 4.♔c5 h5 5.d4+ ♔f6 6.d5 h4 7.gxh4 gxh4

7...g4? 8.♔d4+−

8.d6 h3 9.♔b6! h2 10.d7=

(E. Pallasz, 1999)

Aufgabe 9

1.♔d5!

1.♔xf5? a4 2.♔e6 a3 3.f5 a2 4.f6 a1♕ 5.f7=

1...♔e2 2.♔c4!

– 2.d4? ♔d3=

– 2.♔d4? a4–+

2...♔e3 3.d4 ♔xf4 4.d5 ♔e5 5.♔c5 f4

5...a4 6.d6 ♔e6 7.♔c6 a3 8.d7 a2 9.d8♕ a1♕ 10.♕e8+ ♔f6 11.♕h8+ +–

6.d6 ♔e6 7.♔c6 f3 8.d7 f2 9.d8♕ f1♕ 10.♕e8+ ♔f6 11.♕f8+ +–

(A. Seleznew, 1927)

Aufgabe 10

1.♔d2! ♔a3 2.d4 exd4

2...e4

1) 3.♔c3? ♔xa2 4.♔c2 a3 5.d5 ♔a1 6.d6 a2=

2) 3.d5! ♔xa2 4.d6 a3 5.d7 ♔b2 6.d8♕ a2 7.♕d4+ +–

3.e4!

3.exd4? ♔xa2 4.d5 a3 5.d6

1) 5...♔b2? 6.d7 a2 7.d8♕ a1♕ 8.♕b6+ ♔a2 9.♔c2+–

2) 5...♔b3! 6.d7 a2 7.d8♕ a1♕ 8.♕b6+ ♔c4=

3...♔xa2 4.e5 a3 5.e6 ♔b1

5...♔b3 6.e7 a2 7.e8♕ a1♕ 8.♕b5+ ♔a3 9.♕a5+ ♔b2 10.♕b4+ +–

6.e7 a2 7.e8♕ a1♕ 8.♕g6+ ♔b2 9.♕c2+ ♔a3 10.♕c5+ ♔b3 11.♕b5+ ♔a3 12.♕a5+ ♔b2 13.♕b4+ ♔a2 14.♕a4+ ♔b2 15.♕xd4+ ♔a2 16.♕a4+ ♔b2 17.♕b4+ ♔a2 18.♔c2+–

(E. Pallasz, 2008)

Aufgabe 11

1.a7!

1.b6? h1♕ 2.a7 ♔c5 3.a8♕ e3+ 4.♔b8 ♕xa8+ 5.♔xa8 ♔xb6–+

1...e3

– 1...h1♗? 2.e3+–

– 1...h1♕ 2.a8♕ e3+ 3.♔b6 ♕xa8=

2.♔b6!

2.a8♕?

1) 2...h1♕+? 3.♔b6 ♕xa8=

2) 2...h1♗+! 3.♔a7 ♗xa8 4.♔xa8 ♔c5–+

2...h1♗!?

2...h1♕ 3.a8♕ ♕xa8=

3.♔a6 ♗a8

3...♔c7 4.b6+ ♔c8=

4.b6 ♔c6 5.♔a5 ♔c5

5...♗b7 6.♔b4 ♔xb6 7.♔c3 ♔xa7 8.♔d3=

6.♔a6 ♔c6=

(E. Pallasz, 1999)

Aufgabe 12

1.♔c6!

1) 1.♔xc7? ♔b4 2.f4 ♔xc4 3.f5 ♔d5=

2) 1.f4? b5 2.cxb5 d5 3.f5 d4 4.f6 d3 5.f7 d2 6.f8♕ d1♕+ 7.♔xc7 ♔xb5=

1...b5

1) 1...♔b4 2.f4 ♔xc4 3.f5+–

2) 1...d5 2.cxd5 b5 3.♔xc7 b4 4.d6 b3 5.d7 b2 6.d8♕ b1♕ 7.♕a8+ +–

2.cxb5 d5 3.♔c5!

3.♔xd5? ♔xb5 4.f4 c5 5.f5 c4

1) 6.♔d4 ♔c6 7.♔xc4 ♔d6=

2) 6.f6 c3 7.f7 c2 8.f8♕ c1♕ 9.♕b8+ ♔a4=

3...d4 4.b6!

4.♔xd4? ♔xb5 5.f4 c5+ 6.♔c3 ♔c6 7.♔c4 ♔d6=

4...cxb6+ 5.♔xd4 b5 6.f4 b4 7.f5 b3 8.♔c3! ♔a3 9.f6 b2 10.f7 b1♕ 11.f8♕+ ♔a2 12.♕a8#

(A. Mandler, 1938)

Aufgabe 13

1.g7+!

1.gxf7? ♔xf7 2.♔d3 (2.♔xd4 ♔e6=)

1) 2...♔e6? 3.♔xd4 ♔e7 4.♔d5 ♔d7 5.e6+ ♔e7 6.♔e5 ♔e8 7.♔d6 ♔d8 8.e7+ ♔e8 9.e5+−

2) 2...♔e7! 3.♔xd4 ♔e6=

1...♔xg7 2.♔xd4!

2.e6 fxe6 3.♔xd4 ♔f6 4.♔d3 e5 5.♔c4 ♔e6 6.♔c5 ♔e7 7.♔d5 ♔d7 8.♔xe5 ♔e7 9.♔d5 ♔d7 10.e5 ♔e7 11.e6 ♔e8! (11...♔d8? 12.♔d6+−) 12.♔d6 ♔d8=

2...♔f8 3.e6! fxe6

1) 3...♔e7 4.exf7 ♔xf7 5.♔d5 ♔e7 6.♔e5+−

2) 3...f6 4.♔c5 ♔e7 5.♔d5 ♔e8 6.♔d6 ♔d8 7.e7+ ♔e8 8.♔e6 f5 9.♔xf5! ♔f7 (9...♔xe7 10.♔e5+−) 10.e8♕+ ♔xe8 11.♔e6+−

4.e5!

4.♔c5? e5! 5.♔d5 ♔f7 6.♔xe5 ♔e7 7.♔d5 ♔d7=

4...♔e7

4...♔f7 5.♔c5 ♔g6 6.♔c6 ♔f5 7.♔d6+−

5.♔c5 ♔d7 6.♔b6 ♔d8 7.♔c6 ♔e8 8.♔d6 ♔f7 9.♔d7+−

(P. Farago, 1939)

Aufgabe 14

1.e6! dxe6

1...d6 2.♔d2 ♔b2 3.c3 ♔b3 4.♔d3 ♔b2 5.♔d4 ♔b3 6.♔xd5 ♔xc3 7.♔c6 ♔c4 8.♔d7 d5 9.♔xe7 d4 10.♔f7 d3 11.e7 d2 12.e8♕ d1♕=

2.c4! dxc4 3.♔c2 e5 4.♔c3 e4 5.♔xc4 e5 6.♔c3 ♔a3 7.♔d2 ♔b4 8.♔e3 ♔c5 9.♔xe4 ♔d6 10.♔e3 ♔d5 11.♔d3=

(S. Isenegger, 1949)

Aufgabe 15

1.♔f7!

1.♔e7? ♔xc7 2.♔f6 ♔c6 3.♔g6 ♔c5 4.♔xh6 ♔xc4 5.♔g5 ♔d5 6.♔f4 ♔e6 7.♔xf3 ♔f5=

1...h5 2.♔e6!

– 2.♔f6? h4−+

– 2.♔e7 ♔xc7−+

2...♔xc7

2...h4 3.♔d7+−

3.♔f5!

3.♔d5?

1) 3...h4? 4.♔e4 h3 5.♔xf3+−

2) 3...♔b6! 4.♔d6 ♔b7 5.c5 h4 6.♔d7 h3 7.c6+ ♔b6 8.c7 h2=

3...♔c6 4.♔g5 ♔c5 5.♔xh5 ♔xc4 6.♔g4 ♔d5 7.♔xf3 ♔e5 8.♔g4+−

(M. Zinar, 2016)

Aufgabe 16

1.♔c2!

1.♔e2? ♔xa5 2.♔e3 ♔b4 3.♔f4 ♔c4 4.♔g5 ♔d3 5.♔h6 ♔e4=

1...♔xa5 2.♔c3

2.♔d3? ♔b4 3.♔d4 ♔b3 4.♔d5 ♔c2 5.d4 ♔d3 6.g5 d6 7.♔xd6 ♔xd4=

2...♔b5 3.♔d4 ♔c6 4.♔e5 d6+ 5.♔f6

5.♔e6? ♔c5 6.♔f6 ♔d4=

5...♔d5 6.d3!

6.♔g7? ♔e5 7.♔xh7 ♔f4=

6...♔d4 7.g5 ♔e3

7...♔xd3 8.♔g7+−

8.d4! ♔e4 9.d5! ♔f4

9...♔xd5 10.♔g7+−

10.♔e6 ♔xg5 11.♔xd6+−

(P. Arestow, 2019)

Aufgabe 17

1.♔a2!

1.♔b2? ♔e2

1) 2.f4 gxf4 3.h4 f3 4.h5 f2 5.h6 f1♕ 6.h7 ♕h3−+

2) 2.♔c3 ♔xf2 3.♔d4 ♔g3 4.♔e5 ♔xh3 5.♔e6 g4 6.♔f7 g3 7.♔xg7 g2 8.♔h7 g1♕ 9.g7 ♕a7−+

1...♔e1

1...♔e2 2.f4! gxf4 3.h4 f3 4.h5 f2 5.h6 f1♕ 6.hxg7=

2.f3 ♔e2

2...♔d2 3.♔b3 ♔e3 4.♔c4 ♔xf3 5.♔d5 ♔g3 6.♔e6 ♔xh3 7.♔f7 g4 8.♔xg7 g3 9.♔f7 g2 10.g7=

3.f4! gxf4 4.h4 f3 5.h5 f2 6.h6 f1♕ 7.hxg7=

(Y. Gordian, 2011)

Aufgabe 18

1.b5! h5 2.e4

2.♔e2? h4 3.e4

1) 3...dxe4? 4.b6! cxb6 5.d5 h3 6.d6 ♔g2 7.d7 h2 8.d8♕ h1♕ 9.♕g5+ ♔h3 10.♕h5+ ♔g2 11.♕g4+ ♔h2 12.♕h4+ ♔g2 13.♕xe4+ ♔h2 14.♕h4+ ♔g2 15.♕g4+ ♔h2 16.♔f2+−

2) 3...h3! 4.e5 ♔g2 5.e6 h2 6.e7 h1♕ 7.e8♕ ♕f1+ 8.♔d2 ♕f4+ =

2...dxe4+ 3.♔e2!

3.♔xe4? ♔g3 4.b6 cxb6 5.d5 h4 6.d6 h3 7.d7 h2 8.d8♕ h1♕+ =

3...h4 4.b6!

4.d5? h3 5.b6 ♔g3! 6.bxc7 h2 7.c8♕ h1♕=

4...cxb6 5.d5 h3 6.d6 ♔g1 7.d7 h2 8.d8♕ h1♕ 9.♕xb6+

9.♕g5+? ♕g2+ 10.♕xg2+ ♔xg2 11.♔e3 b5 12.♔xe4 b4=

9...♔h2 10.♕h6+ ♔g1 11.♕e3+ ♔h2 12.♕f4+ ♔h3 13.♕h6+ ♔g2 14.♕g5+ ♔h3 15.♕h5+ ♔g2 16.♕g4+ ♔h2 17.♕h4+ ♔g2 18.♕xe4+ ♔h2 19.♕h4+ ♔g2 20.♕g4+ ♔h2 21.♔f2+−

(E. Pallasz, 2011)

Aufgabe 19

1.f5!

1.bxc5? ♔g4 2.♔b2 ♔xf4 3.e6 fxe6 4.♔c3 e5 5.♔d3 e4+ 6.♔e2 e3 7.♔e1 ♔e4 8.♔d1 (8.♔e2 ♔d4−+) 8...♔d3 9.♔e1 ♔c4 10.♔e2 ♔xc5 11.♔xe3 b5 12.♔d2 ♔b4 13.♔c2 ♔a3 14.♔b1 b4 15.♔a1 b3 16.♔b1 b2 17.♔c2 ♔a2−+

1...♔g5 2.e6 fxe6 3.fxe6 ♔f6 4.bxc5

4.e7? ♔xe7 5.bxc5 ♔d7−+

4...♔xe6 5.c6! bxc6

5...b6 6.♔b2 ♔d6 7.♔b3 ♔xc6 8.♔c4 b5+ 9.♔b4 ♔b6 10.♔b3 ♔c5 11.♔c3=

6.♔c2 ♔d5 7.♔d3 c5 8.♔c3 ♔c6 9.♔c4=

(E. Pallasz, 1992)

Aufgabe 20

1.♔c8!

1.♔xc7? b5 2.h4 ♔d5 3.♔xd7 e4 4.♔xe7 (4.h5 ♔e5−+) 4...♔e5 5.♔f7 ♔f5 6.♔g7 b4 7.h5 b3 8.h6 b2 9.h7 b1♕ 10.h8♕ ♕b7+ 11.♔h6 (11.♔g8 ♔g6−+) 11...♕b6+ 12.♔h7 ♕g6# oder 12.♔h5 ♕g6+ 13.♔h4 ♕g4#

1...b5 2.h4 ♔d5

2...b4 3.h5 b3 4.h6 b2 5.h7 b1♕ 6.h8♕ ♕f5 7.♔xc7=

3.♔xd7 e4 4.♔xe7!

4.h5? ♔e5 5.♔xe7 ♔f5 6.h6 ♔g6−+

4...♔e5 5.♔f7 ♔f5 6.♔g7 b4

6...♔g4 7.♔g6 b4 (7...♔xh4? 8.♔f5+−)

8.h5 b3 9.h6 b2 10.h7 b1♕ 11.h8♕ ♔f3=

7.h5 b3 8.h6 b2 9.h7 b1♕ 10.h8♕ ♕a1+ 11.♔h7 ♕xh8+ 12.♔xh8 ♔g4 13.♔g7 ♔f3 14.♔f6 ♔xf2 15.♔e5 ♔e2 16.♔xe4=

(E. Pallasz, 2006-2007)

Aufgabe 21

1.♘b6+! cxb6

1...♔b7 2.♘c4 c6 3.b6+-

2.♔f3 ♔b7 3.♔e4 ♔c7 4.♔e5!

4.♔d5? ♔d7 5.♔e5 ♔e7=

4...♔d7 5.♔d5 ♔c7 6.♔e6 ♔c8 7.♔d6 ♔b7 8.♔d7 ♔b8 9.♔c6 ♔a7 10.♔c7 ♔a8 11.♔xb6 ♔b8 12.♔a6+-

(H. Fahrni, 1917)

Aufgabe 22

1.♘d2! ♔d4 2.♘f1 ♔e4 3.♔c2!

3.♘g3+? ♔f3 4.♘xh5 ♔g2 5.h4 ♔h3=

3...h4

3...♔f3 4.♔d3 ♔f2 5.♘e3 ♔g1 6.h4+-

4.♔d2 ♔f3 5.♔e1 h3

5...♔g2 6.♔e2+-

6.♘g3 ♔g2 7.♘e2! ♔xh2

7...♔f3 8.♔f1+-

8.♔f1 ♔h1 9.♘g3+ ♔h2 10.♘e4 ♔h1 11.♔f2 ♔h2 12.♘d2 ♔h1 13.♘f1 h2 14.♘g3#

(E. Puhakka, 1960)

Aufgabe 23

1.♘a1!

1) 1.♘a3? f3 2.♘c4 ♔g5 3.♔c2 ♔g4 4.♔d3 f2 5.♔e2 ♔f4 6.♘d2 f1♕+ 7.♔xf1 ♔e3=

2) 1.♔c1? f3 2.♔d2 f2 3.♔e2 ♔g4 4.♘e3+ ♔f4 5.♔d3

a) 5...♔f3? 6.♘f1 ♔g2 7.♔e2+-

b) 5...♔g3! 6.♘f1+ ♔f3 7.♘d2+ ♔f4 8.♔e2 f1♕+! 9.♔xf1 ♔e3=

3) 1.♘e1? ♔g4 2.♔c2 f3 3.♘d3 f2 4.♘xf2+ ♔f3=

4) 1.♘b4? ♔g4 2.♔c2 f3 3.♘d3 f2 4.♘xf2+ ♔f3=

1...f3 2.♘b3 ♔g4

1) 2...f2 3.♘d2 ♔g4 4.♔c2+-

2) 2...♔g5 3.♔c2 ♔g4 4.♔c3 f2 5.♘d2 ♔g3 6.♔c4+-

3.♔c2 ♔g3 4.♔c3 ♔g4

4...f2 5.♘d2 ♔f4 6.♔d3+-

5.♔c4 ♔g3

5...♔f4 6.♔d3! (6.♔d5? ♔e3-+) 6...f2 7.♘d2 ♔g3 8.♔e3 ♔g2 9.♔e2 ♔g3 10.♔f1+-

6.♘d2 ♔f4 7.♔d5 f2 8.♘f1 ♔f3 9.♔xe5 ♔e2 10.♘h2+-

(D. Blundell, 1994)

Aufgabe 24

1.a6!

1.♔e1? ♘xf3+ 2.♔e2 ♘e5 3.a6 ♘c6 4.♔e3 ♔g4 5.♔e4 c3 6.♔d3 c2 7.♔xc2 ♘b4+ 8.♔b3 ♘xa6=

1...c3 2.♔e1 c2

2...♘xf3+ 3.♔d1 c2+ 4.♔c1!+-

3.♔d2 ♘e2

3...♘xf3+ 4.♔c1!+-

4.♔xc2 ♘d4+ 5.♔d3 ♘c6

5...♘e6 6.a7 ♘c7 7.♔e4+-

6.♔e4 ♔h4 7.♔f5 ♔g3 8.f4 ♔f3 9.♔g5 ♔e4 10.f5 ♔e5 11.f6 ♔d6

11...♔e6 12.♔g6+-

12.♔h6!

12.♔g6? ♔c7 13.♔g7 ♘e5=

12...♔c7 13.f7+-

(A. Herberg, 1958)

Aufgabe 25

1.♔c7!

1.♔a7? d3 2.b6 d2 3.b7 ♘d7 4.e6 d1♕ 5.exd7 ♕xd7 6.♔a8 ♕a4+ 7.♔b8 ♔c3−+

1...d3

1...♘e6+ 2.♔c8 d3 3.b6 d2 4.b7=

2.b6 d2 3.b7 ♘d7 4.e6!

4.♔xd7? d1♕+ 5.♔c8 ♕g4+ 6.♔c7 ♕c4+ 7.♔d8 ♕d5+ 8.♔c8 ♕c6+ 9.♔b8 ♔c3 10.♔a7 ♕c5+ 11.♔a8 ♕a5+ 12.♔b8 ♕xe5+ 13.♔c8 ♕c5+ 14.♔d7 ♕b6 15.♔c8 ♕c6+ 16.♔b8 ♔b4−+

4...d1♕ 5.e7!

5.exd7 ♕c2+ 6.♔b8 ♕d3 7.♔c7 ♕c4+ 8.♔b6 ♕d4+ 9.♔c6 ♕h8 10.♔c7 ♕e5+ 11.♔c8 ♕c5+ 12.♔d8 ♕d6 13.♔c8 ♕c6+ 14.♔d8 ♕xb7−+

5...♕e2 6.♔xd7 ♕b5+ 7.♔d8 ♕d5+ 8.♔c8 ♕c6+ 9.♔d8=

(G. Nadareischwili, 1970)

Aufgabe 26

1.♘c6! g3 2.♘d4 g2 3.♘e2

3.♘f3? ♔g3 4.♘g1 ♔h2 5.♘f3+ ♔h1

1) 6.♔e6 ♘d3 7.♔d5 ♘e1−+

2) 6.b4 ♘d3 7.b5 ♘e5+!−+

3...♔h2 4.b4 ♘a4 5.b5 ♔h1

5...♘c3 6.b6! ♘xe2 7.b7 g1♕ 8.b8♕+=

6.♔f8!

1) 6.♔f6? ♘c3 7.b6 ♘d5+ 8.♔e5 ♘xb6 9.♔e4 ♘d7 10.♔e3 ♘f6 11.♔f2 ♘e4+ 12.♔f3 ♘c3−+

2) 6.♔e8? ♘c3 7.b6 ♘xe2 8.b7 g1♕ 9.b8♕ ♕g8+ −+

3) 6.♔e6? ♘c3 7.b6 ♘a4! 8.b7 ♘c5+ −+

6...♘c3 7.b6 ♘a4 8.b7 ♘c5 9.b8♘!

9.b8♕? ♘d7+ −+

9...♘d3

9...♘e6+ 10.♔e7 ♘f4 11.♘xf4 g1♕ 12.♘e6 ♕a7+ 13.♘d7=

10.♘c6 ♘c1 11.♘cd4 ♘xe2 12.♘xe2 ♔h2 13.♔e7=

(W. Wlasenko, 1986)

Aufgabe 27

1.b7! a1♕ 2.♘b3+ ♔a6

2...♔a4 3.♘xa1+−

3.b8♘+!

3.♘xa1 ♘e7+ 4.♔e6 ♘c6 5.♔d7 ♔xb7=

3...♔b7 4.♘xa1 ♘f8

4...♔xb8 5.♔xg6+−

5.♘b3! ♔xb8 6.♘c5 ♔a7

6...♔c8 7.e5 ♘h7 8.♔g6 ♘f8+ 9.♔g7+−

7.e5 ♔b6 8.♘d7+! ♘xd7 9.e6 ♔c7 10.e7+−

(M. Pasman, 2021)

Aufgabe 28

1.♘c6+! ♔f8

1) 1...♔f6 2.fxe6 h3

a) 3.e7? h2 4.e8♕ h1♕+ 5.♔g8 ♕g2+ 6.♔h8 ♕g7#

b) 3.♘e5! h2 4.♘g4+ =

2) 1...♔d6 2.fxe6 ♔xe6 (2...♔xc6 3.♔g8=) 3.♘d4+ ♔f6 4.♘f3 h3 5.♔h7 ♔f5 6.♔h6 ♔f4 7.♘h2 ♔g3 8.♘f1+ ♔g2 9.♘e3+ ♔f3 10.♘f1=

2.♘e5 h3 3.♘f3

3.♘g4? ♘g5 4.♘h2 ♔f7 5.♘g4 ♘e4 6.♘h2 ♔f6 7.♔h7 ♔xf5 8.♔h6 ♔f4 9.♔h5 ♔g3 10.♘f1+ ♔f2 11.♘h2 ♔g2 12.♘g4 ♘f6+! 13.♘xf6 h2−+

3...♘g5

3...♘d4 4.♘h2 ♔f7 5.♔h7 ♘xf5 6.♘g4 ♘e3 7.♘h2 ♔f6 8.♔h6 ♔f5 9.♔h5 ♘g2 10.♘f1 ♔f4 11.♘h2 ♔g3 12.♘f1+ ♔f2 13.♔g4=

4.♘xg5! h2 5.f6 h1♕+ 6.♘h7+ ♔e8

6...♔f7=

7.f7+ ♔xf7=

(Y. Afek, 2003)

Aufgabe 29

1.♘b6! ♘xb6 2.c7+ ♔a8

2...♔a7 3.c4+−

3.c3!

3.c4? ♔a7 4.c5 ♔a8 5.cxb6=

3...♔a7 4.c4 ♔a8 5.c5 ♔a7 6.cxb6+ +−

(J. Pitkanen, 1989)

Aufgabe 30

1.♗b5!

1) 1.♗c4? ♔g1 2.♗d5 ♔f2 3.b4 ♔e3 4.b5 ♔d4 5.♗c6 ♔c5 6.♔f7 h1♕ 7.♗xh1 ♔xb5=

2) 1.♗a6 ♔g1 2.♗b7 ♔f2 3.b4 ♔e3 4.b5 ♔d4 5.b6 ♔c5=

1...♔g1 2.♗c6 ♔f2 3.b4 ♔e3 4.b5 ♔d4 5.b6 ♔c5 6.b7 ♔xc6 7.b8♕ h1♕ 8.♕a8+ +−

(J. Ulrichsen, 2001)

Aufgabe 31

1.♔e7!

1.♔g7? g5−+

1...g5 2.♔d6 g4 3.e7 ♗b5 4.♔c5 ♗e8

4...g3 5.♔xb5 g2 6.e8♕ g1♕=

5.♔d4 ♔b6

5...g3 6.♔e3 ♗c6 7.e8♕ ♗xe8 8.♔f3=

6.♔e3 ♔c6 7.♔f4 ♗d7 8.e8♕! ♗xe8 9.♔xg4=

(R. Réti, 1928)

Aufgabe 32

1.♗g2!

1.♗xf5? ♔e3 2.h3 ♔xf4 3.♗xd3 f5 4.♔e2 ♔e5=

1...♔e3

1...♔xg2 2.h4+−

2.h4 ♔xf4 3.♗f3! ♔e5

3...♔xf3 4.h5 ♔g2 5.h6 f4 6.h7 f3 7.h8♕ f2 8.♕g7+ +−

4.h5 ♔e6 5.♗d5+! ♔e7

5...♔xd5 6.h6+−

6.h6 ♔f8 7.♔d2+−

(O. Duras, 1923)

Aufgabe 33

1.♔d3!

1.♔d2? ♔e4 2.c3 b3−+

1...b3 2.f3!

2.♔d2? ♗xc2 3.♔c3 ♔e4 4.f3+ ♔d5! (4...♔xf3? 5.d5=) 5.f4 ♔e4−+

2...♗xc2+

2...bxc2 3.♔d2 ♔f5 4.♔c1 ♔e6 5.f4 ♔d5 6.f5=

3.♔c3 ♔f5 4.♔b2

4.♔d2? ♔e6−+

4...♔e6 5.f4 ♔d5 6.f5 ♗d1 7.♔c3

1) 7.♔a3? ♔c4 8.♔b2 ♗f3−+

2) 7.♔c1? ♗f3 8.♔b2 ♔c4 9.f6 ♗d5−+

7...♔d6

7...♗c2 8.♔b2 ♔c4 9.f6=

8.♔b2 ♔e7 9.d5!

9.♔c3? ♔f6−+

9...♔f6 10.d6 ♗c2 11.♔c3=

(M. Pasman, 2019)

Aufgabe 34

1.♗xd6+! ♔b3

1...cxd6 2.♔b6 ♘c8+ 3.♔b7+−

2.♗xc7 ♔c4 3.♔b6 ♘b5 4.♗f4!

4.♗h2? g5 5.♗g3 g4 6 ♗e1 ♘d6 7.♗g3 ♘b5=

4...♔b4 5.♗g5 ♔c4 6.♗e7 g5 7.♗xg5+−

(E. Pallasz, 1960)

Aufgabe 35

1.♘d7+! ♔c7 2.♘f8 ♔d8

1) 2...♔d6 3.♔g4 (3.♔f4? ♔d5!=) 3...♔d5 4.♔h5 ♔e5 5.♔g5 ♔e4 6.♔h6 ♔f5 7.♔g7 ♔g5 8.♘d7+−

2) 2...♔c8 3.♔f4 ♔d8 4.♔g5 ♔e8 5.♔h5! (5.♔h6? ♔xf8−+) 5...♔xf8 6.♔h6+−

3.♔f4

3.♔g4+−

3...♔e8 4.♔g5! ♔xf8 5.♔h6 ♔e8 6.♔g7+−

(S. Kozlowski, 1931)

Aufgabe 36

1.♘g6+! hxg6+

1...♔g8 2.h5 hxg6+ 3.♔xg6+−; 2...h6 3.♔e5+−

2.♔xg6 ♔g8 3.h5 ♔h8 4.♔f7 g5 5.♔xf8

5.hxg6? ♗h6 6.♔xe7 ♔g7=

5...g4 6.♔xe7 g3 7.♔f7 g2 8.e7 g1♕ 9.e8♕+ ♔h7 10.♕e4+ ♔h8

10...♔h6 11.♕g6+ ♕xg6+ 12.hxg6+−

11.♕e5+ ♔h7 12.♕f5+ ♔h8 13.♕f6+ ♔h7 14.♕g6+ ♕xg6+ 15.hxg6+ ♔h6 16.g7+− (S. Kozlowski, 1931)

Aufgabe 37

1.♗e2+!

1.♗d3? ♘xd3 2.h7 ♔e3 3.h8♕ ♘f2+ 4.♔c2 d1♕+ 5.♔b2=

1...♔e3

1...♘xe2 2.h7 ♔e3 3.h8♕+−

2.♗h5! ♔d3

2...♘xh5 3.h7+−

3.h7 ♘h3 4.♗e2+ ♔e3 5.h8♕ ♘f2+ 6.♔c2 ♔xe2 7.♕e5+ +−

(J. Rusek, 1935)

Aufgabe 38

1.♗e8! ♔g4

1...d1♕ 2.♗h5+ =

2.♗d7+ ♔f3

2...♔f4 3.♗g4!=

3.♗g4+! ♔xg4 4.♘c4 d1♕ 5.♘e3+ ♘xe3=

(J. Jespersen, 1890)

Aufgabe 39

1.♘e3! ♔f2

1...♔h2 2.♗xg2 h3 3.♗xb7 ♔g1 4.♘g4 h2 5.♘xh2 ♔xh2 6.♔e7 ♔g3 7.♔f6 ♔f4 8.♔g6 ♔e5 9.♔xh6 ♔f6 10.♔h7 ♔g5 11.h6 ♔f6 12.♔g8+−

2.♘xg2!

2.♗xg2? ♔xe3 3.♗xb7 ♔f4 4.♗c8 ♔g5=

2...♔g3

2...b5 3.♗d7 ♔xg2 (3...b4 4.♘xh4+−) 4.♗xb5 h3 5.♔e7 h2 6.♔f6+−

3.♗c8! ♔xg2 4.♗xb7+ ♔g3 5.♔e7 ♔g4 6.♔f6! ♔xh5 7.♗f3#

(G. Grzeban, 1936)

Aufgabe 40

1.♗xd4! c2

1...♔xd4 2.♘xc3! ♔c5 3.♘e4+ ♔b5 4.♔d7 ♔xa5 5.♔c6=

2.♘e3+! ♔xd4 3.♘xc2+ ♘xc2 4.a6 ♘a3 5.a7 ♘b5 6.a8♕!

6.a8♘? ♔c5 7.♔d7 ♗e5−+

6...♘c7+ 7.♔d7 ♘xa8 8.♔c6=

(G. Grzeban, 1938)

Aufgabe 41

1.♖g3+! ♔e4

1...♔e2 2.♖g2=

2.♖g4+ ♔e5

2...♔f5 3.♖g8=

3.♖g5+ ♔e6 4.♖g6+ ♔e7 5.♖g7+ ♔f8 6.♖g5 f1♕ 7.♖f5+! ♕xf5=

(W. Bron, 1929)

Aufgabe 42

1.h6!

1.♔g6? ♔d6 2.h6 ♔e7

1) 3.♔g7 ♖g1+ 4.♔h8 ♔f6 5.h7 ♔g6 6.♔g8 ♖a1 7.h8♘+ ♔f6 8.♔h7 ♖g1−+

2) 3.h7 ♖g1+

a) 4.♔f5 ♖h1 5.♔g6 ♔f8−+

b) 4.♔h6 ♔f7 5.h8♘+ ♔f6 6.♔h7 ♖g2−+

1...♔d6 2.h7 ♖h1 3.♔g6 ♔e7 4.♔g7 ♖g1+ 5.♔h8=

(N. Minev, 1982)

Aufgabe 43

1.g6!

1.♔f5? ♖a8

1) 2.g6 ♖a5+ 3.♔f4 ♔e6 4.g7 ♔f7−+

2) 2.♔g6 ♔e6−+

1...♔e6

1...♖xf6+ 2.♔g5 ♔e7 (2...♖f1 3.g7=) 3.g7 ♔f7 4.g8♕+ ♔xg8 5.♔xf6=

2.♔g5 ♖a8 3.f7 ♔e7 4.♔h6 ♖a1 5.♔g7 ♖f1 6.♔g8=

(T. Gorgiew, 1936)

Aufgabe 44

1.♔c3!

1.d6? ♖f6 2.d7 ♖d6+ 3.♔c4 ♔f6=

1...♖a4

1...♔f6 2.d6 ♖a4 3.♖e8 ♖a7 4.♔d4+−

2.d6 ♖a6 3.d7 ♖d6 4.♖e6+! ♖xe6 5.d8♕+−

(A. Mandler, 1952)

Aufgabe 45

1.♖g5!

1.a7? ♖f7+ 2.♖g7 ♖f8=

1...♖xg5 2.a7 ♖h5+ 3.♔g7 ♖g5+ 4.♔f7 ♖f5+ 5.♔e7 ♖e5+ 6.♔d7 ♖d5+ 7.♔c7 ♖c5+ 8.♔b7 ♖h5 9.a4+! ♔b4 10.a8♕+−

(R. Ljungman, 1944)

Aufgabe 46

1.d6!

1.♖d4+? ♔e3 2.d6 ♖a1 3.d7 ♖a8

1) 4.d8♕ ♖xd8 5.♖xd8 ♔f3 6.♖d3+ ♔g2 7.♖d2+ ♔g3=

2) 4.♖xh4 ♖d8 5.♖h3+ ♔e4=

1...♖f1 2.♔g8!

1) 2.♔g7? ♔c3 3.♖d4 h3 (3...♔xd4 4.d7+−) 4.d7 h2 5.d8♕ h1♕ 6.♖g4 ♕b7+=

2) 2.♖d4+? ♔e3 3.d7 ♖f8 4.d8♕ ♖xd8 5.♖xd8 ♔f2=

2...♔c3 3.♖d4 h3 4.d7 ♖g1+

4...h2 5.d8♕ h1♕ 6.♖g4 ♕c6 7.♕a5+ ♔d3 8.♕a3+ ♔c2 9.♕a2+ ♔d3 10.♕b3+ ♔e2 11.♕b2+ ♔d3 12.♖d4+ ♔e3 13.♕d2+ ♔f3 14.♖f4+ ♔g3 15.♖xf1 ♕e8+ 16.♔g7 ♕e7+ 17.♖f7 ♕e5+ 18.♖f6 ♕e7+ 19.♔g6 ♕e4+ 20.♔h6 ♕h4+ 21.♔g7+−

5.♔h8!

5.♔h7? h2 6.d8♕ h1♕+ 7.♖h4 ♕b7+ 8.♔h6 ♕g7+ 9.♔h5 ♕g6#; 5.♔f8? h2 6.d8♕ h1♕ 7.♖d3+ ♔c2 8.♖d2+ ♔c1=

5...h2 6.d8♕ h1♕+ 7.♖h4+−

(M. Minski, 2021)

Aufgabe 47

1.e4! fxe4

1) 1...♔xb7 2.exf5 h3 3.♔g7 ♖h4 4.f6 h2 5.♖h1=

2) 1...h3 2.exf5 h2 3.♖h1=

2.♔g7 ♖h5 3.♔g6 ♖e5 4.♔f6 ♖e8 5.♔f7 ♖h8 6.♔g7=

(A. Wotawa, 1938)

Aufgabe 48

1.♖a2+!

1.♖c2+? ♔xc2 2.♖a2+ ♖b2 3.♖a1 gxh6−+

1...♔xa2 2.♖c2+ ♖b2 3.♖xh2! ♖xh2 4.hxg7 ♖e2+ 5.♔f4 ♖e8 6.♔g5 ♖g8 7.♔h6 ♖xg7 8.g5 ♖g8

8...♖b7=

9.♔xh7 ♖b8 10.♔xg6=

(V. Kalandadze, 1984)

Aufgabe 49

1.♖d8+ ♔f7 2.♖xh8 ♖a8+ 3.♔d7 ♖xh8 4.♖f4+ ♔g8 5.h6!

5.♔e7? h6=

5...gxh6 6.♔e7 h5

6...♔g7 7.♖g4#

7.♔f6 h6

7...♔f8 8.♖a4+−

8.♖a4 ♔h7

8...♖h7 9.♖a8#

9.♖a7+ ♔g8 10.♖b7+−

(V. Kalandadze, 1993)

Aufgabe 50

1.g7!

1.f7? ♖a8+

1) 2.♔b1 ♔xg6 3.♖e8 c2+ 4.♔xc2 ♖a2+ 5.♔b3 ♔xf7=

2) 2.♖a7 c2 3.♔b2 ♖c8 4.♖c7 ♖b8+ 5.♖b7 ♖c8 6.♖c7= oder 5.♔xc2 ♔xg6=

1...♖a8+ 2.♖a7! c2

2...♖xa7+ 3.♔b1 ♔xf6 4.g8♕+−

3.♔b2 ♖b8+ 4.♖b7 ♖c8 5.g8♕+!

5.♖c7 ♖b8+=

5...♖xg8 6.♖g7+ ♖xg7 7.fxg7 ♔h6 8.g8♖!

8.g8♕? c1♕+ 9.♔xc1=

8...♔h7 9.♖g1+−

(D. Gurgenidze, 1977)

Aufgabe 51

1.♖d8+!

1.b7? ♔c6 2.♔b3 ♔b6 3.a4 ♔a7=

1...♔xd8 2.b7 ♖b4 3.♔xb4 c5+ 4.♔b5

4.♔xc5? ♔c7=

4...♔c7 5.♔a6 ♔b8 6.a4 c4 7.a5 c3 8.♔b6 c2 9.a6 c1♕ 10.a7#

(J. Moravec, 1925)

Aufgabe 52

1.♔g8!

1.e7+? ♔g5 2.♖a7 ♔f6=

1...♔g5

1...a3

1) 2.e7+? ♔g5 3.♔f7 ♖f1+ 4.♔g7 ♖e1=

2) 2.g3! a2 3.e7+ ♔g5 4.♔f7 ♖f1+ 5.♔g7 ♖e1 6.♖a5+ ♖e5 7.♖xe5#

2.♔f7 ♖f1+

2...♔h4 3.e7 ♔g3 4.♖e6+−

3.♔g7 ♖e1 4.g3 ♖e5 5.♖a7!

5.♖xa4? ♔f5 6.♖f4+ ♔xe6 7.♖xg4 ♔f5 8.♖f4+ ♔g5=

5...♔f5

5...♖xe6 6.♖a5+ ♖e5 7.♖xe5#

6.e7 ♔e4 7.♖xa4+ ♔f3 8.♔f6

8.♔f7? ♔xg3 9.♖a1 ♖xe7+! 10.♔xe7 ♔f2=

8...♖xe7

8...♔xg3 9.♔xe5+−

9.♖a3+!

9.♔xe7? ♔xg3 10.♔f6 ♔f3! 11.♔g5 g3

12.♖a3+ ♔f2 13.♔g4 c2=

9...♖e3 10.♖xe3+ ♔xe3 11.♔g5!

11.♔e5? ♔f3−+

11...♔f3 12.♔h4 ♔e4 13.♔xg4 ♔e5 14.♔g5 ♔e6 15.g4 ♔f7 16.♔h6 ♔g8 17.g5 ♔f7 18.♔h7+−

(V. Kacnelson, 2000)

Aufgabe 53

1.♖d5!

1.♖xe5? ♖h8+ 2.♔e7 ♖xa8−+

1...♖h8+ 2.♔e7 ♖xa8 3.b5+ ♔c7

3...♔b7 4.a6+ ♔c7 5.♖d7+ ♔b8 6.♖d8+ ♖c8 7.♔d7 ♖xd8+ 8.♔xd8=

4.♖d7+ ♔b8 5.♖d8+ ♖c8 6.a6 ♖xd8 7.♔xd8=

(G. Grzeban, 1958)

Aufgabe 54

1.h6!

1) 1.♖xg6? ♖f7 2.♖f2 ♖d7 3.♖c2+ ♔b7=

2) 1.♖b1? ♖fa2 2.♖c2+ ♔d7 3.♖d1+ ♔e7 4.♖e2+ ♔f6 5.♖f1+ ♔g5=

1...gxh6

1...♔xb6 2.hxg7+−

2.♖b1! ♖fa2 3.♖c2+ ♔d7 4.♖d1+ ♔e7 5.♖e2+ ♔f7 6.♖f1+ ♔g7 7.♖e7+ ♔g8 8.♖e8+ ♔g7 9.♖xa1 ♖xa1 10.a8♕+−

(A. Wotawa, 1956)

Aufgabe 55

1.♖a7+!

1.♖g7+? ♔d8! 2.♖b4 ♔c8 3.♖xb3 ♖f8 4.♖c3+ ♔b8=

1...♖xa7 2.♖g7+ ♔e8 3.♖xa7 f3

3...♖f8 4.♔e6 ♔d8 5.♖a8+ ♔c7 6.♖xf8+−

4.♔e6!

4.♖a8+? ♔f7 5.♖a7+ (5.♖xh8?? f2−+)

5...♔g8 6.♖a1 ♔g7=

4...♔f8 5.♔f6 ♔e8

5...♔g8 6.♔g6 ♔f8 7.♖a8+ ♔e7 8.♖xh8 f2 9.♖h7+ ♔e6 10.♖f7+−

6.♔g7 f2 7.♖a1 ♖f8 8.♖a8+ ♔e7 9.♖xf8+−

(A. Herbstmann, 1929)

Aufgabe 56

1.♕a1+! ♔xa1 2.h8♕+ ♔b1 3.♕h7+ ♔a1 4.♕g7+ ♔b1 5.♕g6+ ♔a1 6.♕f6+ ♔b1 7.♕f5+ ♔a1 8.♕e5+ ♔b1 9.♕e2! ♕e3+

9...f1♕ 10.♕a2#

10.♕xe3 f1♕ 11.♕e4+ ♔a1 12.♕d4+ ♔b1 13.♕b2#

(B. Taranets, 1952)

Aufgabe 57

1.c8♘!

− 1.c8♕? ♕e7#

− 1.♔c8? ♕f5+ 2.♔b7 ♕xb5+ 3.♔a7 ♕a5+ 4.♔b7=

1...♕xb8 2.c7 ♕a8

2...♕xb5 3.♘d6+ +−

3.♔d7 ♔f6 4.♘d6 ♕a7 5.♔c6 ♕a8+ 6.♔b6+−

(Y. Afek, 1980)

Aufgabe 58

1.♕h2+! ♔xh2 2.b8♕+ ♔h1 3.♕a8

3.♕b7? ♔g1! 4.♔g3 ♕f2+ 5.♔h3 ♕h2+ 6.♔g4 d1♕+ −+

3...d1♕+

3...♔g1 4.♕g8+ ♔f1 5.♕g2+ ♔e1 6.♕e2#

4.♔g3+ ♕d5 5.♕h8+ ♕1h5 6.♕a1+ ♕dd1 7.♕a8+ ♕dd5 8.♕a1+ =

(E. Dwizow, 1977)

Aufgabe 59

1.♔h8!

1.g6? ♔g5 2.♔h8 ♕b2 3.h4+ ♔xg6 4.h5+ ♔xh5−+

1...♕b2 2.h4 ♔xh4 3.♔h7 ♕c2+ 4.♔h8

4.g6 ♕c7

1) 5.♔h8 ♕e5 6.♔h7 ♕h5+ 7.♔g8 ♕xg6−+

2) 5.♔h6 ♕f4+ 6.♔h7 ♔h5−+

4...♕c3 5.♔h7 ♕c7 6.♔h8 ♕e5 7.♔h7 ♕e7 8.♔h8 ♔xg5 9.g8♕+ ♔h6 10.♕e6+ ♕xe6=

(L. Kubbel, 1922)

Aufgabe 60

1.♔e3+! ♔b3

1...♔c5 2.♖xh5−+

2.♖xh5! ♕xf7 3.♖b5+ ♔c2

3...♔a2 4.♘xc3+ ♔a1 5.♖b1#

4.♘xa3+ ♔c1 5.♖b1#

(H. Lommer, 1968)

Aufgabe 61

1.♖a4+!

1) 1.b8♕? ♖h1+ 2.♔xb2 ♕d2+ 3.♖c2 ♕d4+ 4.♖c3 ♕f2+ 5.♖c2 ♕d4+ =

2) 1.♖c4+? ♔h5 2.b8♕ ♕g1+ 3.♔xb2 ♖b7+ 4.♕xb7 ♕g7+ 5.♔c1 ♕xb7 6.♖c5+ ♔g4 7.♖a4+ ♔f3 8.♖c3+ ♔e2 9.♖a2+ ♔e1 10.♖e3+ ♔f1 11.♖d3 ♕c7+ 12.♖c2 ♕f4+ =

1...♔h5

1...♔f3 2.♖c3+ ♔g2 3.b8♕ ♖h1+ 4.♔xb2 ♕d2+ 5.♖c2+−

2.b8♕ ♕g1+ 3.♔xb2 ♖b7+ 4.♕xb7 ♕g7+ 5.♔c1!

5.♕xg7?=

5...♕xb7 6.♖a5+ ♔g4 7.♖c4+ ♔f3 8.♖a3+ ♔e2 9.♖c2+ ♔e1 10.♖e3+!

10.♖d3? ♕f3! 11.♖xf3=

10...♔f1 11.♖d3+−

(D. Gurgenidze, 1987)

Aufgabe 62

1.♘b5+!

1.♔c8? ♕f8+ 2.♔c7 ♕f7+ 3.♔c8 ♕xb7+ 4.♔d8 ♕f7 5.♗d4+ ♔b8 6.♗e5+ ♔a8−+

1...cxb5 2.♔c7 ♕a5+

2...♕f8 3.♗d4+ ♔a6 4.b8♕+−

3.♔c8 ♕b6 4.♗d4! ♕xd4 5.b8♕+ ♔a6 6.♘b4+! ♕xb4

6...♔a5 7.♘c6+ +−

7.♕b7+ ♔a5 8.♕a7#

(A. Maksimowitsch/A. Schupletzow, 1984)

Aufgabe 63

1.d6! cxd6 2.c6 ♖xf6

2...♖c2 3.♗d5+ ♔g3 4.♔b1 ♖c5 5.♗d4+−

3.c7 ♖f1+ 4.♔b2 ♖f2+ 5.♔b3!

5.♔c3? ♖f5=

5...♖f3+ 6.♔c4 ♖f1

6...♖f5 7.♗d5+ +−

7.♔d3 ♖f3+

7...♖c1 8.♗c4+−

8.♔d4 ♖f4+ 9.♔d5 ♖f5+ 10.♔xd6 ♖f6+

10...♖c5 11.♗d5+ ♔g3 12.♗c6+−

11.♔e7 ♖c6 12.♗d5+ +−

(B. Badaj, 1967)

Aufgabe 64

1.♕c8!

1.♕d6+? ♔g8 2.gxh7+ ♔h8=

1...♔g8

– 1...♕e6+ 2.♕xe6 fxe6 3.gxh7+−

– 1...♘c7 2.♗e7+ ♔g8 3.gxf7+ +−

2.♗c7! ♕xc8 3.gxf7+ ♔h8

3...♔f8 4.♗d6#

4.♗e5 ♕c5

– 4...h5 5.♔g6#

– 4...♕f8 5.♔e6+ ♕g7 6.f8♕#

5.♗b2 ♘c7 6.♗a1! a4 7.♗b2 a3 8.♗a1 a2 9.♗b2 a1♕ 10.♗xa1 ♘b5 11.♔e6+ ♘d4+ 12.♗xd4+ ♕xd4 13.f8♕#

(M. Matous, 1975)

Aufgabe 65

1.♘e7+! ♔b8 2.♘c6+!

2.♗b7? ♕e6 3.♔d8 ♕f6=

2...♔c8

2...♔a8 3.♘d4+ +–

3.♘xa7+ ♔b8 4.♘c6+ ♔c8 5.♘e7+ ♔b8 6.a7+! ♔xa7 7.♘c6+ ♔a6 8.♗f1+ ♕b5 9.♗d3!

9.♗xb5+ ♔xb5=

9...♕xd3 10.♘b4+ +–

(G. Grzeban, 1959)

Aufgabe 66

1.♖g7+! ♔h8

1...♔f8 2.♖g6+ +–

2.♗e3! ♔xg7

2...♕e5 3.♗d4 ♕b5+ 4.♔c1+–

3.♗d4 ♔g6

3...♕xd4 4.cxd4+–

4.♗xf6 ♔xf6 5.♔a3 ♔g5 6.♔b4 ♔h4 7.♔xc4 ♔xh3 8.♔b5 ♔g4 9.c4 ♔f5 10.c5 ♔e5

10...♔e6 11.♔c6! a5 12.♔b7+–

11.♔c6 a5

11...♔d4 12.♔d6+–

12.♔d7 a4 13.c6 a3 14.c7 a2 15.c8♕ a1♕ 16.♕h8+ +–

(J. Rusek, 1935)

Aufgabe 67

1.h6!

– 1.♖e7? ♗f3=

– 1.♗c1+? ♔xh5 2.♖f4 ♗c5+ =

1...♔xh6 2.♖f4 ♗g7 3.♗c1!

3.♖xe4? ♗f8+ 4.♔c6 ♗xa3 5.♔xb6 ♗f8=

3...♗g6

3...♗h7 4.♖g4+ ♔h5 5.♖xg7+–

4.♖h4#

(A. Trzesowski, 1964)

Aufgabe 68

1.♖c7+ ♔b8

– 1...♔a8 2.♔d4+–

– 1...♔a6 2.♗c8+ ♘xc8 3.♖xc8 b5 4.♔d4 ♔b6 5.♔d5+–

2.♖b7+ ♔a8 3.♗e8 ♘xc6 4.♖xb6 ♘b4

4...♔a7 5.♖b1+–

5.♗f7!

5.♗xa4? ♘d5+ =

5...♗e8 6.♔xb4!

6.♗xe8? ♘d5+ =

6...♗xf7 7.♖h6 ♗d5 8.♔c5 ♗e4 9.♔b6+–

(M. Liburkin, 1930)

Aufgabe 69

1.♘d4! ♕d8

1...♕xd4 2.♖a3+ ♔b5 3.♖b3+ ♔c4 4.♖c3+ ♔d5 5.♖d3! ♕xd3=

2.♖a3+ ♔b7 3.♖b3+ ♔c8

3...♔c7? 4.♘e6+ +–

4.♖b8+! ♔xb8 5.♘c6+ =

(L. Kubbel, 1921)

Aufgabe 70

1.♖h6+!

1.f4? ♕g7+ –+

1...♔e5

– 1...♔f5 2.e4+ ♔xe4 3.f3+ +–

– 1...♔d5 2.e4+ ♔c4 3.♖c6+ +–

2.f4+ ♔e4 3.♖e6+ ♔f5 4.e4+ ♔xe6 5.♗xa7+–

(L. Kubbel, 1920)

Aufgabe 71

1.f7! ♕xg7 2.b4 ♔b7 3.b5 ♔c7 4.b6+! ♔d8

4...♔xb6 5.f8♕ ♕xf8 6.♘d7+=

5.b7 ♔c7 6.b8♕+ ♔xb8 7.f8♕+ ♕xf8 8.♘d7+ =

(A. Schukow, 2021)

Aufgabe 72

1.b7! ♕f1+ 2.♔h2 ♕f2+ 3.♔h1 g3 4.b8♘+!

4.b8♕? ♕h2#

4...♔a5 5.♘c6+ ♔a4 6.♖b4+ ♔a3 7.♖b3+ ♔a2 8.♘b4+ ♔a1 9.♖a3+ ♔b1 10.♖b3+ ♔a1 11.♖a3+ =

(W. Wlasenko, 1988)

Aufgabe 73

1.♖d4+!

1.♘xe2? ♕a6+ –+

1...♔b5

1...♔c5 2.♖a4+ ♔b5 3.♘xe2 ♕f8+ 4.♔d7 ♕f7+ 5.♔d6=

2.♘xe2 ♔c6 3.♖b4! ♕xb4

3...♕a8+? 4.♖b8 ♕a6+ 5.♔d8 ♕xe2 6.♖b6#

4.♘d4+ ♔d6 5.♗h2+ ♔c5 6.♗g1 ♕xd4 7.b4+!

7.♗xd4+? ♔xd4–+

7...♔c4 8.♗xd4 ♔xd4 9.♔c7 ♔c4 10.♔c6=

(W. Kontratiew, 1984)

Aufgabe 74

1.d7! ♔e7

1...f1♕ 2.d8♕+ ♔e5 3.♕a5+ +–

2.♖b8!

2.d8♕+? ♔xd8 3.♖b8 ♗xg3!

1) 4.♔xg3 f1♕ 5.♗a6+ ♔c7 6.♖b7+ ♔c8 7.♖xa7+ ♔b8 8.♗xf1 ♔xa7=

2) 4.♖a8 ♗b8! 5.♗a6 ♔c7 6.♔f3 f1♕+ 7.♗xf1 ♔b7 8.♖xb8+ ♔xb8=

2...♗xg3

2...f1♕ 3.d8♕+ ♔xd8 4.♗a6+ ♔c7 5.♖b7+ ♔c8 6.♗xf1+–

3.♖a8

3.♔xg3? f1♕ 4.d8♕+ ♔xd8 5.♗a6+ ♔c7=

3...f1♕ 4.d8♕+ ♔xd8 5.♗a6+ ♗b8 6.♗xf1

6.♖xb8+? ♔c7=

6...♔c7 7.♗a6 e2 8.♗xe2 ♔b7 9.♗f3! ♔xa8 10.♗xc6#

(W. Korolkow, 1935)

Aufgabe 75

1.♖a3!

– 1.♔a3? ♗e6 2.f5 ♖b1 3.♖h8+ ♔g4–+

– 1.♖h8+? ♔g4 2.♖a3 ♗e6 3.f5 ♗d5–+

1...♗xc2+

1...♗e6 2.f5 ♗d5 3.♖b4+ ♔g5 4.♖xg3+ ♔xf5 5.c4 ♖b1 6.♖a3 ♗xc4 7.♖xc4 a1♕ 8.♖xa1 ♖xa1+ 9.♔b5=

2.♔a5 ♗b3!

1) 2...g2 3.♖h8+ ♔g4 4.♖g8+ ♔xf4 5.♖xg2=

2) 2...♖b1 3.♖h8+ ♔g4 4.♖xa2 ♗b3 5.♖d2 ♔xf4=

3.♖bxb3!

3.♖axb3?

3...♖b1 4.♖xg3!

4.♖xa2? ♖xb3 5.f5 ♔g5–+

4...a1♕ 5.♖h3+ ♔g4 6.♖hg3+ ♔xf4 7.♖gf3+ ♔e4 8.♖fe3+ ♔d4 9.♖eb3!

9.♖ed3+? ♔c4 10.♖e3 ♕b2−+

9...♔c4 10.♖b4+ ♔c5 11.♖xa1 ♖xa1+ 12.♖a4=

(D. Gurgenidze, 1978)

Aufgabe 76

1.♔c6!

1.♔d7? ♕f7+ 2.♔c6 ♕c4+ =

1...♕d4 2.♕e2+ ♕e4+ 3.♔c5!

3.♕xe4+? ♔xe4 4.♘g3+ ♔d3 5.♘f1 h5=

3...♕xe2 4.d4+ ♔e4 5.♘g3+ ♔e3 6.♘xe2 ♔xe2 7.d5 h5 8.d6 h4 9.d7 h3 10.d8♕+−

(A. Schukow, 2021)

Aufgabe 77

1.♕xd2+! ♔e7+

1...♕xd2 2.d8♕+ +−

2.♕xh6 e1♕ 3.♕d6+! ♔xd6 4.d8♕+ ♔e6 5.♕e8+ ♔f6 6.♕xe1+−

(D. Gurgenidze, 2006)

Aufgabe 78

1.♕h1+!

1.♕xa3+? ♕a7+ 2.♕xa7+ ♔xa7−+

1...g2 2.♕h8+ ♔a7 3.♕b8+ ♔a6 4.♕b7+ ♔a5 5.♕d5+ ♔a6

5...♔b4 6.♕b3+ ♔c5 7.♕b6++−

6.♕d3+ ♔a5 7.♕xa3+ ♔b5 8.♕b3+ ♔a5

8...♔c5 9.♕b6+ +−

9.♕a2+ ♔b4

9...♔b5 10.c4+ +−

10.c3+ +−

(A. Wotawa, 1939)

Aufgabe 79

1.♗d4+! ♔xd4 2.a7

2.♗b3 ♗c5=

2...a2 3.a8♕ a1♕ 4.♕a7+ ♔c4

4...♗c5 5.♕g7+ +−

5.♗b5+! ♔xb5 6.♕xa1+−

(C. Bent, 2008)

Aufgabe 80

1.b7! ♖c6+ 2.♔g5 ♖c5+ 3.♔f6!

3.♔f4? ♖b5 4.b8♕ ♖xb8 5.♗xb8 ♔d3 6.♔e5 ♔c4 7.♔e6 (7.♔d6 ♔b3=) 7...♔c5 8.♔d7 ♔b5 9.♔d8 ♔c6 10.♔c8 ♔b6 11.♗c7+ ♔a7=

3...♖b5 4.b8♕ ♖xb8 5.♗xb8 ♔d3 6.♔e7 ♔c4 7.♔d8 ♔b5 8.♔d7 ♔b6 9.♔c8 ♔c6 10.♗c7 ♔b5 11.♔b7+−

(A. Manveljan, 1997)

Aufgabe 81

1.♖d2!

1) 1.♔a2? ♔b5+ 2.♔b1 ♕b4+ 3.♔c2 ♕a4+ 4.♔c1 ♘xe2+ 5.♔b1 ♕xd1+ 6.♔a2 ♘c3#

2) 1.♔b1? ♕b4+ 2.♔c2 ♕b3+ 3.♔c1 ♘xe2#

3) 1.♕g3? ♘xe2 2.♕b8 ♕c3+ 3.♔b1 ♘a3+ 4.♔a2 ♕c2+ 5.♕b2 ♘c3+ 6.♔a1 ♕xd1+ 7.♕c1 ♕xc1#

4) 1.♕c2+? ♔b4+ 2.♕a2 ♕e5+ 3.♔b1 ♘xe2 4.♖d3 ♘c3+ 5.♖xc3 ♕xc3 6.♕e2 ♘a3+ 7.♔a2 ♕b3+ 8.♔a1 ♕b1#

1...♔b3+ 2.♔b1 ♘a3+ 3.♔c1 ♕c3+ 4.♕c2+! ♘xc2 5.♖d3! ♘xe2+ 6.♔d1 ♕xd3+ 7.♘d2+ ♔c3=

(V. Pachman, 1980)

Aufgabe 82

1.♗e4! ♖f1+

1...♖xc7 2.♗xf3#

2.♔xf1 ♘g3+ 3.♕xg3!

1) 3.♔e1? ♘xe4−+

2) 3.♔f2? ♘xe4+ 4.♔xf3 ♘g5+ 5.♔f2 ♘e4+ 6.♔e3 ♔g2−+

3...♗h3+

3...hxg3 4.♗xf3+ g2+ 5.♗xg2#

4.♕g2+!

4.♕xh3?=

4...♗xg2+

4...fxg2+ 5.♔f2+−

5.♔f2 h3 6.♗d3 ♗f1 7.♔xf1 f2 8.♗e4#

(W. Kowalenko, 1996)

Aufgabe 83

1.a7!

1.♔b7? g3−+

1...♖a6 2.♔b7 ♖xa7+ 3.♔xa7 ♘b5+ 4.♘xb5 g3 5.♖f1+ ♔g2 6.♖b1 ♔h3

6...h1♕? 7.♖xh1 ♔xh1 8.♘d4 g2 9.♘f3+−

7.♘a3!

7.♘c3? g2 8.♘e2 h1♕−+

7...g2 8.♖b3+ ♔g4 9.♖b4+ ♔f5 10.♖b5+ =

(A. Kusnetzow, 1968)

Aufgabe 84

1.♘e5!

1.♘xe3? h4=

1...e2

1...♗e4 2.♗g8+−

2.♗e6!

2.♗b3? ♗g6! 3.♘xg6+ ♔h7 4.♘e5

1) 4...e1♕ 5.♗c2+ ♔h6 6.♘f7#

2) 4...e1♘ 5.♗e6 h4=

2...♗g6

2...♗c2 3.♗g8+−

3.♘xg6+ ♔h7 4.♘e5 e1♕ 5.♗f5+ ♔h6 6.♘f7#

(E. Pogosjanz, 1971)

Aufgabe 85

1.b7! ♗c5

− 1...♖a6+ 2.♗a7 ♖c6 3.b8♘+!+−

− 1...♖c6 2.b8♘+!+−

− 1...♖e6 2.♘c7!+−

2.♗xc5

1) 2.b8♕? ♖a6+ 3.♘a7 ♖xa7+ 4.♕xa7+ ♗xa7 5.♔xa7=

2) 2.b8♘+? ♔c8 3.♗xc5 d4 4.♗xd4 ♖h5 5.♘a7+ ♔c7 6.♘a6+ ♔d7 7.♔b7 ♖f5 8.♘c5+ ♔e8=

2...♖h8+ 3.♔a7 ♔c6 4.♗d4!

4.♘d6 ♔xc5 5.♘c8 ♖h3 6.b8♕ ♖a3+ 7.♔b7 ♖b3+ 8.♔c7 ♖xb8 9.♔xb8 d4 10.♔b7 d3 11.♘b6 d2 12.♘a4+ ♔c4 13.♘b2+ ♔c3 14.♘d1+ ♔c2 15.♘e3+ =

4...♖h7 5.♗g7! ♖xg7 6.♘d4+ ♔c5 7.♘e6+ +−

(Y. Afek, 1976)

Aufgabe 86

1.h6+! ♖xh6

1...♔xh6 2.gxf7+ +−

2.gxf7 ♗h5 3.♖g6+! ♗xg6

3...♖xg6 4.f8♕#

4.♗e5#

(Ende einer Studie von N. Kondratiuk, 1997)

Aufgabe 87

1.♘d5+!

1.♗g4? ♖a8 2.♘d5+ ♔f8 3.c8♕+ ♗xc8 4.♗xc8 ♖xa7=

1...♔d7

1...♔e6 2.c8♕+ ♖xc8 3.♗g4+ +−

2.c8♕+! ♖xc8

2...♗xc8 3.a8♕+−

3.♗g4+ ♔c6 4.♗xc8 ♗b7 5.♔d3! ♗a8 6.♔c4 ♗b7 7.a8♕! ♗xa8 8.♗a6 ♗b7

8...♔d7 9.♘b6+ ♔c7 10.♘xa8+ ♔b8 11.♘b6 ♔a7 12.♔b5+−

9.♗b5#

(T. Gorgiew, 1934)

Aufgabe 88

1.b7! ♕c6 2.♗d7

2.♔a7? ♕c5+ 3.♔a8 ♕a5+ 4.♔b8 ♕e5+ =

2...♕xd7 3.♖xe4+!

3.b8♕? ♕d5+ 4.♕b7 ♕d8+ 5.♔a7 ♕d4+ 6.♕b6 ♕d7+ 7.♔b8 ♕c8+ 8.♔a7 ♕a8+ 9.♔xa8=

3...♔a5 4.♖e5+ ♔b6

4...♔a6 5.b8♘+!+−

5.b8♕+ ♔a6 6.♖b5! ♕xb5 7.♕a7#

(Y. Afek, 2000)

Aufgabe 89

1.♖h4+! ♕xh4 2.♖g8

2.♖b8? ♕g3+ −+

2...♕h3+ 3.♔b4 ♕h4+ 4.♔b5 ♕h5+ 5.♔b6 ♕h6+ 6.♔b7+−

(J. Beasley, 1972)

Aufgabe 90

1.♘a4+! ♔b4

1...♔d5 2.♘b6+ ♔e5 3.♘d7+ =

2.♖b6+! ♔xa4 3.♗d7+ ♘c6 4.♗xc6+ ♔a5 5.♖b5+ ♔a6 6.♗xg2 ♔xb5 7.♗f1! a2 7...h2 8.♔c2+ ♔b4 9.♗g2=

8.♔c2+ ♔b4 9.♔b2=

(G. Gretzer, 1955)

Aufgabe 91

1.♕b7+!

1) 1.♕f3+? ♔g1 2.♕g4+ (2.♕d1+ ♔f2−+) 2...♔f2 3.♕d4+ ♕e3 4.♕h4+ ♗g3 5.♕f6+ ♕f3+−+

2) 1.♕f1+? ♗g1 2.♕f3+ ♔h2 3.♕e2+ ♔g3 4.♕e5+ ♕f4 5.♕g7+ ♕g4 6.♕c7+ ♔g2 7.♕c6+ ♕f3−+

1...♔g1 2.♕b6+

2.♕g7+? ♗g3 3.♕xg3+ ♔f1 4.♕f3+ ♔e1 5.♕e4+ ♔d1 6.♕b1+ ♔e2 7.♕e4+ ♕e3 8.♕xc4+ ♕d3

1) 9.♕e6+ ♔f2 10.♕b6+ ♔g2 11.♕c6+ ♕f3−+

2) 9.♕a2 ♕e4+ 10.♔b8 ♔e1−+

2...♔g2

2...♕xb6=

3.♕xh6 d1♕ 4.♕c6+ ♕f3 5.♔a7!

5.♔b7? ♔f2 6.♔b6 ♕xc6+ 7.♔xc6 ♔e3 8.♔c5 ♔d3−+

5...♗g1+

5...♗b8+ 6.♔b6 ♗a7+ 7.♔b5 ♕xc6+ 8.♔xc6 ♔f3 9.♔d5=

6.♔b8 ♗a7+ 7.♔c7 ♕xc6+ 8.♔xc6 ♔f3 9.♔d5=

(M. Matous, 1994)

Aufgabe 92

1.♗c3!

1.♗a3? ♖a2 2.♗b5+ ♔d1 3.♗d6 ♖xg2+ 4.♔xh3 ♖c2 5.♗a4 ♔c1=

1...♖a2 2.♗b3

2.♗b5+? ♔d1 3.♔xh3 ♖a3=

2...♖a3 3.♗c4+ ♔e3

3...♔d1 4.♗b4+−

4.♗b4

4.♗b2? ♖a4=

4...♖a4 5.♗c5+ ♔e4

5...♔d2 6.♗b3 ♖a8 7.gxh3+−

6.♗b5 ♖a5 7.♗c6+ ♔e5 8.♗b6 ♖a6 9.♗c7+ ♔e6 10.♗b7 ♖a7 11.♗c8+ ♔e7 12.♗b6 12.♗b8? ♖a8=

12...♖a8 13.♗xh3+−

(T. Gorgiew, 1967)

Aufgabe 93

1.b7+! ♔xb7

1...♔a7 2.♔xc6 f6 3.♗d3 f5 4.g5+−

2.♗a6+! ♔xa6 3.g5 hxg5 4.h6 ♗a7+ 5.♔c4 g4 6.h7 g3 7.h8♕ g2 8.♕a1+ ♔b7 9.♕b2+ ♔c8 10.♕xg2+−

(L. Salkind, 1910)

Aufgabe 94

1.c7! a5 2.♖d4!

2.c8♕? ♔c2#

2...♖xf3

1) 2...♖xd4 3.c8♕ ♖d3 4.♕b7 ♔c2+ 5.♕b3+ ♖xb3+ 6.axb3 ♔d2 7.c5+−

2) 2...♔xd4+ 3.♔b2+−

3) 2...♖e3 3.♖e4 ♖xf3 4.♖e2+−

3.♖f4! ♖g3 4.♖g4 ♖h3 5.♖h4 ♖g3 6.♖h3! ♖xh3 7.c8♕ e6 8.♕b7 ♔c2+ 9.♕b3+ ♖xb3+ 10.axb3+−

(L. Salkind, 1930)

Aufgabe 95

1.e6+! ♔xf6

1) 1...♔e8 2.fxg7+−

2) 1...♔f8 2.e7+ ♔e8 3.f7+ ♔xf7 4.e8♕+ ♔f6 5.♕g6#

3) 1...♔g8 2.f7+ ♔f8 3.e7+ +−

2.e7 ♕f3 3.♖e6+! ♔xe6 4.e8♕+ ♔d5

4...♔f6 5.♕f8+ +−

5.♕a8+

(L. Kubbel, 1935)

Aufgabe 96

1.♗e5!

1.d8♕? ♕xd8 2.♕xd8 ♘f3+!−+

1...e2+

1...♕e6 2.♕f4+! gxf4 3.d8♕+ +− oder 2...g4 3.♔xh2+−

2.♔xh2 ♕g1+ 3.♔xg1 ♖a1+

3...e1♕+ 4.♕f1 ♕xf1+ 5.♔h2! ♕f2 6.d8♕ ♖a4 7.♕b6 ♕xb6 8.g3#

4.♔h2 ♖h1+ 5.♔xh1 e1♕+ 6.♕f1! ♕xf1+ 7.♔h2 ♕f2 8.d8♕ ♕g1+ 9.♔xg1 b1♕+ 10.♕d1!

10.♔h2? ♕h1+! 11.♔xh1=

10...♕xd1+ 11.♔h2 ♕e1

11...g4 12.♗f6#

12.g3+ ♕xg3+ 13.♗xg3#

(J. Rusinek, 1971)

Aufgabe 97

1.♖e1+!

1.♗a5? c1♕ 2.♖e1+ ♕xe1+ 3.♗xe1 ♔xe1 4.♔g2 ♔e2 5.♔g3 (5.♔h3 ♔f2−+) 5...♔f1 6.h3 f4+ 7.♔g4 ♔g2−+

1...♔xe1 2.♗f4! gxf4+

2...♔d1 3.h3 gxf4+ 4.♔h4 c1♕=

3.♔h4 c1♕ 4.h3=

(J. Sehwers 1899)

Aufgabe 98

1.♗h6+! ♔g8

1...♔f7 2.♗e8+ +−

2.♗e6+ ♗f7

2...♔h8 3.♔xe7 ♗f7 4.♔f8 ♗xe6 5.♗g7#

3.♔d7!

3.♔xe7 ♗xe6=

3...♗xe6+ 4.♔xe6 ♔h8 5.♔f7 e5 6.♗g7#

(A. Hildebrand, 1947)

Aufgabe 99

1.♖b7+!

1.♗xa8? ♘d5+ 2.♗xd5=

1...♔xa6 2.♖b6+ ♔a7

2...♔a5 3.♗xa8+−

3.♖b5 ♔a6 4.♗d3! ♕e4

4...♘c4 5.♗xc4 ♕d5 6.♖c5+ ♕xc4 7.♖xc4+−

5.♖b6+ ♔a7

5...♔a5 6.♗xe4+−

6.♖a6#

(L. Topko, 1999)

Aufgabe 100

1.f4+! ♔h6

1...♔f6 2.e5+ +−

2.♗f8! a1♕

2...♕xa7 3.♔h4+−

3.♕xa1 ♕c8 4.♕a6! ♕c3+

4...♕xa6 5.♔h4+−

5.♕d3!

5.♔h4? ♕e1+ =

5...♕c8

5...♕xd3+ 6.♔h4+−

6.♕c4! ♕xf8

6...♕xc4 7.♔h4+−

7.♕xe6+ ♖g6 8.g5+ ♔g7

8...♔xh5 9.♕h3#

9.h6+ ♖xh6 10.gxh6#

(J. Rusinek, 1974)

Namensverzeichnis – Teil I

Namensverzeichnis – Teil II

Namensverzeichnis – Teil III

Quellenverzeichnis

Bücher:

Afek, Y.: Anthology of miniature endgame studies, Sahovski Informator 2022

Ban, J.: Die Taktik der Endspiele, Verlag Harri Deutsch 1987

Gajewski, J. / Konikowski, J.: Kombinacje w grze koncowej, RM 2023

Konikowski, J.: Kompozycja w treningu szachisty, Penelopa 2003

Konikowski, J. / Müller,K.: Endspielzauber, Joachim Beyer Verlag 2023

Konikowski J. / Treppner G.: Testbuch der Endspielkunst, Joachim Beyer Verlag 2014

Meyer, C. D. / Müller, K.: Magische Endspiele, Joachim Beyer Verlag 2020

Datenbanken:

Study Database, ChessBase Hamburg 2000

Internet:

Wikipedia (Deutsch und Englisch)

Elektronische Medien:

Mega Database 2024

ChessBase News

ChessBase 17

Zeitschriften:

Rochade Europa

ChessBase Magazin

Schachmagazin 64

Über die Autoren

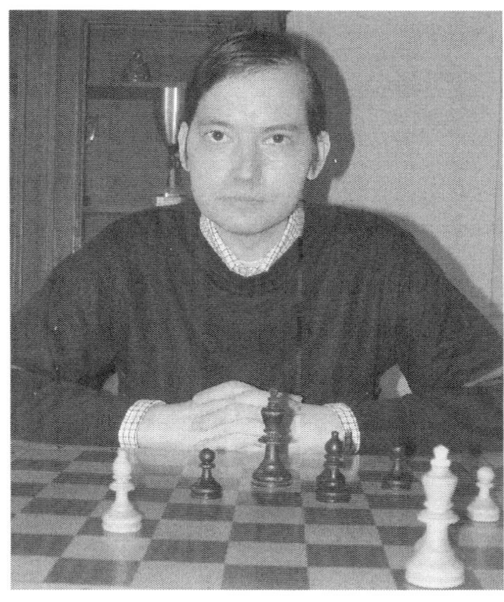

GM Dr. Karsten Müller wurde am 23. November 1970 in Hamburg geboren. Er studierte Mathematik und promovierte 2002. Von 1988 bis 2015 spielte er für den Hamburger SK in der Bundesliga und errang den Großmeister–Titel 1998. Zusammen mit Frank Lamprecht ist er Autor der hochgeschätzten Werke *Secrets of Pawn Endings* (2000) und *Fundamental Chess Endings* (2001), mit Martin Voigt *schrieb er Danish Dynamite* (2003), mit Wolfgang Pajeken *How to Play Chess Endgames* (2008), mit Raymund Stolze *Zaubern wie Schachweltmeister Michail Tal* und *Kämpfen und Siegen mit Hikaru Nakamura* (2012).

Aufmerksamkeit fand außer Müllers Buch *Bobby Fischer, The Career and Complete Games of the American World Chess Champion* (2009) besonders auch seine exzellente Serie von ChessBase-Endspiel-DVDs Schachendspiele 1-14. Müllers beliebte Rubrik *Endgame Corner* erschien unter www.ChessCafe.com von Januar 2001 bis 2015, seine Rubrik *Endspiele* im ChessBase Magazin seit 2006. Der vielbeschäftigte, weltweit anerkannte Endspiel–Experte wurde 2007 als „Trainer des Jahres“ vom Deutschen Schachbund ausgezeichnet.

Im Joachim Beyer Verlag sind bereits die nachstehenden 23 Titel von ihm erschienen:

- Karsten Müller – Positionsspiel (2017)
- Karsten Müller – Schachstrategie (2017) (zusammen mit Alexander Markgraf)
- Karsten Müller – Schachtaktik (2018)
- Karsten Müller – Angriff (2023)
- Karsten Müller – Endspielzauber (2023) (zusammen mit Jerzy Konikowski)
- Italienisch mit c3 und d3 (2017) (zusammen mit Georgios Souleidis)
- Magie der Schachtaktik (2018) (zusammen mit Claus Dieter Meyer)
- Magische Endspiele (2020) (zusammen mit Claus Dieter Meyer)
- Spielertypen (2020) (zusammen mit Luis Engel)
- Spielertypen, Testbuch (2022) (zusammen mit Luis Engel und Maka Rafiee)
- Die Endspielkunst der Weltmeister Band 1 – von Steinitz bis Tal (2021)
- Die Endspielkunst der Weltmeister Band 2 – von Petrosjan bis Carlsen (2021)

- Schach-WM 2021 (zusammen mit Jerzy Konikowski und Uwe Bekemann)
- Die besten Kombinationen der Weltmeister Band 1 – Von Steinitz bis Tal (2022) (zusammen mit Jerzy Konikowski)
- Die besten Kombinationen der Weltmeister Band 2 – Von Petrosjan bis Carlsen (2022) (zusammen mit Jerzy Konikowski)
- Schachtraining mit Matthias Blübaum, Sein Weg zum Europameistertiel (2022) (zusammen mit Matthias Blübaum und Matthias Krallmann)
- Bobby Fischer – 60 beste Partien (2022)
- Typisch Sizilianisch (2022)
- Magnus Carlsen – Die Schach-DNA eines Genies (2023)
- Typisch Damengambit , Effektives Mittelspieltraining (2023)
- Typisch Französisch, Effektives Mittelspieltraining (2024)
- Typisch Königsindisch, Effektives Mittelspieltraining (2024)
- Taktische Endspiele (2024) (zusammen mit Jerzy Konikowski)

sowie weitere 17 Übersetzungen in englischer Sprache:

- Magical Endgames (2020) (together with Claus Dieter Meyer)
- The Human Factor in Chess (2020) (together with Luis Engel)
- The Human Factor in Chess, The Testbook, Find out your Player Type (2022) (together with Luis Engel and Makan Rafiee)
- The Best Endgames of the World Champions Vol 1 – From Steinitz to Tal (2021)
- The Best Endgames of the World Champions Vol 2 – From Petrosian to Carlsen (2021)
- World Chess Championship 2021 (together with Jerzy Konikowski and Uwe Bekemann)
- Chess Training with Matthias Blübaum, His way to the European Champion (2022) (together with Matthias Blübaum and Matthias Krallmann)
- The Best Combinations of the World Champions Vol 1 – From Steinitz to Tal (2022) (together with Jerzy Konikowski)
- The Best Combinations of the World Champions Vol 2 – From Petrosian to Carlsen (2022) (together with Jerzy Konikowski)
- Bobby Fischer 60 Best Games (2022)
- Karsten Müller – Attack (2023)
- Karsten Müller – Endgame Magic (2023)
- The Chess DNA of a Genius (2023)
- Typical Sicilian, Effective Middlegame Training (2023)
- Typical Queen’s Gambit, Effective Middlegame Training (2023)
- Typical French, Effective Middlegame Training (2024)
- Typical King’s Indian, Effective Middlegame Training (2024)
- Tatical Endgames (2024) (together with Jerzy Konikowski)

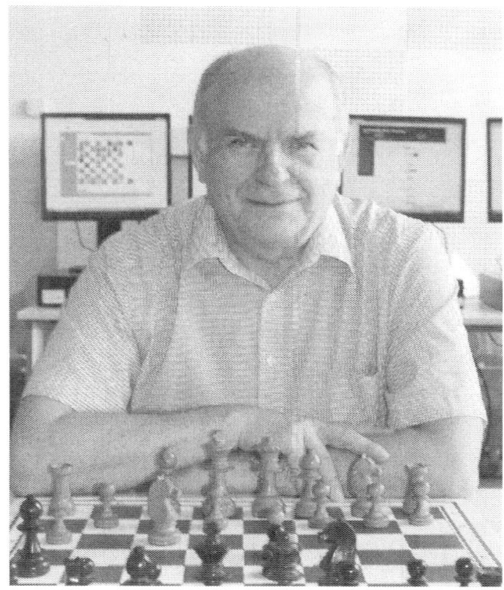

FIDE-Meister Jerzy Konikowski (Jahrgang 1947) ist ein deutscher Schachspieler, -trainer und -autor polnischer Abstammung. Sein Studium zum Schachtrainer absolvierte er an einer Sporthochschule in Warschau. In der Zeit von 1978 bis 1981 war er polnischer Nationaltrainer.

1981 siedelte er nach Deutschland um und bekam die deutsche Staatsbürgerschaft. Von 1982 bis zum Ruhestand 2012 arbeitete er an der Universität Dortmund als Chemotechniker.

15 Jahre lang war er Trainer der Jugendmannschaft von Nordrhein-Westfalen und spielte von 1983 bis 1994 für verschiedene Vereine in der 1. Bundesliga. Die höchste Platzierung seiner Karriere erreichte er am 1. Januar 1981, als er mit Elo 2400 den 18.-19. Platz der deutschen Rangliste belegte.